신종철 목사의
들꽃 이야기

봄에 만나는 들꽃

01 복수초	014	21 할미꽃	074
02 동강할미꽃	017	22 중의무릇	077
03 앉은부채	020	23 섬노루귀	080
04 너도바람꽃	023	24 제비꽃	083
05 히어리	026	25 처녀치마	086
06 노루귀	029	26 민들레	089
07 변산바람꽃	032	27 큰구슬붕이	092
08 갯버들	035	28 봄까치꽃	095
09 금란초	038	29 큰꽃으아리	098
10 꽃다지	041	30 애기송이풀	101
11 괭이눈	044	31 매화말발도리	104
12 깽깽이풀	047	32 벌깨덩굴	107
13 꿩의바람꽃	050	33 지칭개	110
14 봄맞이꽃	053	34 진달래	113
15 생강나무	056	35 으름덩굴	116
16 동의나물	059	36 개암나무	119
17 현호색	062	37 한계령풀	122
18 얼레지	065	38 애기똥풀	125
19 족도리풀	068	39 각시붓꽃	128
20 조개나물	071	40 붓꽃	131

여름에 만나는 들꽃

01 큰앵초	136	21 노루오줌	196
02 복주머니란	139	22 계요등	199
03 백작약	142	23 좁쌀풀	202
04 병꽃나무	145	24 층층이꽃	205
05 엉겅퀴	148	25 물질경이	208
06 우산나물	151	26 부처꽃	211
07 해당화	154	27 함박꽃나무	214
08 노린재나무	157	28 사위질빵	217
09 손바닥선인장	160	29 이질풀	220
10 쇠채아재비	163	30 동자꽃	223
11 노루발풀	166	31 수박풀	226
12 개망초	169	32 각시수련	229
13 까치수영	172	33 무릇	232
14 때죽나무	175	34 꼬리조팝나무	235
15 인동덩굴	178	35 어리연꽃	238
16 원추리	181	36 해오라비난	241
17 초롱꽃	184	37 연꽃	244
18 털중나리	187	38 누리장나무	247
19 메꽃	190	39 닭의장풀	250
20 물레나물	193	40 도라지	253

가을 / 겨울에 만나는 들꽃·열매

01 꽃며느리밥풀	258	21 산솜방망이	318
02 칡꽃	261	22 해국	321
03 큰꿩의비름	264	23 개미취	324
04 뚜깔	267	24 구절초	327
05 며느리밑씻개	270	25 과남풀	330
06 물옥잠	273	26 꽃향유	333
07 물봉선	276	27 산부추	336
08 뻐꾹나리	279	28 억새	339
09 갈퀴나물	282	29 털머위	342
10 고마리	285	30 팔손이나무	345
11 선괴불주머니	288	31 차나무꽃	348
12 꽃무릇	291	32 천남성	351
13 투구꽃	294	33 호랑가시나무	354
14 금강초롱꽃	297	34 화살나무	357
15 마타리	300	35 가막살나무	360
16 큰엉겅퀴	303	36 돈나무	363
17 산국	306	37 제주수선화	366
18 바위솔	309	38 먼나무	369
19 쑥부쟁이	312	39 동백꽃	372
20 익모초	315	40 광대나물	375

책을 펴내면서

난생 처음이자 아마도 마지막일 책을 내면서 두려움이 앞선다. 책을 내었다는 의미 외에 읽혀지지 않는 책 중의 하나가 되면 어쩌나 하는 염려에서 두려웠다. 그러면서도 한 편으로는 이 책을 통해 들꽃과 가까워지고 사랑하는 사람들이 있기를 기대하며 출판에 용기를 내었다.

난 어쩌면 떠밀려서 살아온 날들이 많은 것 같은 느낌이 든다. 40세에 목회를 나선 것부터 떠밀려서였고, 지역에서 특별히 환경 관련 여러 시민단체에서 상임 대표 또는 공동대표직을 맡은 것도 떠밀려서였다. 내가 남다르게 자연과 꽃을 좋아했기 때문이었지 않나 싶다. 떠밀려서였지만 보람 있는 일들이었다. 이 책을 펴내는 것도 떠밀려서이기에 두려움을 감출 수가 없다.

꽃을 좋아하지 않는 사람이 어디 있겠니 싶지만, 나는 어릴 적부터 꽃을 좋아해서 대여섯 살 쯤에 집 뒤 길에서 밤 한 톨을 주워 그 나이에는 어른 키만한 삽으로 구덩이를 파고 심었는데 나중에 알고 보니 삶은 밤이었다. 초등학교 1학년 때 서울로 이사했는데, 비가 오는 날이면 동네 길가에 절로 난 봉숭아며 백일홍 등 모종을 뽑아다 우리 집 앞 길가에 심기도 했으니 꽃에 대해서는 신동(?)이 아니었나 싶다.

  초등학교 5학년 때 6.25가 터졌다. 그해 겨울 1.4 후퇴 시 영동군 황간이란 곳으로 피난살이를 갔다. 첩첩산중 동네였다. 농업고등학교 기숙사를 피난민들에게 내주어 여러 가구가 기거했다. 봄이 되자 기숙사 앞마당 돌밭에 내 또래 피난민 아이들과 함께 돌을 추려내고 코스모스 모를 옮겨 심어 꽃밭을 일구었다. 그 해 여름 어느 날 어른들이 아이들 학교 간 사이에 코스모스를 다 베어버렸다. 모기가 들끓기 때문이었단다.

  학교에서 돌아와 이런 모습을 보고 '피난 와서 꽃에서 위로를 받고 있는데, 그걸 베어버리면 어떻게 하느냐?'고 어른들에게 울며 대어들었고 어른들은 잘못했다고 사과를 했던 일이 아직도 추억으로 남아있다. 40대 늦깎이로 목회를 시작하면서 교회 앞마당에 특별히 우리 들꽃을 가꾸어서 인근 주민들이 들꽃을 보러 찾아오기도 하였다.

  목회를 하면서 카메라를 하나 장만했다. 당시(80년대)에 카메라를 가진 이가 드문 시절이어서 교인들에게 사진을 찍어 인화해서 주면 무척이나 좋아했고 그런 모습을 보는 것이 나의 즐거움이기도 했다. 사진을 어떻게 하면 더 잘 찍을 수 있을까 생각하던 차에 '월간

사진'이라는 월간지를 알게 되어 구독하게 되었다. 매월 연재되는 내용 중 '꽃사진'에 대한 기사가 있었는데, 그것을 통해 '한국꽃사진회'라는 꽃사진 동호회를 알고 가입하게 되었다. 매주 화요일 저녁에 회기동에 있는 '임운경칫과'에서 모였다. 그 치과 원장이 초대 회장이었는데, 꽃을 사진에 담기 위해 60여 개국을 여행했고, '월간사진'을 구독하기 시작했을 때 이미 꽃사진에 대한 기법만 60회를 연재하고 있었으니 꽃사진의 대가였다.

 모임 때마다 회원들이 슬라이드 필름으로 찍은 것을 가져와 환등기로 비추어 보면서, 꽃사진 기법을 공유하게 되었다. 그리고 그 모임에는 '한국자생식물학회' 회원들도 함께 했는데, 그들을 통해서는 우리 들꽃 서식지의 정보를 얻기도 하였다. 당시 슬라이드 필름 사진은 찍을 때의 기대감, 한 컷이라도 좋은 사진을 얻기 위해 때로는 카메라 조작에 수십 분 카메라와 씨름하기도 했었다. 현상을 맡기면서 어떤 작품이 나올까 하는 기대감, 36컷 한 롤에서 한 컷도 마음에 드는 사진이 없을 때의 허전함, 그래서 다음에 다시 도전하게 되는 긴장감, 그것이 필름 사진의 매력이었다. 지금 디지털 카메라는 즉석에서 사진을 확인하고 마음에 안 들면 지워버리니 너무 싱겁다고 할까? 새삼 필름 카메라 시절이 그리워진다.

 꽃사진 동호회와 함께 하면서 2년마다 여는 회원전에도 참가하게 되었고, 그 때마다 방문객들이 유독 내 사진 앞에서 한참을 머무는 등 꽃사진의 실력을 인증 받는 계기가 되었다. 은퇴 바로 직전과 은퇴 후에 개인전을 열어 40 점씩 전시해서 작품 판매 대금 전액을 힘들게 살아가는 이들에게 나눔을 한 것은 큰 보람이었다. 들꽃에 대한 특별한 애정과 사진에 대한 재능을 주신 하나님께 감사한다.

 평소에 들꽃을 사진에 담아온 것을 잘 아는 정찬성 목사(당시 강화 영은 교회 담임)가 은퇴 후에 시간이 많으니 매주 한 꼭지씩 들꽃 관련 글을 신문에 연재하면 좋겠다고 떠밀어 글 재주가 없었지만, '연합기독신문'에 들꽃 이야기를 연재하게 되었다. 5년쯤 계속하다가 나와 맞지 않는 사유가 있어 연재를 그만두었다. 신문에 연재할 때 지인들 중에서 책으로 내면 좋지 않겠느냐는 제안을 많이 받았다. 그러나 책을 내는 것에 대해 이런 저런 이유로 용기를 내지 못하다가 이번에 떠밀리어 들꽃 이야기가 책으로 나오게 되었다.
 전문성을 가진 것도 아니고, 더욱 도감이 아니고 그냥 들꽃이 좋아서 사진에 담으며 그 들꽃에 얽힌 이런 저런 이야기를 엮은 것이어서 이 책을 읽는 이들이 함께 들꽃과 만남이 있어지기를 바라는 마음뿐이다.

 카메라를 손에 든 지 50년, 꽃사진에 심취한 것이 40년, 지금도 매주 4~5회 페이스북에 성경 한 구절, 두어 줄 멘트를 들꽃 사진에 곁들여 올리곤 하는데, 그 때마다 우리 뜰에 피어 있는 들꽃들이다.

 이른 봄 2월 말 쯤 복수초가 피기 시작하면서 늦가을에 꽃향유와 털머위가 피기까지, 그리고 겨울엔 예쁜 열매들을 우리 뜰에서 만날 수 있으니, 아름다운 천국을 미리 체험하고 사는 것 같아 행복하게 살며, 이런 호사를 누리게 하신 하나님께 감사, 감사, 감사하며 살아간다.

30여년 목회를 통해 내가 깨달은 것은 하나님 사랑은 이웃사랑이고, 그 이웃사랑은 사람 사랑과 하나님께서 창조하시고 우리에게 선물하신 자연 사랑이라는 것이다.

외국에서 들어와 판매되는 화려한 꽃들도 많은데 왜 하필이면 들꽃이냐고 묻는다면, 하나님께서 우리 땅에 우리에게 주신 선물이기에 이 땅의 들꽃을 사랑한다고 말하겠다.

나는 들꽃을 만나면서 하나님의 창조의 신비에 놀라며, 거기 계신 하나님을 만나고 찬양을 돌린다. 이 책을 읽는 이들도 이런 만남이 있기를 바라는 마음으로 책을 펴낸다. 책을 펴내도록 등을 떠밀어준 모든 이들에게 감사한다.

신종철

신종철 목사의
들꽃 이야기

봄에 만나는 들꽃 01

복수초

독자 여러분에게 기쁜 일들이 많아서 행복하기를 기원하는 마음으로 먼저 복수초(福壽草)를 소개한다. 복(福)자에 목숨 수(壽)자를 쓰니 복을 많이 받고 오래 살라는 의미여서 일본에서는 행운을 가져다주는 꽃이라 하여 정초에 이 꽃을 선물한다고 한다. '영원한 행복'이란 꽃말처럼 독자 여러분에게도 영원한 행복을 기원한다!

복수초는 미나리아재비과의 여러해살이풀로 산지 계곡 주변의 다소 습한 곳에 자라는 높이 10~30cm의 작은 키이지만 1~3월에 아직 채 녹지 않은 눈을 비집고 털옷처럼 두터운 짧은 잎을 걸치고 황금빛 샛노란 꽃을 피워 봄을 가장 먼저 알리는 꽃이다. 복수초가 피기 시작하면 들꽃 애호가들은 바빠진다. 이어서 앉은부채, 얼레지, 바람꽃, 현호색, 노루귀 등 등 봄꽃들이 차례를 기다렸다는 듯 피기 때문이다. 그러기에 복수초는 봄의 전령사이다. 눈 속에서 꽃을 피워내는 것을 보면 아름답다는 표현을 넘어 생명의 경이로움을 느끼게 된다.

꽃의 아름다움만큼이나 불리는 이름도 여러 가지이다. 새해 복과 장수를 가져다주는 꽃이라 하여 복수초(福壽草), 꽃이 황금색 잔처럼 생겼다고 하여 측금잔화(側金盞花), 설날에 핀다고 하여 원단초(元旦草), 눈 속에 피는 연꽃 같다고 하여 설연화(雪蓮花), 쌓인 눈을 뚫고 나와 꽃이 피면 그 주위가 동그랗게 녹아 구멍이 난다고 하여 얼음새꽃이라고도 부른다.

아직 추워서 곤충이 없을 것 같아 수정은 어떻게 할까 궁금하고,

수정이 안 되면 번식을 못하지 않을까 걱정도 된다. 그러나 괜한 걱정이다. 키가 작아도 다른 나무나 풀들이 싹이 트기 전인 이른 봄에 꽃을 피우기 때문에 숲 속이라도 햇살을 넉넉하게 받을 수 있다. 흡사 위성 안테나처럼 오목한 노란 꽃잎에 태양빛이 모아지면 그 빛으로 인한 열로 인해 주변의 눈을 녹여 내고 갓 활동을 시작한 곤충들을 꽃 안으로 불러들여 수정을 한다고 한다. 자연의 신비를 느낀다. 알고 보면 하나님께서 입력해놓으신 프로그램대로 움직이는 것일 뿐이다.

복수초의 속명인 아도니스(Adonis)는 그리스 신화에 등장하는 미소년 아도니스에서 유래하는데, 아도니스는 미의 여신인 아프로디테와 명부(冥府)의 여신인 페르세포네의 사랑을 받았는데 이를 질투한 헤파이스토스가 멧돼지로 변하여 그를 죽였다. 그리고 그가 흘린 피에서 아도니스꽃이 피었다. 그 후 제우스에 의해 일 년의 반은 아프로디테와 나머지 반은 페르세포네와 지내도록 허락되었다고 한다. 그래서인가 봄에서 초여름까지는 지상에서, 그리고 나머지 기간을 땅 속에서 보낸다. 복수초는 1월 제주에서 피기 시작하여 2월 초엔 낙산사의 바다쪽 양지바른 곳에서, 2월 말이면 필자가 살고 있는 강화도 고려산의 한 골짜기에서도 무리지어 핀다. 3월 중순엔 서해의 풍도에서 복수초가 꽃밭을 이루고, 대관령이나 경기 축령산에선 4월에 꽃을 볼 수 있다. 기후와 환경에 따라 꽃피는 시기를 달리하며 전국에서 피는 꽃이라 부지런한 사람은 봄내 복수초를 즐길 수 있다.

봄에 만나는 들꽃 02

동강할미꽃

우리나라에는 우리가 흔히 보아왔던 등 굽은 할머니를 닮은 할미꽃 외에 분홍할미꽃과 동강할미꽃이 핀다. 분홍할미꽃은 백두산의 식물로 일반에게 잘 알려져 있다. 내가 분홍할미꽃을 만난 것은 백두산에서가 아니었다. 10여 년 전 꽃 사진을 촬영하러 백두산에 갔던 어느 지인이 목사님은 살릴 수 있을 것 같아 씨를 받아 왔다 하며 씨를 건네주었다. 그날로 서점에 달려가서 책을 찾아보고 인터넷을 뒤져서 할미꽃 발아법을 배워 그대로 하였더니 수백 개가 넘게 발아가 되었다. 교회에 몇 포기를 심고 나머지는 종로 5가에서 들꽃을 파는 노점상인과, 양평과 용문의 어느 들꽃 농장에 거저 주었다. 아마 많은 후손을 퍼뜨렸으리라. 교회에 심은 것이 다음 해 꽃을 피워 솜털로 뒤덮인 연분홍 꽃의 아름다움이 나를 기쁘게 해주었다.

오늘 만나는 동강할미꽃은 흔한 꽃이 아니다. 흙이라곤 먼지 정도가 있을까? 의심되는 정선 동강의 석회암 바위 벼랑에 뿌리를 박고 해마다 봄이면 꽃을 피운다. 여느 할미꽃이 고개를 숙이고 피는 데 비해 동강할미꽃은 하늘을 향해 꼿꼿이 머리를 들고 꽃을 피운다. 또 다른 할미꽃이 4월경에 꽃이 피는데 동강할미꽃은 이보다 일찍 3월 중하순경이면 벌써 꽃을 피운다. 강원 정선의 동강에서만 자라기 때문에 동강할미꽃이란 이름이 붙었지만 동강이라고 어디에서나 볼 수 있는 꽃이 아니라 몇 군데에서만 볼 수 있는 한국의 특산 식물이다. 꽃이 피는 장소가 입소문으로 알려지면서 사진 좀 찍노라 하는 사람들이 너도 나도 몰려들다보니 훼손되기 마련, 심지어 연장을 이용해 돌을 쪼아내고 캐가는 사람들도 있었다. 마침내 마을 사람들이 동강할미꽃 보존회를 조직하고 지킴이로 나섰다. 참으로 다행한 일이다.

 4대강 파헤치기로 우리 특산식물 중 하나인 단양쑥부쟁이가 멸종 위기를 맞고 있다는 슬픈 이야기를 들었는데, 동강할미꽃도 댐 건설로 수몰되어 사라질 위기를 맞았던 꽃이다. 당시 동강댐 건설로 나라가 떠들썩했었다. 동강댐 수몰로 인하여 동강에서만 볼 수 있는 많은 생물들이 사라지게 되고 생태계가 파괴된다는 반대에 부딪혀 결국 중단되고 말았다. 그 때 동강댐 반대의 유인물 표지 모델로 등장하여 유명해진 들꽃이 동강할미꽃이다. 동강할미꽃은 그 사는 장소와 꽃의 모양과 색깔 등 자랑할 만한 우리 들꽃이다. 하나님은 바위 틈에서도 꽃을 피우시는 과연 창조주이시다!

봄에 만나는 들꽃 03
앉은부채

겨울의 끝과 봄의 시작에서 피는 꽃들 중 하나인 앉은부채는 천남성과에 속하는 여러해살이 풀꽃으로 제주도를 제외한 전국의 산 그늘진 곳에서 자라는 것으로 알려져 있다. 땅 속 깊이 뿌리줄기가 자라지만 땅 위로는 줄기가 거의 자라지 않고 꽃과 잎만 핀다. 겨울에 내린 눈이 채 녹기도 전에 눈을 헤집고 잎보다 꽃이 먼저 나와 봄이 옴을 알린다. 눈이 채 녹기도 전에 자기의 체온으로 쌓인 눈을 뚫고 나와 꽃을 피우며 아무리 대기온도가 영하로 낮아져도 꽃 내부온도를 20도씨 안팎으로 일정하게 유지한다고 하는데, 이는 아직 추위가 가시지 않은 때에 곤충을 유인하여 수정하기 위한 생존전략인 것이다.

부채처럼 넓은 잎을 펼쳐놓은 것 같이 포기가 크다고 하여 앉은부채, 또는 가운데 둥근 공 모양의 꽃은 앉은 부처님이고, 이를 둘러싸고 있는 포는 광배처럼 생겨 앉은부처라 하였다가 앉은부채가 되었다고도 한다. 천남성과의 특색인 포엽(苞葉, 변형한 잎이 발달하여 배와 같이 된 생김새)이 되어 둥근 공 모양의 꽃을 감싼 모습을 어느 시인은 '건드리면 터질까… 어뢰 하나 가슴 깊이 품고…' 이렇게 노래했다.

경기도 광릉 부근에서는 우엉취, 강원도 인제의 점봉산 인근의 주민들은 곰풀이라고 불렀다는데, 겨울잠에서 깨어난 곰이 먹는 풀이기 때문에 그렇게 불렀디는 깃이다. 곰이 굴에서 나왔을 때 파랗게 싹이 돋은 풀이라고는 앉은부채 밖에 없으므로 곰이 동면 후에 처음으로 먹는 식물이 되었으리라. 그러나 이젠 곰이 살지 않으니 곰풀이 아닌 것이다.

　아직 눈이 녹지 않은 2월 말경 경기도 인근의 산을 찾았을 때 앉은부채가 이미 땅위로 많이 나와 있었지만 대부분이 짐승에게 뜯어 먹혀 있어 성한 것을 찾기가 힘들었다. 그리고 주변에는 산토끼(?)의 배설물로 보이는 것이 여기 저기 있었다. 겨울을 지낸 산짐승이 꽃을 뜯어 먹은 것으로 생각된다. 독초이면서도 사람에게 이뇨제 등 약으로 쓰이는데, 겨우내 먹지 않고 잠을 자던 산토끼들도 앉은부채 꽃을 먹으면 겨우내 동면으로 막혔던 장이 뚫려 변비가 사라진다고 하니 자연은 알면 알수록 신비롭다.

　꽃은 땅에 달라붙은 상태로 피고 잎은 꽃이 끝날 무렵에 펼쳐지는데 흡사 잎채소인 근대와 같이 생겼으면서 긴 잎자루를 가지며 윤기가 난다. 길이가 30~40cm나 되어 봄나물로 뜯자면 금방 한 바구니를 뜯을 수 있을 만큼 풍성하다. 그러나 독성이 강하기 때문에 조심, 또 조심해야 한다. 같은 속의 애기앉은부채는 이름 그대로 꽃이 작을 뿐 모양은 같으나 한 여름에 피는 것이 다를 뿐이다.

봄에 만나는 들꽃 04

너도바람꽃

아직 녹지 않은 눈을 헤집고 복수초가 피는 것으로 봄의 들꽃 정원의 문이 열리기 시작하면 뒤질세라 뒤를 잇는 꽃 중 하나가 바람꽃이다. 바람꽃의 속명인 Eranthis는 희랍어로 er(봄)과 anthos(꽃)의 합성어로 '봄에 피어나는 꽃'이란 뜻을 가지고 있다. 그만큼 봄에 가장 일찍 피는 꽃 중의 하나가 바람꽃 종류이다. 바람꽃을 서양에서는 'newyear's gift'라고 하는데 새해는 시작되었지만 본격적으로 새해가 시작되는 시기는 봄이라는 뜻이기도 하다.

아직 겨울의 끝자락에서 찬바람을 맞으며 바람이 불면 피었다가 바람이 불면 지는 짧은 생을 가졌다고 하여 바람꽃이라 한다는데 그래서 꽃말은 '사랑의 괴로움' 또는 '비밀의 사랑'이다. 바람꽃 종류로 우리나라에서 피는 것들로는 너도바람꽃, 나도바람꽃, 꿩의바람꽃, 국화바람꽃, 회리바람꽃, 홀아비바람꽃, 외대바람꽃, 쌍둥이바람꽃, 세바람꽃, 변산바람꽃, 만주바람꽃 그리고 아무런 접두사가 붙지 않은 그냥 바람꽃 등이 있다. 접두사가 붙지 않은 바람꽃만 여름에 꽃을 피우고 다른 것들은 다 봄에 꽃을 피운다. 또 이들 중 회리바람꽃만 꽃이 흰색, 노란색이고 다른 바람꽃들은 모두가 흰색이다.

이들 바람꽃 종류 중 중부지방에서 가장 먼저 피는 것이 너도바람꽃이다. 식물 이름 중에는 '너도'나 '나도'란 접두어가 붙은 것들이 많다. 처음 발견된 것과 비슷하면서 다른 것을 발견했을 때 '너도, you too'(바람꽃이구나), 또는 '나도, me too'(바람꽃이야)란 접두어를 붙였다니 참 재미있는 이름이 아닌가 싶다.

너도바람꽃은 산의 북사면(北斜面)의 물기가 촉촉하고 낙엽이 지는 큰 나무들이 있고 더러 햇살이 비치는 개울가에서 만날 수 있다. 그러므로 이 꽃을 만나려면 산의 능선을 타지 말고 계곡을 따라 올라가면서 살펴보아야 한다. 이른 봄에 피는 들꽃들 대부분이 그렇듯이 키가 작은 것이 특색인데 봄을 시샘하는 찬바람을 이겨내기 위한 전략인 듯싶다.

너도바람꽃은 맨살인 듯 추위에 얼까 애처로워 보이는 10cm 내외의 꽃자루 끝에 지름 2cm 쯤의 흰 꽃이 한 송이씩 달리는데 계곡에는 아직 얼음이 남아 있어 봄이 먼 것 같은 때에 그 얼음을 뚫고 나와 꽃을 피워 봄을 알린다. 생명의 힘이 얼마나 큰가를 실감케 한다. 또한 생명이 있는 것은 어떤 장애도 이겨낸다는 진리를 깨달으며 생명 있는 신앙을 생각해본다.

너도바람꽃은 3월 초 경기도 남양주의 백봉산, 천마산, 수동면의 축령산, 강원도 오대산의 월정사 인근에서 드물게 만날 수 있는데, 봄에 필자가 살고 있는 강화도 산자락에서도 만날 수 있을지 찾아보려고 한다.

봄에 만나는 들꽃 05
히어리

오늘은 봄에 피는 꽃들 중 나무에 피는 히어리를 만나보자. 봄을 알리는 노란 꽃나무로는 영춘화, 개나리, 산수유, 생강나무, 히어리 등이 있으며 이들의 공통점은 잎보다 꽃이 먼저 피어 봄이 왔음을 알린다. 특히 히어리는 우리나라에만 있는 한국특산식물로 3월 중, 하순쯤에 노란 꽃이 조롱조롱 아래로 매달려 핀다. 북한에서는 꽃잎이 밀랍(蜜蠟=벌집)처럼 생겼다 하여 납판화(蠟瓣花)라고 부른다고 한다.

히어리를 송광납판화라고도 부르는데 이는 일제 강점기 일본인 학자가 채집하여 명명한 이름으로 전남 조계산 송광사 부근에서 처음 발견되었다 하여 송광이란 지명에 납판화가 더해져서 된 왜색(?) 이름이다. 영국에서는 Korean winter hazel이라고 하는데 한국특산식물임을 인정한 이름이다. 히어리는 순수 우리말이다. 우리말의 어원을 연구한 학자에 의하면 '그 해의 봄을 알리는 꽃'의 의미로 '해를 여는 꽃'에서 유래되었다고 하는데, '해(年)+여리(開)→해여리→히어리'가 되었다고 하니 과연 한국특산식물에 걸 맞는 순수 우리 이름이라고 생각한다.

히어리는 경남 남해, 산청군 지리산 법계사, 경기 백운산과 광덕산 등에 드물게 자생하는 것으로 알려져 있어 멸종위기식물 2급인 환경부 지정 보호대상식물이다. 필자가 이 귀한 꽃을 만나기 위해 우리 식물 선문가인 사생식물학회 회상님이 일러순 대로 3월 하순경 광덕산 절골계곡과 지리산의 법계사 골짜기를 찾은 적이 있었지만 때를 잘못 맞춘 때문인지 아니면 개체수가 너무 적어서였는지 만나지 못했다. 그러다가 우연한 기회에 그토록 만나기 원했던 히어리를 만나게 되었다.

 필자의 생일이 이른 봄쯤이어서 목회 중 여름휴가는 거의 가지 않고 대신 생일 때쯤 봄꽃을 만나기 위해 1박2일 정도로 부부가 지방 나들이를 다녀온 때가 종종 있었다. 어느 해인가는 지리산 온천마을에 가서 온천욕을 즐기고 1박을 하였다. 1박2일의 짧은 일정에 많은 곳을 둘러보려면 서둘러야 했다. 아침 일찍 온천장 바로 윗동네인 산수유 마을을 둘러보고 나와 섬진강변의 매화꽃 길을 거쳐 낙안읍성으로 향하였다. 4차선의 국도를 버리고 구례에서 승주를 지나 낙안읍성으로 가는 고갯길과 굽은 길이 많은 지방도로로 들어섰다. 얼마쯤 달렸을까 굽은 고갯길 옆 언덕에 노란 꽃무리가 보였다. 차를 세우고 보니 그렇게도 만나기 원했던 히어리가 군락을 이루고 있었다. 이번 여행은 이것 하나만으로 대만족이었다.

 지금은 여러 종묘업체에서 묘목을 분양하고 있어 손쉽게 구입할 수 있게 되었다. 히어리는 1~3미터의 그리 크지 않은 키에 이른 봄에 피는 노란 꽃뿐만 아니라 가을의 노란 단풍 또한 아름다워 교회 마당에 한 그루쯤 심어 온 성도가 즐거워하면 창조주 하나님께서도 기뻐하시리라.

봄에 만나는 들꽃 06

노루귀

이른 봄에 피는 들꽃 삼총사로 복수초와 바람꽃 그리고 노루귀를 꼽을 수 있겠다. 노루귀는 잎보다 꽃이 먼저 핀다. 꽃은 이른 봄 낙엽 지는 나무 밑에서 나무들에 잎이 달리기 전인 3월~4월에 보라색, 흰색, 자주색, 분홍색 등으로 색깔을 달리하며 꽃을 피우는데, 이들 여러 가지 색의 노루귀를 한 곳에서 보기는 쉽지 않다. 필자가 강원도 점봉산에서 본 것은 흰색과 분홍색이 대부분이었고, 경기도의 화야산에는 보라색이 많았다. 필자가 살고 있는 강화도의 정수사 아래 골짜기에는 흰색과 분홍색이 대부분인데, 행운이 따르면 보라색도 만날 수 있다. 보라색의 노루귀를 특별히 청노루귀라고 하여 들꽃 애호가들의 사랑을 받는다.

변산바람꽃처럼 노루귀도 꽃잎이 없고 꽃잎처럼 보이는 것은 실상은 꽃받침이다. 6~8장의 꽃받침 안에 연녹색의 암술을 둘러싸고 있는 하얀 수술이 매력이다. 잎은 꽃이 진 다음에 뿌리에서 나오는데 털이 돋은 모습이 노루의 귀 같다고 해서 노루귀라고 부른다.

우리나라에는 3종이 자라는데 노루귀는 전국의 산에서 봄이면 만날 수 있다. 일반 노루귀보다 작아서 새끼노루귀(또는 애기노루귀)라고 이름 붙여진 것은 남부에서만 자라며, 또 섬노루귀(또는 큰노루귀)는 울릉도에서만 자란다. 새끼노루귀와 섬노루귀는 우리나라 특산종이다.

노루귀를 만나려고 한국꽃사진회 회원 몇 명과 함께 4월 5일 화야산을 찾았다. 며칠 전 다녀온 회원의 이야기로는 지금쯤 한창일 것이라고 하였는데 노루귀가 보이지 않는다. 정보가 잘못된 것일까? 정보가 잘못된 것이 아니라, 시간대가 일렀기 때문이다. 정오쯤 되자 그때서야 노루귀가 눈에 띄기 시작한다. 노루귀는 햇빛을 받아야만 꽃이 모습을 드러낸다. 들꽃을 만나려면 어떤 녀석은 이른 아침에 이슬을 머금었을 때가 가장 아름답고, 어떤 녀석은 노루귀처럼 해가 중천에 떠올라야 웃어준다. 노루귀는 그를 본 사람에게 행운을 가져다준다는 전설을 담고 있다. 지면으로나마 오늘 노루귀를 만나는 독자 모두에게 행운을 빈다.

봄에 만나는 들꽃 07

변산바람꽃

바람꽃 종류의 들꽃은 넓게는 모두 미나리아재비과에 속하는 데, 이들 중 대부분은 미나리아재비과 아래에 바람꽃속이다. 그리고 앞에서 소개했던 너도바람꽃과 오늘 소개하는 변산바람꽃은 변산바람꽃속(또는 너도바람꽃속)으로 바람꽃 중 가장 가까운 친척인 셈이다.

금강산에서 처음 발견되어 금강초롱꽃이 되었듯이 변산반도에서 처음 발견되어 변산바람꽃이 되었다. 처음 발견 되었을 당시 한국 신종으로 발표되었으나 후에 일본에만 있는 것으로 알려진 것과 동일한 것으로 밝혀졌다.

필자가 변산바람꽃을 처음 만난 것은 지금 대학 1학년인 손자가 다섯 살 때이니까 16, 7년 전이었다. 날짜는 정확히 2월 6일, 제주에 눈 속에서 복수초가 피었다는 주일 저녁 뉴스를 보고 다음날 월요일 손자에게 제주 구경을 시켜준다는 구실로 비행기를 타고 복수초를 만나러 갔다가 거기에서 변산바람꽃도 만나게 되었다. 그 때까지 변산바람꽃은 여수 돌산도의 향일암 언저리, 변산반도의 숨겨진 일부 지역, 고창 선운사 뒤 개울가, 전북 마이산의 탑사에서 북부 주차장으로 넘어가는 고개 옆의 조릿대 숲 속 등에서 몇 개씩 드물게 발견되는 귀한 존재였다. 그런 귀한 들꽃을 생각하지도 않았던 제주에서 만났으니 행운이랄 수밖에….

그 후로 변산바람꽃을 다시 만나고 싶었지만 기회를 얻지 못하였다. 그 후로 여러 해가 지난 뒤 서해 풍도에 변산바람꽃이 군락을 이루어 피었다는 소식을 듣게 되었다. 마음은 설레었지만 그 섬은 주민이 적어 배편이 하루 한 번이어서 자고 나와야만 하는 곳이라 망설여졌다. 마침 평소 알던 자매에게서 연락이 왔다. 생태 탐방 모임에서 낚싯배를 전세 내어 당일로 풍도를 다녀오려고 하는 데 나도 함께 가자고 한다. 목사인 나를 배려해서 월요일로 날을 잡았다는 것이다. 이게 웬 떡인가 싶었다.

인천 남항 부두에서 아침 9시에 출항하여 두 시간 만에 풍도에 닿았다. 풍도 선착장을 지나 나지막한 집들이 옹기종기 모여 있는 마을 뒤편의 가파른 언덕길을 10여 분 오르니 거기 정자가 있었고 그 뒤로 노란 복수초가 보인다. 조금 더 오르니 그토록 귀한 몸이었던 변산바람꽃이 염소 목장이었던 양지쪽 언덕에 밭을 이루고 있었다. 와우! 함성이 절로 난다.

변산바람꽃은 흰색의 꽃잎처럼 보이는 것은 꽃잎이 아니고 꽃받침이 변형된 것인데, 보통 꽃받침 5장이 꽃잎과 수술을 떠받들 듯 받치고 있다. 꽃받침 위에서 수술들 속에 섞여 위로 치솟은 녹색의 깔때기 모양이 꽃잎이다. 이런 특별한 구조로 희귀종으로 알려졌으나 최근에 제주도에서 설악산까지 전국 곳곳에서 자생이 확인되면서 멸종에 대한 걱정은 하지 않아도 될 것 같다.

봄에 만나는 들꽃 08

갯버들

2월 중하순에 산을 오르다보면 아직 얼음이 녹지 않은 계곡에서 봄이 오는 소리가 들린다. 얼음장 밑으로 흐르는 물소리다. 산행을 하지 않더라도 지금 눈을 감고 마음으로 그 계곡으로 한 번 가보자. 얼음장 밑으로 흐르는 맑은 물소리의 합창, 자연의 순수 그대로의 봄의 노래가 들리지 않는가? 그리고 그 개울가에 봄의 전령사인 갯버들이 보송한 털을 헤집고 꽃망울을 터뜨리는 것이 보이지 않는가? 이 물소리가 들리고 갯버들의 모습이 보이는 사람에겐 봄은 이미 그에게 와 있는 것이다.

  버드나무과의 나무들은 줄기가 굵고 키가 큰 나무(喬木)류와 키가 작고 줄기가 밑동에서 여러 갈래로 나와 자라는 떨기나무(灌木)류로 나눌 수 있다. '천안 삼거리 흥~ 능수야 버들은 흥~ 제멋에 겨워서 흥~ 축 늘어졌구나 흥~'. 어깨춤이 절로 나는 이 노래에 나오는 축 늘어진 버들인 수양버들은 교목이다. 국립공원 주왕산의 주왕지에는 물속에 잠긴 왕버들과 어우러진 절경을 보기 위해 많은 사람들이 찾는데 이 왕버들도 교목이다. 이들과 달리 개울가에서 흔하게 보게 되는 갯버들은 관목류의 나무로서 키가 2m를 넘지 않는다.

  갯버들은 이른 봄이면 벌써 물이 올라 꽃눈이 유난히 하얗게 보이는데 뽀얀 털이 복슬복슬한 강아지를 연상케 하여 버들강아지라고 부른다. 강아지의 보드라운 털을 닮은 버들강아지를 꺾어 봄을 시샘하는 찬바람에 빨개진 뺨에 대면 금방이라도 언 뺨이 녹을 듯싶다. 이에 어울리게 꽃말이 '포근한 사랑'이라고 한다.

이른 봄에 갯버들의 꽃눈을 보면 처음에는 짙은 회색을 보이지만 점점 밝기를 더하여 꽃이 핀 기간에 따라 색의 차이를 나타낸다. 꽃이 활짝 개화했을 때 노란색을 띠는 것이 있는가 하면 붉은 색을 띠는 것도 있다. 식물도감에 의하면 갯버들의 꽃은 단성화(單性花＝암술과 수술 중 하나가 없는 꽃)로서 털이 있는 모양이 다 같아 보이지만 수꽃은 검은색을 암꽃은 붉은색을 띠고 있는 차이가 있다고 하는데 필자로서는 구분이 잘 가지 않는다.

갯버들의 속명 '셀릭스(Salix)'는 라틴어의 '가깝다'는 뜻의 '살(sal)'과 '물'이라는 뜻의 '리스(lis)'의 합성어라고 한다. 그래서 강가, 개울가에서 쉽게 발견할 수 있는 식물이다. 갯버들은 물을 따라 뿌리가 발달하여 흙이 물살에 패어나가는 것을 막아주기도 하지만, 물속의 오염물질을 정화하는 데 뛰어난 작용을 하는 식물로 알려져 있다. 이런 이유로 전국의 생태하천 복원 사업에 많이 심겨지는 식물 중 하나가 되었다. 인간의 수질 오염에 대비해 하나님께서 갯버들을 준비해주셨음에 감사! 감사! 또 감사!

봄에 만나는 들꽃 09

금란초

들꽃을 사랑하는 사람들이라면 누구보다 더 봄이 오기를 기다릴 것이다. 들꽃을 사랑하여 서둘러 봄을 찾아 나선 이들을 통해 입춘(2월 4일)을 기다렸다는 듯 강원도 동해안에서 복수초가 피었다는 소식을 전하더니 한 주간 지나서는 경기 광릉의 수목원에도 복수초가 피었다는 소식을 전해온다. 봄의 들꽃 소식을 전해 듣는 필자의 마음이 설렌다. 필자가 사는 강화에도 2월 말쯤이면 복수초가 피어나 3월 한 달여 동안 노랗게 물들인다. 아직 날씨가 춥지만 내 마음의 뜰엔 벌써 봄이 와 있다. 오늘은 봄을 기다렸다는 듯 서둘러 피는 금란초를 만나러 남녘으로 가보자.

금란초는 꿀풀과의 여러해살이 풀이다. 필자가 금란초를 처음 만난 곳은 제주였다. 금란초와의 첫 만남이 있었던 그해 봄 제주도가 고향인 한 성도가 죽음을 맞아 고향 땅에 묻히게 되어 하관식까지 동행하게 되었다. 하관식을 마치고 산을 내려오는 길바닥에 납작 엎드려 보라색의 꽃을 피운 녀석들이 보였다. 처음 보는 들꽃이었다. 그도 그럴 것이 제주도 등지의 따뜻한 남녘에서만 자라는 들꽃이었기에 중부지방에서는 볼 기회가 없었던 것이다.

잎이 땅에 달라붙듯 옆으로 퍼져 자라는 모습이 방석과 흡사하며 온 몸이 흰 솜털로 덮혀 있고 잎겨드랑이에 보라색의 꽃을 달고 있는 모습이 앙증스럽다. 잎의 길이는 2~4cm로 가장자리는 둔하고 작은 물결 모양의 톱니가 있으며 녹색바탕에 자줏빛이 많이 돈다. 꽃은 성급한 녀석은 2월부터 피기 시작해 늦으면 6월까지도 볼 수 있다. 개화기간이 길어서 오랜 기간 꽃을 감상할 수 있어 좋은 우리 들꽃이다. 이와 똑같이 생겼으면서 꽃 색이 분홍색인 것이 있는데 이는 내장금란초라고 한다. 전북 내장산을 중심으로 자라고 있기 때문에 붙여진 이름이다. 털이 있고 꽃 모양이 조개나물과 비슷하여 가지조개나물이라고도 불리는데 조개나물은 곧게 서고 금란초는 땅에 깔려 퍼져 자라는 것이 분명하게 구별된다. 금란초를 금창초(金瘡草)라도 하는데, '금창(金瘡)'의 뜻을 국어사전에서 찾아보면 '칼이나 창, 화살 따위의 쇠끝에 다친 상처, 또는 그 상처가 덧나서 헌 데'라고 되어 있다. 이것은 아마도 금란초를 민간약으로 상처난데에 찧어 바른데서 유래한 것이라고 생각된다.

하관식이 있었던 날 제주에서 한 포기를 캐어다가 혹시라도 살까 하여 교회 뜰에 심었었다. 기대한대로 월동을 하고 이듬해에 꽃을 피웠다. 강화로 이사해서는 일부러 옮겨 심지 않았는데, 아마도 다른 것들을 옮기면서 따라왔는지 앞마당 한 귀퉁이에 자리 잡고 몇 년째 꽃을 피우고 있다. 남녘에서만 자라는 것으로 알려진 금란초가 중부지방 강화에서까지 자라게 된 것이다. 반갑다. 그러나 지구온난화의 영향인 듯싶어 지구의 내일이 염려스럽다.

봄에 만나는 들꽃 10

꽃다지

'동무들아 오너라 봄맞이 가자 / 너도 나도 바구니 옆에 끼고서 / 달래 냉이 꽃다지 모두 캐보자 / 종달이도 높이 떠 노래 부르네' 필자가 어릴 적 자주 불렀던 그래서 지금까지도 가사를 잊지 않고 있는 '봄맞이 가자' 라는 동요의 가사다. 필자에겐 꽃다지란 이름만 들어도 봄이 온 듯 정감이 가는 이름이지만 강남 스타일에 빠져 있는 요즘 어린이들이 꽃다지를 알고 있을까? 젊은 엄마들에게도 꽃다지가 생소하게 들릴 것이다. 봄나물 하면 냉이만 떠올릴 테니까 말이다.

그러나 노랫말에 있듯이 꽃다지는 냉이와 함께 봄나물 목록에 당당히 드는 나물이었다. 필자에겐 6.25 전쟁 중 1.4후퇴 때 충청북도 황간이란 곳으로 피난하였었는데 이듬해 봄에 서울에서 피난 온 아이들과 함께 아직 농사가 시작되지 않은 밭과 논둑을 찾아다니며 봄나물을 캐었던 기억이 새롭다. 그 때 나물바구니를 채웠던 것이 냉이와 꽃다지였다. 이렇듯 봄나물에서 형제와 다름없던 자리를 요즘 냉이가 독차지하게 된 것은 꽃다지는 나물로 무쳐 먹으면 냉이에 비해 봄의 향취도 덜하고 식감도 덜하다보니 요즘처럼 먹을거리가 풍족한 시대에 뒷전으로 밀려나 이름마저도 잊어지는 것 같다.

가을에 씨가 떨어져 싹이 나서 자라 겨울을 나고 이듬해에 꽃을 피우고 씨를 맺는 식물을 월년초(越年草))라고 하는데 꽃다지는 햇볕이 잘 드는 곳에 나는 월년초다. 가을에 씨가 발아하여 잎이 돋아나고 방석처럼 땅에 깔린 잎은 보송한 솜털을 뒤집어쓰고 추운 겨울을 나 봄이 되면 꽃대를 올려 꽃을 피운다.

봄을 연상케 하는 색은 노란색일 것이다. '나리나리 개나리 입에 따다 물고요 / 병아리떼 종종종 봄나들이 갑니다' 개나리, 병아리가 노란색이기 때문에 봄의 따뜻함이 느껴지는 동요다. 꽃다지가 정감이 가는 것은 어릴 적 나물로 먹었기도 했지만 작고 앙증맞은 노란색의 꽃이 봄의 색이기 때문이다. 봄을 알리려는 성급함에서인지 남녘의 따뜻한 곳에서는 2월에 벌써 노란 꽃이 피기도 한다. 꽃다지가 서둘러 꽃을 피우는 것은 농부가 밭을 갈아엎기 전에 꽃을 피우고 씨를 맺으려는 부지런함 때문이 아닐까 생각된다. 꽃다지란 이름은 작은 꽃이 다닥다닥(닥지닥지) 붙어서 피는 모습에서 붙여진 이름으로 순수하며 정겨운 우리 이름이다.

꽃다지는 봄의 들녘에서만 아니라 도심의 아파트 정원에서도 쉽게 발견되는 봄의 들꽃임에도 꽃말이 '무관심'이라 하니 아마도 흔하게 볼 수 있으면서 봄을 알리는 꽃임에도 사람들이 별로 알아주지 않기 때문이 아닐까? 올 봄엔 겉흙이 녹기를 기다려 들에 나가 꽃다지를 캐어다가 작은 분에 모아심고 베란다에 놓아 작지만 닥지닥지 노란 꽃을 피우면 누구보다 봄을 일찍 만나리라.

봄에 만나는 들꽃 11

괭이눈

겨울이 아무리 추워도 봄은 오고야 만다. 절기상으로는 입춘(立春)이 지났으니 이제부터는 봄이라고 해도 좋지 않을까? 제주도에서는 향기수선화가 한창이고 때 이른 매화꽃도 피었다는 봄소식이 들려온다.

오늘은 괭이눈을 만나보자. 꽃 이름 중에는 동물 이름이 들어간 것들이 많이 있다. 고양이 이름이 들어간 것만도 괭이눈, 괭이밥, 괭이눈풀, 괭이밥풀, 괭이싸리 등 이름만 들어도 정겹다. 괭이눈은 가운데 씨앗 모양이 고양이의 눈을 닮았다 하여 괭이눈이란 이름이 붙여졌는데 복수초나 앉은부채와 같이 봄이 오기를 기다렸다는 듯 서둘러 피는 들꽃이다. 제주에서 백두산까지 전국의 그늘진 곳의 습한 곳에서 쉽게 만나지는 들꽃이지만 아마도 오직 정상에 오르려는 목적만으로 산을 찾았던 사람들로서는 처음 본다는 이들이 있을 것이다.

이른 봄에 피는 들꽃들 대부분은 키가 크지 않고 땅에 엎드린 듯 핀다. 많은 사람들이 높은 곳에 올라 하늘을 보고, 울창한 숲을 보고, 겹겹이 늘어선 산줄기를 보고 하나님을 찬양하지만 하나님께서 창조하신 세계는 발밑에서도 발견된다. 봄 숲에서 만나지는 들꽃들 중 많은 것들이 키가 작은 공통점을 갖고 있다. 그러므로 봄의 숲에서 자세를 낮추고 발밑을 살핀다면 앙증맞고 재미있는 들꽃들을 만나게 될 것이다. 겸손한 사에게 은혜를 베푸시는 하나님의 특별한 선물이다.

괭이눈은 줄기가 크게 자라는 것이 아니라 복지(匍枝)라 하여 가지가 얕게 옆으로 뻗어가면서 뿌리가 생겨 땅에 박고 자라면서 이른 봄에 꽃을 피운다. 노란색의 꽃처럼 보이는 것은 실상은 꽃이 아니다. 녹색의 잎이 변하여 꽃처럼 보이는 것이다. 꽃이 필 때 꽃 주변의 잎들이 노랗게 변해서 햇볕을 받으면 황금과도 같은 빛을 발하지만 번식이 끝나고 나면 잎은 원래의 녹색을 찾는다. 이처럼 번식을 위해 잎의 빛깔이 변하는 것을 혼인색이라고 하는데 아직 추위가 물러가지 않은 이른 봄철 벌레를 유인하여 수정을 하기 위한 변신이다.

괭이눈의 꽃말이 '골짜기의 황금'인 것은 꽃이 한창일 때 햇빛에 빛나는 황금색 잎의 아름다움 때문이요, 또한 잎이 노랗게 변했다가 수정이 다 끝나면 다시 녹색으로 돌아가기 때문에 '변하기 쉬운 마음'이라는 꽃말도 갖고 있다. 괭이눈 종류 중에 애기괭이눈은 '애기'가 말해주듯 작고 귀엽기 때문에, 털괭이눈은 식물 전체에 털이 있어서 붙여진 이름이다. 이 외에도 여러 종류의 괭이눈이 한반도에 자라고 있다. 봄 숲에서 겸손히 허리를 굽혀 괭이눈의 숨겨진 매력에 취하여 본다면 이를 지으신 하나님께서도 기뻐하시리라.

봄에 만나는 들꽃 12

깽깽이풀

아마도 가장 많은 사람들이 봄을 대표하는 들꽃으로 복수초를 떠올릴 것으로 생각된다. 이름까지는 몰라도 봄에 피는 노란 꽃을 기억하는 사람들이 많을 것이다. 까닭은 텔레비전에서 봄이 왔음을 알리는 들꽃으로 복수초를 가장 많이 비춰주었기 때문일 것이다. 이 복수초가 지고 나면 그 뒤를 이어서 피는 들꽃 중 하나가 깽깽이풀이다.

 깽깽이풀속의 식물은 지구상에 딱 두 종이 있는데 그 중 하나가 우리나라에서 사라는 깽깽이풀로 환경부에서 멸종위기식물로 지정하여 보호하리만큼 귀한 들꽃이다. 꽃이 아름다울 뿐만 아니라 그 뿌리가 약제로 쓰이는 이유로 마구 채취하였기 때문에 사라질 위기에 놓인 것이다. 다행히도 근년에 진주와 밀양 등지의 숲에서 대규모 자생지가 발견되었다는 반가운 소식이 들려온다. 자칫 골프장으로 파헤쳐질 뻔했던 인천 계양산의 북면 목상리 산기슭에서도 깽깽이풀이 서식하고 있는 것이 골프장 반대 시민모임 회원들에 의해서 확인되었고 이런 귀한 식물의 서식지이기 때문에 골프장이 들어서면 안 되는 곳이었다.

 깽깽이풀은 제주도와 남해안을 제외한 전국의 산 중턱의 반그늘지고 비옥한 곳에서 자라는 여러해살이풀이다. 원뿌리는 단단하고 수염뿌리가 많으며 원줄기가 없이 뿌리에서 바로 긴(20cm 정도) 잎자루와 꽃자루가 나오는데, 잎이 나오기 전에 긴 꽃자루 끝에 연보라색의 꽃이 한 송이씩 피고 이어서 잎도 나온다. 한 뿌리에서 여러

개의 꽃줄기가 모여 나와 옹기종기 꽃을 피운 모습이 정답다. 꽃이 지고 한 달쯤 뒤면 씨를 담은 열매가 누렇게 익고 7~8월쯤에는 식물체는 흔적도 없이 사라져버린다.

깽깽이풀의 자손 번식이 특이하다. 씨앗의 표면에 개미가 좋아하는 달콤한 향기가 나오는 물질이 있어 개미들이 이것을 먹이로 삼기 위해 집으로 가져가게 된다고 한다. 개미들이 겉의 달콤한 것만 먹이로 삼고 버리면 씨는 땅속에 묻혀 싹을 트게 되는 것이다. 땅에 묻힌 씨앗은 3년이 지나야 꽃을 피우는 만큼 번식력이 그리 왕성한 편이 아니다. 군락지에 가 보면 얼마만큼 거리를 두고 띄엄띄엄 자라는 것을 볼 수 있는데 이것은 개미들이 씨를 물고 가다가 흘린 곳에서 싹이 트고 자랐기 때문이라고 한다.
깽깽이풀이란 이름도 개미의 동선을 따라 깡충깡충(깽깽) 뛴 것과 같다고 해서 붙여진 이름이라고 한다.

다른 이야기로는 이 풀을 강아지가 뜯어먹고 환각성분 때문에 깽깽거리는 모습을 보고 깽깽이풀이라고 했다고도 한다. 식물들은 저마다의 번식 방법이 있는데 깽깽이풀 외에도 얼레지, 족도리풀 등이 개미에 의해 씨앗을 퍼뜨린다. 하나님의 창조세계는 알면 알수록 신비롭다!

봄에 만나는 들꽃 13

꿩의바람꽃

복수초가 피어나는가 싶으면 이에 뒤질세라 바람꽃들이 다투어 핀다. 바람꽃들은 짧은 꽃대가 하도 가늘어 봄을 시샘하는 작은 바람에도 살랑거린다. 이들 바람꽃 중에서 가장 먼저 피는 것이 너도바람꽃, 그 뒤를 이어 변산바람꽃과 꿩의바람꽃, 국화바람꽃이 핀다. 바람꽃들이 필 무렵에 노루귀, 산자고, 얼레지, 현호색 등 들꽃들도 다투어 핀다. 이들이 한 곳에서 함께 피면 좋으련만, 혹 같은 곳에서 몇 가지를 만날 경우도 있지만 보통은 서로 피어나는 곳이 달라 이들을 찾아 나서다보면 3월, 4월이 너무 빠르게 가기 때문에 봄의 들꽃을 만나려면 부지런해야 한다. 목회를 하는 필자로서는 교회를 섬기는 것이 우선이기에 일삼아 3, 4월의 들꽃 정원을 찾아 나서기가 무리이므로 올해는 이 꽃을 내년에는 저 꽃을 만나는 것으로 만족해야 했다.

  꿩의바람꽃은 우리나라 전역에서 자라나는 여러해살이풀로 산지의 낙엽 지는 나무 숲 밑에서 자라는데 필자가 사는 강화도의 산골짜기에서도 드문드문 만날 수 있다. 꽃자루 하나가 나와 꽃자루 끝에 한 송이가 달린다. 앞에서 만났던 변산바람꽃처럼 꽃잎이 없고 흰색의 꽃잎처럼 보이는 것은 실상은 꽃받침이다. 보통 8~13장의 꽃받침이 꽃처럼 보이는데, 드물게 연한 분홍색을 띠는 것도 있다.
  들꽃 이름의 접두어는 그 들꽃에 대한 의미를 갖고 있어 이를 알면 들꽃과 더 가까워지게 된다. 바람꽃들만 하더라도 변산에서 처음 발견되었다 해서 변산+바람꽃, 따로 이름이 없었다가 바람꽃과 같은 것을 발견하고 너도+바람꽃(이구나), 꽃자루가 하나이어서 외대

+바람꽃, 둘이어서 쌍둥이+바람꽃, 세 개의 꽃자루여서 세+바람꽃, 그리고 꿩+바람꽃 등, 재미있지 않은가?

꿩의바람꽃은 꽃이 활짝 필 때 꽃받침의 모습이 마치 꿩의 목털에 있는 깃털 모양과 닮았다고 해서 붙여졌다고 한다. 또 다른 이야기로는 일부다처제인 꿩은 봄이면 수꿩들이 암컷을 차지하기 위해 힘겨루기 싸움을 하여 싸움에서 이긴 수컷은 암컷을 모두 차지하고 짝짓기를 하게 되어 알을 낳게 되는데, 수꿩이 바람을 피워 짝짓기 할 때 피어나는 꽃이라서 꿩의바람꽃이라 했다니 사실이야 어떻든 정이 가지 않은가.

바람꽃들은 낙엽 사이에 숨바꼭질하듯 흩어져 피는 경우가 대부분이지만 서해의 풍도에서만은 달랐다. 변산바람꽃은 이미 철이 조금 늦은 때였고 염소 목장 사이의 좁은 길로 좀 더 위로 오르니 산등성이에 꿩의바람꽃이 밭을 이루고 반겨주었다. 그 때의 즐거워했을 필자의 모습을 상상해보라! 맛본 자만이 알리라.

봄에 만나는 들꽃 14

봄맞이꽃

오늘은 너무 작아 얼른 눈에 띄지 않는 들꽃들 중 하나인 봄맞이꽃을 만나나보자. 이름 자체가 순 우리말로 봄이 왔음을 알리는 정겨움이 흘러나오는 들꽃이다. 키가 10cm 정도 되는 아주 작은 들꽃으로, 잎은 뿌리에 붙어 동그랗게 돌려나며(根生葉이라 함), 4월 중순 쯤에 뿌리에서 나온 가는 줄기 끝에 흰색의 꽃이 핀다. 꽃은 지름이 4~5mm의 아주 작은 통꽃으로 꽃잎은 다섯 갈래로 나뉘어져 있다. 꽃잎이 하나하나 떨어져 있는 꽃을 갈래꽃, 중심에서 하나로 붙어 있는 꽃을 통꽃이라고 한다.

봄맞이꽃은 전국의 햇볕이 잘 드는 시골길 밭둑이나 들판에 흔히 나는 들꽃이지만 너무 작아 그냥 지나치기 쉬운 꽃이다. 그러나 자세히 들여다보면 흰색만이 아니다. 가운데 노란 꽃술과 꽃잎 가장자리는 엷은 홍조를 띤 앙증맞은 모습이 귀엽다. 바람이라도 불면 간지럼이라도 타듯 살랑거리는 모양이 봄을 노래하며 춤을 추는 것 같아 보인다. 이렇듯 아름다운 꽃을 처음 보는 사람은 안개꽃이 아니냐고 묻기도 하는데, 유럽에서 관상식물로 들여온 안개꽃은 알면서 하나님께서 자기네 땅에서 자라고 피도록 선물하신 봄맞이꽃을 모르다니 유감이다.

필자와 봄맞이꽃의 첫 만남은 20여 년 전 한식(寒食)에 부모님 묘소에 갔을 때였다. 부창부수라고 아내가 "여보, 여기 좀 봐요. 처음 보는 꽃이 있어요. 이게 무슨 꽃이지요?" 한다. 아내가 가리키는 곳을 보니 잔디 속에서 작은 꽃이 얼굴을 내밀고 있었다. 그때까지는 이름을 모르고 있던 꽃이었다. 집에 돌아와서 식물도감을 뒤적여보고서야 봄맞이꽃임을 알았다. 그날 봄맞이꽃 한 포기를 흙이 떨어지지 않게 조심스럽게 캐어 와서 교회 마당에 심고 정성스레 물을 주었다. 다행히 잘 살아주어서 며칠 후에 꽃이 지고 얼마 후에는 씨가 누렇게 익는가싶더니 이어 잎도 말라 일생을 마쳤다.

 죽었나보다 하고 잊고 있었는데, 가을에 그 죽었던 자리에서 씨가 떨어져 잎이 돋아나더니 겨울을 견뎌내고 이듬해 봄에 더 많은 꽃을 피웠다. 이처럼 겨울을 지내고 2년째에 꽃을 피우고 씨를 맺는 한살이를 하는 식물을 월년초(越年草)라고 한다. 교회 뜰에서 식구가 늘어난 봄맞이꽃이 다른 들꽃들에 묻어 필자를 따라 강화에까지 와서 올 봄에는 돌 틈에 자리를 차지하고 방긋 웃는 얼굴로 봄소식을 전해주고 있다. 내년에는 더 많은 후손들을 거느리고 봄맞이를 하겠거니 하고 벌써부터 기다려진다.

 꽃말은 '희망'이라고 한다는데 봄이 왔음을 알려주어 희망을 갖게 하는 꽃으로 손색이 없다고 생각한다. 또 '행복의 열쇠'라고도 한다는데, 우리 땅의 들꽃을 사랑하는 독자 여러분에게 행복의 문이 활짝 열려지기를 기원한다!

봄에 만나는 들꽃 15
생강나무

계절을 색깔로 나타낸다면 여름은 녹색, 가을은 붉은색, 겨울은 흰색으로 상징될 수 있을 것이다. 그러면 봄의 색깔은 무슨 색일까? 어떤 이는 봄의 색깔을 분홍색이라고 말한다. 아마도 진달래를 연상했음이리라. 필자는 봄의 색깔을 노란색이라고 말하고 싶다. 이른 봄에 눈을 헤집고 피는 복수초를 비롯해서 민들레, 동의나물, 피나물 등의 풀꽃과 히어리, 개나리, 산수유, 영춘화 등 나무에 피는 꽃이 모두 노란 색이다. 그리고 오늘 소개하는 생강나무도 노란색이다.

생강나무는 꽃의 생김새가 산수유와 거의 같아 구별이 쉽지 않다. 그러나 생강나무는 산수유보다 일주일 정도 꽃이 먼저 핀다. 또 산수유는 열매를 목적으로 집 근처에서 재배하지만 생강나무는 산에서 절로 자라는 나무이다. 생강나무의 줄기는 연한 녹색을 띠고 있어 산수유와 구별된다. 무엇보다 나무의 가지를 꺾어 냄새를 맡거나 씹어보면 생강냄새가 나는 것으로 산수유와 확실히 구별할 수 있다.

봄에 산을 오르는 사람이면 전국 어디에서나 생강나무의 노란 꽃을 볼 수 있을 것이다. 그만큼 생강나무는 우리나라 전역에서 자라고 있다. 생강나무는 봄에 꽃도 아름답지만 꿀 향이 나는 꽃의 향기와 가을에 노랗게 물드는 단풍도 일품이다.

지방에 따라서는 동백나무라고도 부르는데, 동백나무가 자라는 곳에서 동백나무의 열매로 기름을 짜듯 동백나무가 자라지 않는 곳에서 생강나무의 열매로 기름을 짜서 머릿기름으로 사용했기 때문으로 생각된다. 고향이 개성이셨던 어머니께서 이 동백기름으로 쪽진 머리를 윤이 나게 매만지시던 것을 기억한다. 김유정의 단편 「동백꽃」중 마지막에 나오는 에로틱한 장면에 "…(점순이가) 무엇에 떠밀렸는지 나의 어깨를 짚은 채 그대로 퍽 쓰러진다. 그 바람에 나의 몸뚱이도 겹쳐서 쓰러지며 한창 피어 퍼드러진 노란 동백꽃 속으로 폭 파묻혀 버렸다." 라는 대목에서 알 수 있듯이 강원도에서는 생강나무를 동백나무라고 부른다. 필자가 다니던 고등학교 교정에 이 나무가 이름표를 달고 심어져 있어서 동백나무가 아니라 생강나무라는 것을 고등학교 시절부터 알고 있었다.

생강나무는 열매로 머릿기름을 짜는 외에 꽃을 따서 말리거나, 꽃이 진 다음 뾰족이 자란 어린잎을 따서 말렸다가 더운 물에 우려내어 차로 마시면 향도 좋거니와 녹차와 달리 카페인이 없어 건강에도 좋다. 봄의 산에 지천으로 자라니 한 번 차를 만들어봄도 좋을 듯싶다. 산에 오르내리다가 넘어져서 어혈진 데에는 이 나무의 잎을 찧어서 붙이고 잔가지나 뿌리를 잘게 썰어 진하게 달여 마시고 땀을 푹 내면 통증이 없어지고 어혈도 풀린다고 하니 매우 유용한 나무이다.

봄에 만나는 들꽃 16

동의나물

20여 년 전 홍천군 내면의 한 산골짜기로 들꽃을 찾아간 적이 있었다. 필자의 교회 한 권사가 친정 동네인 내면의 부모님 산소 곁에 복주머니란이 군락을 이루어 핀다고 하였다. 귀가 솔깃했다. 말만으로는 그 곳을 찾기 어려울 것 같아 권사님의 아들에게 함께 가자고 부탁했다. 대학에 다니던 그 청년이 월요일에 마침 수업이 없는 날이었고 필자도 가장 자유로운 날이었기에 새벽기도를 마치고 일찍 길을 나섰다.

    청년은 어렸을 적 어머니를 따라 갔던 기억을 더듬으며 그리 어렵지 않게 외할아버지 산소를 찾아내었다. 이제는 근처에서 복주머니란을 찾는 일만 남았다. 그 때가 한창 복주머니란이 필 즈음(5월 중순경)이었는데 하나도 눈에 띄지 않았다. 대신 골짜기에 물기가 많아 보이는 곳에 녹색의 둥글넓적한 잎을 바탕으로 노란 꽃들이 웃고 있었다. 처음 만나는 들꽃이었다. 꿩 대신 닭이라고 반가웠다. 뒤에 이것이 동의나물이란 것을 알게 되었다. 동의나물과의 첫 만남은 이렇게 이루어졌다. 그 뒤로는 깊은 산 여기저기에서 동의나물이 눈에 들어왔다. 사람 관계도 관심을 가지면 그 사람이 보이고 무관심하면 그가 아무리 잘해도 보이지 않는 것 같다. 하나님과의 관계도 마찬가지, 하나님께 마음을 두는 만큼 하나님은 보이기 마련이다.

    동의나물은 키가 큰 경우에는 50cm 정도까지 자라며 한국 전역에서 자라고 있는 것으로 알려져 있지만 특별히 깊은 산 숲속의 그늘진 곳 또는 늪지대나 산골짜기 습지에서 자라는 미나리아재비과의 여러해살이풀로서 물을 좋아하는 식물이다. 잎은 쌈으로 먹는 산나물인 곰취를 닮았으나 곰취 보다는 작아서 5~10cm 정도로 그 모양이 전체가 둥글면서 한쪽이 'V' 자 모양으로 패였다. 이런 잎 모양을 심장형이라고 하는데, 이 잎을 따서 동그랗게 접으면 그 안에 딱 물 한 모금이 담기는데 여기에서 물을 담는 '동이+나물'에서 동의나물이라는 이름이 지어졌다고 한다.

또 다른 이야기로는 꽃이 피기 전 둥그런 잎사귀에 꽃봉오리가 맺힌 모양이 물동이를 이고 가는 여인의 모습을 닮았다 해서 역시 '동이+나물'에서 동의나물이 되었다고도 한다. 꽃 이름의 유래를 듣고 보면 우리의 정이 담겨있는 들꽃이다. 이 밖에도 잎의 모양이 말발굽을 닮았다 하여 마제초(馬蹄草). 동의나물이 물가에 자라는데 사방으로 잎줄기가 길게 뻗어 나온 뒤에 잎이 붙어 있는 모습을 보고 '물속에서 올라오는 여덟 개의 뿔'이란 뜻으로 수팔각(水八角)이라 부르기도 한다.

이름에 나물 자가 들어 있으니 먹을 수는 있으나 잎 모양이 크기만 작을 뿐 곰취와 비슷하여 곰취인 줄 알고 날로 쌈을 먹었다가는 독성이 있어 구토와 설사를 일으키기 때문에 끓는 물에 삶아 독성을 우려낸 후 묵나물로 먹어야만 한다. 그러나 독이 나쁜 것만은 아닌 것은 이 독성 때문에 좋은 약재로 이용되기도 한다. 모든 것이 합력하여 선하게 이용되게 하시는 하나님의 계획이다.

봄에 만나는 들꽃 17

현호색

복수초와 노루귀, 얼레지가 봄이 왔음을 알리며 서로 다투어 꽃을 피울 때 이에 뒤질세라 얼굴을 내미는 들꽃 중 하나가 현호색이다. 현호색은 여러해살이풀로서 우리나라 전역에서 자라는 흔한 들꽃으로 겨우내 얼었던 땅이 녹기를 기다렸다는 듯 일찌감치 싹을 틔우고 꽃을 피우며 한두 달 남짓 봄을 전해주다가 씨를 맺으면 5월초쯤 흔적도 없이 사라져 버린다. 3~4월에 산행을 하는 경우 낙엽 지는 큰 나무 아래의 축축한 곳을 살펴보면 만날 수 있는 들꽃이다. 키 20cm 내외의 연약한 줄기에 달린 꽃의 한쪽은 여인의 입술처럼 살짝 벌어지고 반대쪽은 점점 좁아진 생김이 특이하다.

  현호색을 통틀어 일컫는 속명 '코리달리스(Corydalis)는 그리스어로 '종달새'라는 뜻에서 나온 단어라고 하는데 이것은 꽃의 모양이 종달새의 머리 깃을 닮았기 때문이라고 한다. 속명을 연상하니 하늘색 깃털을 한 새들이 옹기종기 모여 도란도란 이야기꽃을 피우고 있는 것 같기도 한 재미있는 들꽃이다. 꽃말 또한 재미있다. '보물주머니' 또는 '비밀'이란다. 꽃의 생김을 들여다보면 그런 꽃말이 붙여졌음이 이해가 된다. 점점 좁아진 종달새의 머리 깃을 닮은 그 끝에 꿀샘이 있다고 하니 복주머니가 틀림없고, 긴 주머니 끝에 꿀샘을 숨기고 있으니 비밀스러운 꽃인 것이다.

  봄꽃은 흰색, 붉은 색, 노란색이 대부분인 데 현호색은 드물게 흰색도 있지만 거의가 연보랏빛이다. 때로는 같은 곳에서 자라는 같은 종류같이 여겨지는데도 하늘색, 푸른색, 보라색 등 색깔이 조금씩 차이가 있는 것을 발견한다. 아마도 꽃이 핀 시간에 따라 짙거나 옅은 차이가 아닐까 싶다. 무지한 필자의 소견이다.

현호색은 잎의 모양에 따라 대나무 잎과 닮은 댓잎현호색, 빗살무늬가 있는 빗살현호색, 잎이 작은 애기현호색, 잎에 흰 점이 있는 점현호색 등으로 불린다. 또 꽃에 갈퀴 모양 포가 있는 갈퀴현호색, 자라는 곳이 울릉도에서만 자라는 섬현호색, 키가 10cm정도로 작아서 좀현호색으로 불리는 것도 있는데, 이 중 잎에 점이 있는 점현호색과 섬현호색은 우리나라 특산종이다.

무리지어 난 현호색의 연한 줄기와 잎은 나물로 무쳐 먹으면 봄의 향기에 취할 수 있을 것 같아 보인다. 또 무리지어 난 곳에서는 금방 한 바구니 채울 수 있을 것도 같다. 그러나 나물로는 금물! 현호색은 양귀비과의 식물로 독성을 지니고 있기 때문이다. 그렇지만 이 독성에 모르핀 성분이 들어 있어 통증을 멎게 하는 약재가 된다고 하니 우리가 몰라서 그렇지 하나님께서 이 세상에 존재하게 하신 모든 것들은 어느 하나도 아무짝에도 쓸데없는 것은 없는 것 같다. 그러기에 잡초라고 홀대하는 것들까지도 그것의 유용함을 찾는 지혜가 필요할 듯싶다.

봄에 만나는 들꽃 18

얼레지

봄의 전령사인 복수초를 이어 바람꽃, 노루귀가 앞을 다투어 필 때쯤 이에 뒤질세라 피는 꽃 중 하나가 얼레지이다. 얼레지는 숲 속 비옥한 나무 그늘에서 자라는 백합과의 여러해살이풀이다. 우리나라에서 자라고 있는 백합과의 식물은 약 100종이 된다고 하는데, 백합과의 두드러진 특징은 땅속줄기와 비늘줄기를 갖고 있다는 것이다. 백합과에 속한 얼레지 역시 흙을 파보면 가느다랗고 긴 땅속줄기 끝에 비늘줄기를 달고 있다. 잎은 보통 두 장, 꽃줄기 밑에 붙고, 꽃은 10~20cm 내외의 꽃줄기 끝에 한 송이씩 달린다. 땅 위에 바짝 붙은 잎 두 장에 꽃 한 송이.

하지만 한 두 포기가 아니라 무리지어 피기 때문에 장관을 이룬다. 꽃 한 송이만 보더라도 토끼 귀처럼 위로 말린 홍자색의 꽃잎과 안쪽 밑 부분의 W자 무늬가 환상적이다.

필자가 감리사 시절, 지방 내 목사님과 사모님들 중 희망하는 분들과 함께 경기도 수동의 축령산 휴양림으로 산행을 한 적이 있었다. 4월 중순쯤으로 마침 얼레지가 한창이었다. 모든 분들이 처음 보는 꽃이어서 그 아름다움에 취한 것은 물론, 어느 목사님은 꽃마다 W자 무늬가 일정한 것을 보고 '하나님의 창조가 아니라면 어떻게 이렇겠느냐!'고 감탄을 하였다. 그날 그 목사님은 얼레지 꽃에서 하나님의 창조의 신비를 보았고 하나님을 찬양했던 것이다. 이것이 그리스도인의 영성이 아니겠는가!

얼레지는 순 우리말로 잎이 얼룩덜룩하기 때문에 붙여졌다고 한다. 얼레지의 꽃말은 '바람난 여인, 질투'라고 한다. 왜 그렇게 표현했을까? 눈썹을 말아 올리듯 꽃잎을 올리고 약한 봄바람에도 흔들리는 모습이 남정네를 유혹하는 손짓으로 생각했든가, 아니면 수많은 봄꽃들 중 가장 화려한 자태를 뽐내는 데에서 '질투'라 하였든가?

강원도에서는 얼레지를 채취하여 삶아서 나물로 먹는데, 고추장으로 버무려서 먹으면 약간 단 맛이 나는 것이 식욕을 돋구어준다. 주의! 반드시 하루쯤 물에 담가 우려내어야 한다. 만약 우려내지 않고 먹으면 그날은 장 청소하는 날이다. 거시기를 자주 드나들어야 할 테니까.

얼레지의 번식 방법은 특이하다. 씨앗에 개미가 좋아하는 당분 덩어리가 붙어 있어 씨방이 터져 씨앗이 떨어지면 개미가 물고 집으로 가져간다. 개미는 당분 덩어리만 먹고 씨앗은 흙 속에 버리는데, 버려진 씨앗에서 싹을 틔운다고 한다. 그리고 6, 7년이 지나서야 처음으로 꽃을 피운다고 하니 함부로 채취하면 안 되겠지!

봄에 만나는 들꽃 19

족도리풀

복수초의 꽃 소식이 저만치 물러가고 바람꽃, 현호색의 꽃도 그 아름다움을 잃어갈 즈음 산을 오르는 길에 가랑잎들이 쌓인 곳에서 심장형의 제법 넓은 잎이 소복이 난 식물을 만나게 된다. 족도리풀이다. 그냥 서서 걸으면 꽃은 보이지 않고 그저 풀포기로만 보인다. 그래서 들꽃에 관심이 없는 사람은 그냥 지나치기 십상이다. 보통은 꽃대 끝에 꽃이 달리는 것인데 이 녀석은 무성한 잎 아래에 땅바닥에 바짝 붙다시피 하여 꽃이 달리기 때문에 아는 사람만 알고 일부러 자세를 한껏 낮추어 엎드려야 볼 수 있는 꽃이다. 꽃의 생김새가 옛날 결혼식에서 신부가 머리에 쓰던 족두리를 닮았다 하여 방언인 족도리풀이라고 이름 붙여진 것이라고 한다.

식물들이 꽃을 피워 수정을 하는 방법에는 바람의 도움을 받거나 곤충의 도움을 받는 것 등이 있는데 족도리풀이 땅바닥 가까이 붙어 꽃을 피우는 것은 날아다니는 나비나 벌 등의 곤충 대신 땅위를 기어 다니는 개미나 곤충들의 도움을 얻어 수정을 하기 위한 것이라고 하는데 족도리풀의 꽃은 특별한 냄새로 곤충들을 불러들인다고 한다. 필자는 제법 많은 종류의 선인장을 가꾸어 본 경험이 있는데, 별 모양을 하고 꽃의 색이 검은 자주색의 꽃을 피우는 종류가 있었다. 꽃이 피고 이틀쯤 지나서 보니 꽃 안에서 벌레들이 꿈틀거리고 있었다. 자세히 보니 구더기였다. 놀라웠다. 어떻게 이런 일이? 나중에 금파리들이 알을 슬었다는 사실과 꽃이 화려하지 않은 대신 동물의 사체에서 나는 냄새로 금파리들 불러들여 수성을 이룬다는 사실을 알게 되었다. 족도리풀의 꽃도 이와 유사한 방법으로 수정을 이루는 것이다.

우리나라에 자생하는 족도리풀 종류를 보면 꽃의 색이 대부분 검은 자주색인데, 영종도에서 발견되었다 하여 영종족도리풀로 부르는 종류는 녹색이다. 재벌 건설회사에서 골프장을 만들려다 시민들의 반대로 시민공원을 만들게 된 계양산 북면 자락에도 이 영종족도리풀이 한 포기 있는 것을 인천녹색연합 임원이 발견하였었다.

이런 희귀식물의 보존을 위해서라도 산을 마구잡이로 개발하는 일은 삼가야 하리라고 생각한다. 강화도에도 자라고 있는 것으로 기록에는 나와 있는 데 강화에 살고 있는 필자는 아직 발견하지 못했다, 좀 더 부지런히 찾아보아야겠다. 육지의 것과 달리 제주도에는 잎이 진한 녹색 바탕에 흰색 무늬가 있는 개족도리라고 불리는 것이 있는데 우리나라 특산 식물이다.

한방에서는 매운 맛이 나는 뿌리를 세신(細辛))이라 하여 기침이나 가래를 없애는 약재로 쓰이는 귀한 약초이다. 신부의 족두리를 닮아서인지 꽃말은 '모녀의 정'이란다.

봄에 만나는 들꽃 20

조개나물

조개나물은 햇볕이 잘 쬐는 풀밭이나 잔디밭에서 자라는 꿀풀과의 여러해살이풀이다. 조개나물이 피면 계절은 4월에서 5월로 넘어간다. 4월말에서 5월초쯤에 보라색의 꽃을 피우는데 식물 전체가 하얀 털(絨毛)로 덮여 있는 것이 이 꽃의 특별한 매력이다. 이 꽃과 닮은 것으로는 같은 꿀풀과의 금창초(=금란초)가 있는데, 둘 다 꽃색이 보라색이고 식물 전체에 하얀 털을 쓰고 있어서 구분이 잘 되지 않는다. 그러나 자라는 곳을 보면 금창초는 추위에 약하여 제주도를 비롯한 남부지방에서 자라는 반면, 조개나물은 내한성이 강하여 전국에서 자라고 있다. 확실한 구별은 금창초는 바닥에 깔리는 반면 조개나물은 곧게 선다는 것이다.

봄에 일찍 올라온 어린잎은 나물로도 이용하며, 잎과 잎 사이에서 꽃이 피는 모양이 조개가 입을 벌린 듯 한 모양 때문에 조개나물이란 이름이 붙여졌다고 한다. 뽀얀 솜털이 많은 것은 개미들의 접근을 막기 위해서라는데 그래서 조개나물은 날개달린 곤충만 허락한다고 한다. 하얀 털을 뒤집어쓴 고고한 자태에 잘 어울리게 꽃말은 '순결, 존엄'이라고 한다.

어린이날 필자가 집 가까이의 맞은편 산을 올랐는데 거기 한 산소가 조개나물로 덮여 있었다. 할미꽃이 그렇듯이 조개나물도 산소에 많은 것은 이들이 햇볕을 좋아하기 때문이다. 산소는 대부분 주위에 나무 그늘이 없고 탁 트여 있어서 햇볕을 유난히 좋아하는 할미꽃이나 조개나물이 자라기에 최적의 장소인 것이다.

요즘 들꽃을 전문으로 파는 꽃집에 가면 서양조개나물로 소개된 아주가라는 유럽 원산의 들꽃을 팔고 있는데 우리 토종의 조개나물은 찾아볼 수 없다. 또한 들꽃 애호가들도 아주가는 화분에 가꾸면서 우리 조개나물을 가꾸는 사람은 없는 것 같다. 유감이다. 우리 조개나물은 흔히 볼 수 있어서일까? 아니면 외국 것이면 무조건 좋아하는 그릇된 습성에서일까? 그렇지 않기를 바란다. 필자가 보기에는 아주가는 우리 조개나물에 비해 품위가 뒤진다. 꽃의 색이 너무 진하여 어둡고, 하얀 털도 미약하여 우리 조개나물에서 풍기는 깊은 맛, 꽃말처럼 순결과 존엄을 느낄 수 없다. 하나님께서 우리에게 주신 것은 모른 채 하고 다른 나라 것만 찾으면 하나님께서 기뻐하시지 않으시겠지.

봄에 만나는 들꽃 21

할미꽃

나는 어디를 가든지 카메라를 휴대한다. 하나님께서 보시기에 심히 좋았더라고 말씀하신 피조물 중에서 들꽃을 찍는 것이 나의 신앙 고백이기 때문이다. 카메라 렌즈는 하나님의 창조의 신비를 더 확실하게 볼 수 있는 도구이다. 나는 '참 아름다워라 주님의 세계는…' 들꽃과의 만남에서 이 찬송의 가사를 수 백 번도 더 실감했다.

우리나라 나이 든 사람 중에 할미꽃을 모르는 사람은 아마도 없을 것 같다. 요즘 어린이들은 오로지 공부에 빠져 할미꽃을 모를 것이라 생각하니 아이들이 불쌍한 마음이 든다. 오래전부터 우리의 어린 시절과 함께 해온 할미꽃이기에 수없이 어른들에게 들었을 전설이 있다. 추운 겨울 멀리 시집간 손녀를 찾아 나섰던 할머니가 손녀의 집이 가물가물 보이는 언덕에서 쓰러져 숨지고 말았다. 이듬해 봄에 할머니의 무덤가에 이름 모를 풀 한 포기가 나와 할머니의 구부러진 허리처럼 땅을 딛고 진홍 빛 아름다운 꽃을 피웠다는 슬픈 이야기가 전해 온다.

할미꽃은 아직 누렇게 죽어 있는 잔디 사이에서 우리에게 봄소식을 먼저 전해주는 꽃이다. 또한 할미꽃은 나의 어린 시절 기억 속에 깊게 남아 있는 꽃이다. 별로 놀이가 없었던 60여 년 전 그 시절 나지막한 뒷산에 올라 무덤의 잔디에 핀 할미꽃을 꺾어 족두리를 만들며 놀던 기억이 아름다운 추억으로 다가온다. 요즘 아이들이 이런 추억거리를 잊고 살아가는 것이 안타깝다.

할미꽃이 무덤 등성이에 많았던 것은 할미꽃이 척박한 양지에서 잘 자라는 식물이기 때문이다. 예전에는 무덤가에서 흔하게 볼 수 있었던 할미꽃이 지금은 아주 귀한 꽃이 되었다. 다 어디로 갔을까? 잔디만 살고 다른 풀은 다 죽이는 제초제가 만들어져 뿌려지면서 할미꽃이 수난을 당하게 되었다. 할미꽃을 만나기 위해 옛 어린 시절 보았던 고향을 찾은 적이 있었는데, 어느 무덤에서도 할미꽃을 만날 수 없어서 무척이나 서운했었다. 우리 조상들 산소에 논밭에 지천으로 뿌리는 제초제를 뿌려 할미꽃까지 죽이는 건 효도는 아니지 싶었다.

그러다가 동두천의 어느 기도원을 가게 되었다. 이번에도 카메라를 함께 챙겨갔다. 혹시라도 거기에서 만날 들꽃을 사진에 담기 위해서였다. 말씀을 묵상하고 기도하는 중에 가까이 있는 한 무덤이 온통 할미꽃으로 덮여 있는 것을 보고 얼마나 반갑고 기뻤던지. 하나님은 그 할미꽃에서 나를 만나 주셨다. 하나님 정말 멋진 분이시다. 또한 그 후손들 역시 참으로 효자들이다.

봄에 만나는 들꽃 22

중의무릇

봄에 만나는 들꽃

중의무릇은 봄의 대표적인 들꽃인 복수초, 노루귀, 바람꽃, 현호색이 필 때(3~4월)를 같이 하여 전국의 산이나 들에 나는 백합과의 들꽃이다. 백합과의 두드러진 특징은 땅 속에 비늘줄기를 갖고 있다는 것이다. 비늘줄기란 양파처럼 겹겹으로 된 땅 속 줄기를 말한다. 백합을 비롯한 여름에 꽃을 피우는 나리 종류들, 봄에 즐겨먹는 달래의 뿌리, 원예종으로는 봄 화단을 장식하는 튤립, 히아신스 등의 둥근 뿌리가 다 비늘줄기인 백합과 식물들이다. 중의무릇 역시 땅 속에 지름 1~1.5cm 정도의 난형(달걀모양)의 비늘줄기가 있는 것이 백합과의 식물임을 증명한다.

언 땅이 녹기를 기다렸다는 듯 이른 봄에 뾰족이 어린 싹을 내밀고 나오는 모습은 무릇을 빼닮았다. 그러나 이 둘은 꽃이 피는 시기에서 큰 차이가 있다. 중의무릇은 이른 봄에, 무릇은 한여름에 꽃을 피운다. 또 꽃의 색이 중의무릇은 노란색, 무릇은 진한 분홍색인 것이 다르며 꽃의 모양에서도 중의무릇은 꽃줄기 끝에 4~10송이가 달리고 무릇은 긴 꽃줄기에 작은 꽃들이 붙어 밑에서부터 피어올라가는 것이 전혀 다르다. 그럼에도 왜 중+무릇이란 이름이 붙여졌을까?

이른 봄에 새싹이 나오는 것만을 보면 중의무릇과 무릇은 구별할 수 없을 만큼 똑같다. 그래서 뒤에 '무릇'이 들어간 이름이 되었으리라고 쉽게 짐작이 된다. 그런데 '중'이 붙은 까닭은 왜일까? 필자가 처음 이 꽃을 만난 곳은 홍천의 수타사라는 절 뒤편 언덕에서였다.

그래서 스님(중)과 무슨 연관이 있는 것은 아닐까? 하는 생각이 들었었다. 그러나 스님과는 아무런 상관이 없는 들꽃이다. 스님이 거하는 곳이 산속의 사찰이듯 산속에서 자라는 무릇을 닮은 식물이라는 단순한 의미에서 이름이 지어졌다고 한다.

꽃말이 일편단심이라고 하는데, 꽃말과는 달리 봄을 시샘하는 바람이 조금이라도 불면 가냘픈 꽃대가 바로 서 있지 못하고 심하게 흔들리는 모습이 애처롭기까지 하다. 뿐만 아니라 꽃이 바라보는 방향이 제각각이다. 그럼에도 꽃말이 일편단심인 것은 아마도 차가운 봄바람에도 꺾일 듯싶은 잎과 꽃줄기가 꺾이지 않으며 꽃의 색이 상하지 않고 노란빛을 잃지 않기 때문이리라고 생각된다.

중의무릇의 형제격인 애기중의무릇이 있다. '애기'자가 붙은 것은 중의무릇에 비해 작기 때문이다. 그러나 이 둘을 같이 놓고 보기 전에는 구분하기 힘들다. 그래서 필자는 그냥 중의무릇으로 통칭하여 부른다. 약초가 아닌 들꽃이 있을까? 한방에서는 중의무릇의 비늘줄기를 정빙화(頂氷花))라고 하는 약재로 쓰는데 심장질환에 효과가 있다고 한다.

봄에 만나는 들꽃 23

섬노루귀

숲에서 이른 봄에 피는 들꽃으로는 노루귀가 있다. 노루귀는 꽃이 필 때면 잎의 줄기에 보드라운 뽀얀 털이 나 있고 잎의 생김이 노루의 귀를 닮았다 하여 붙여진 이름인데 제주도에서부터 백두산에 이르기까지 전국에서 자생하고 있는 여러해살이풀로서 새끼노루귀, 노루귀, 큰노루귀의 3종이 자생하고 있다.

남쪽의 섬이나 여수 돌산도의 끝자락 향일암 부근의 숲에서 아직 큰 나무들의 잎이 나기 전 작고 앙증맞은 새끼노루귀가 2월 말쯤에 꽃망울을 터뜨리는 것을 시작으로, 3월 중순 쯤에는 인천 앞바다의 풍도에서 흰색 또는 분홍색의 노루귀가 지천으로 꽃핀다. 필자가 사는 강화에서 4월 초순에 노루귀 꽃을 볼 수 있는데 이때쯤 남한강변의 대성리 맞은편 남부순복음금식기도원 뒤편으로 오르는 화야산엔 흰색, 분홍색 외에도 특히 꽃의 색이 아름다워 청노루귀라고 불리는 보라색의 노루귀를 볼 수 있는 곳으로 이름나 있다. 필자가 15, 6년 전 화야산을 찾았을 때 청노루귀가 발에 밟힐 정도였었는데 작년에 이 산을 다녀온 이의 말을 들으면 이제는 눈을 씻고 보아야 발견할 수 있을 정도란다. 근년에 들꽃을 가꾸는 이들이 많아지면서 무분별하게 채취해갔기 때문으로 짐작되는데 자생지를 사라지게 하는 것은 진정한 들꽃 사랑이랄 수 없을 것이다.

큰노루귀는 잎과 꽃이 다른 노루귀에 비해 비교적 크기 때문에 붙여진 이름인데, 왕노루귀라고도 하며 울릉도의 섬에서만 자라기 때문에 섬노루귀라는 이름으로 더 알려져 있는 우리나라 특산 식물이다. 요즘 일본인들이 독도를 자기네 땅이라고 억지를 부리는 바람에 독도와 함께 울릉도를 찾는 이들이 많은데, 단지 섬을 다녀오는 것으로 그치지 않고 그 섬에 자생하는 식물들에 관심을 갖고 아끼고 사랑함이 진정한 나라사랑이 아닐까? 섬노루귀는 흰색 또는 분홍색의 꽃이 피는데 꽃을 받치고 있는 세모꼴의 3 장의 총포 둘레에 보드라운 털이 있는 것이 매력이어서 들꽃 애호가들에게 특별한 사랑을 받고 있다.

환경부에서 2000년부터 우리 특산인 섬노루귀를 해외반출금지종으로 지정하였지만 이미 일본 등 외국에 상당수 유출된 상태라고 한다. 오랜 전에 홍도의 풍란이 일본에 반출되면서 멸종위기를 맞기까지 하였던 일, 변산바람꽃이 일본에 유출되어 새로운 변종을 만들어 내었다는 이야기를 들으면서 하나님께서 우리나라, 그것도 울릉도에만 자라게 하신 섬노루귀야말로 종자전쟁시대에 귀한 원예자원이 되는 특별한 선물이라고 생각된다.

보통 식물의 학명은 속명+종명 뒤에 명명자의 이름을 붙이는데, 우리 특산인 섬노루귀에 일본의 식물학자인 Nakai란 이름이 붙은 것이 과거 일본에게 땅을 빼앗겼던 것만큼이나 마음이 아프다. 하나님께서 우리 땅에 살고 있게 하신 들꽃 한 포기라도 귀하게 여기며 사랑하는 것이 또 다른 하나님 사랑이며 우리 땅의 지킴이라고 생각한다.

봄에 만나는 들꽃 24

제비꽃

들이나 산, 도심의 공원이나 아파트 화단에서까지 봄이면 쉽게 볼 수 있는 보라색의 키가 작은 들꽃이 있다. 제비꽃이다. 제비꽃 하면 보라색의 꽃을 연상하지만 보라색만 있는 것이 아니다. 제비꽃과로 분류되는 들꽃들은 하도 많아서 전 세계에 약 800종, 우리나라에만도 약 50여종이나 자생하고 있다고 한다.

종류가 많다보니 제비꽃 하면 보라색을 떠올리는 우리의 상식을 넘어 꽃의 색도 보라색, 흰색, 분홍색, 노란색, 또 보라색이라도 다 같은 것이 아니라 짙고 옅음의 차이를 보이는 등 참으로 여러 가지이다. 꽃의 색만큼이나 잎의 모양도 갖가지이다. 통칭하여 제비꽃이라고 부르지만 꽃의 색과 잎의 모양 등이 여러 가지인 만큼 이름도 제각기라 식물을 전문으로 연구하는 이들까지도 이들을 구별하는 데 머리가 아프다고 할 정도이다. 필자도 어릴 때에는 제비꽃은 보라색이 전부일 줄 알았었지만 들꽃을 가까이 하면서 이름을 달리하는 많은 제비꽃들이 있다는 사실을 알게 되었다. 독자들도 제비꽃에 관심을 갖고 들길을 걷거나 산을 오른다면 보라색 외의 색다른 제비꽃들을 만날 수 있을 것이다.

제비꽃의 공통점은 여러해살이풀로 줄기가 없고 뿌리에서 잎이 모여 나서 옆으로 비스듬히 퍼지며 3월 말에서 5월에 걸쳐 뿌리에서 꽃줄기가 나와 그 끝에 꽃이 달리는데 꿀주머니가 뒤로 길게 뻗친 것이 특징이다. 꽃의 빛깔은 달라도 꽃의 모양은 거의 비슷하기 때문에 보라색의 제비꽃을 알고 있다면 새로운 녀석을 만나게 될 때 정확한 이름은 몰라도 그것이 제비꽃 종류인 것만은 쉽게 알 수 있을 것이다. 제비꽃은 번식력이 매우 왕성한데, 까닭은 대부분이 양성화(兩性花 ; 암술과 수술이 모두 있는 꽃)로 자기 결실률이 높고, 씨가 영글면 껍질을 터뜨리면서 씨가 사방으로 튕겨져 나가기 때문이다.

 꽃 이름이 제비꽃인 것은 겨울나러 강남으로 갔던 제비가 돌아오는 때쯤에 꽃이 핀다 하여 제비꽃이라고 불렀다고 한다. 필자는 어렸을 적에 반지꽃으로 불렀다. 봄이면 이웃 계집애들이 양지쪽에 모여 소꿉놀이하면서 제비꽃 두 송이를 걸어 반지를 만들어 끼워주며 놀던 모습이 아련히 떠오른다. 꽃말이 '순진한 사랑'인 것이 어릴 적 추억에 어울리는 것 같다.

 오랑캐꽃이라고도 부르는데 해마다 이 꽃이 필 때쯤이면 중국 오랑캐들이 식량을 구하러 쳐내려왔기 때문에, 또는 뒤로 뻗은 꿀샘이 오랑캐들의 머리 뒤 꼭지를 닮았기 때문에 붙여진 이름이라고 한다. 키가 낮은 까닭에 앉은뱅이꽃, 옹기종기 모여 다니는 병아리를 닮았다 하여 병아리꽃, 서양에서 부르는 대로 바이올렛(violet) 등 같은 한 꽃을 두고 부르는 이름이 참으로 많은 들꽃이다.

봄에 만나는 들꽃 25

처녀치마

복수초가 피는가 싶으면 뒤이어 피는 들꽃 중 하나가 처녀치마다. 산 속의 낙엽수림의 다소 습한 곳에서 자란다. 처녀란 말에서 무언가 숨겨진 듯 신비함이 느껴지게 한다. 처녀치마이니 남자들은 꽃 아래서 위로 쳐다보면 안 될 것 같다. 겨울에도 파란 잎을 간직하고 있다가 이른 봄에 꽃대를 내어 보라색의 꽃을 피운다.

이른 봄에 피는 처녀치마를 생각하면 '연분홍 치마가 봄바람에 휘날리더라~' 는 노래의 가사가 절로 흥얼거려지게 한다. 잎이 땅바닥에 사방으로 둥글게 퍼져 있는 모습이 옛날 처녀들이 즐겨 입던 치마폭을 펼쳐놓은 것 같은 모습에서 처녀치마, 또는 보라색의 꽃들이 줄기 끝에 모여 수줍은 듯 고개를 숙이고 아래를 향해 피어난 모습이 마치 짧은 미니스커트와 같은 모습에서 처녀치마라 한다지만 이는 일본 이름을 잘못 번역한 것으로 알려져 있다.

처녀치마라는 이름은 일본의 같은 식물 이름을 번역하여 옮긴 것이라고 하는데, 번역하는 과정에서 착오가 생겼다고 한다. 원래 일본 이름은 성성이(猩猩;쇼오죠오)와 치마(하까마)를 합쳐 만든 이름인데 이 '쇼오죠오'를 발음을 짧게 하면 '쇼죠(處女;처녀)'가 되어버리고 만다. 일본어에는 유사한 발음의 장단에 따라 의미가 완전히 달라지는 어휘가 많다고 한다. 그래서 우리말로 정확하게 옮겼으면 '성성이치마'라고 불러야 될 식물 이름이 지금의 '처녀치마'가 되었다고 한다. 그렇더라도 꿈 보다 해몽이라고 처녀치마란 이름이 잘 어울리는 것 같다.

지금은 뒷골목으로 쫓겨 들어갔지만 전에는 서울의 종로 5가에서 6가에 이르는 길에 봄부터 가을까지 꽃을 파는 노점들이 줄지어 있었다. 유달리 꽃을 좋아하는 필자가 서울 시내에 갈 일이 있을 때에는 겸사겸사 둘러보곤 하던 곳이었다. 많은 꽃 노점들 가운데에는 들꽃을 전문으로 하는 곳도 몇 곳이 되었다. 어느 해인가 들꽃을 파는 리어카에 마치도 봄나물이라도 팔듯이 처녀치마가 뿌리를 들어낸 채 수북이 쌓여 있었다. 놀라지 않을 수 없었다. 어떻게 이렇게 많은 처녀치마가 뽑혀 와서 팔리고 있단 말인가? 그 노점상인은 자신이 깊은 산에 가서 채취해 온 귀한 것이라고 자랑이 대단했다. 들꽃을 키우는 사람들이 많아지면서 몰지각한 사람들에 의해 들꽃 수난시대가 되었다. 요즘은 종묘업체에서 배양 번식한 포트 묘(1개에 1,500원 정도)가 팔리고 있어 다행이다. 겨울에도 잎이 살아 있고 추위에도 강하여 아파트 베란다에서도 재배할 수 있으니 몇 포기를 모아 심어 처녀와의 데이트를 즐기면 어떨까?

봄에 만나는 들꽃 26

민들레

민들레를 모르는 사람은 아마도 없을 것이다. 봄에 제비꽃만큼이나 쉽게 만날 수 있는 매우 흔한 들꽃이다. 풀밭이거나 논둑이거나 길옆이거나 마당 귀퉁이거나 가리지 않고 뿌리를 내린다. 도심 한복판 갈라진 시멘트 계단 사이에서도 보도의 콘크리트 블록의 틈새에서도 심지어는 아스팔트 틈새에서도 꽃을 노랗게 피워 봄을 알린다. 민들레만큼 생명력이 강한 들꽃이 또 있을까? 민들레 씨는 하얀 깃털을 달고 비행을 하다가 어디든 내려앉은 그곳에서 자리를 잡고 생명을 키운다. 타는 목마름으로 민주화를 부르짖다 투옥되었던 김지하 시인은 투옥 중 감방 창틀에 뿌리내린 민들레에서 희망을 보았다고 하였다. '한 줄기 희망이다 / 캄캄 벼랑에 걸린 이 목숨 / 한 줄기 희망이다'

민들레는 겨울에 잎이 말라 죽어도 뿌리는 살아 있는 여러해살이풀로 그 뿌리가 땅속 깊게 내려간다. 민들레의 강한 생명력은 씨앗의 번식 외에도 뿌리에 있다. 민들레 뿌리는 토막토막 잘라도 다시 살아난다. 뿌리를 뽑아버려도 끊어진 한 조각이 흙 속에 남아 있으면 거기서 싹이 나서 다시 자란다.

요즘 몸에 좋다는 입소문 때문에 민들레가 수난을 당하고 있다. 필자가 사는 강화에서도 봄이면 민들레 잎을 채취하는 외지인들을 많이 볼 수 있다. 때로는 승합차로 한 떼가 와서 길섶에 주저앉아 민들레를 뜯는 모습도 볼 수 있다. 저렇게 뜯어내면 씨를 말릴 것 같은데 얼마 뒤에 그 자리에 여전히 민들레가 자라는 것을 볼 수 있다.

다행인 것은 민들레 뿌리까지 캐는 것이 아니기 때문에 칼로 도려낸 남은 뿌리에서 다시 생명을 키우는 것이다.

왜 민들레가 인기가 많을까? 민들레는 푸른 잎은 물론, 꽃과 뿌리가 다 뛰어난 약리성분을 지니고 있기 때문이다. 뿌리는 차로, 잎은 나물이나 생즙으로, 꽃은 꽃 비빔밥으로, 전초는 효소를 담그는 등 여러 가지로 이용되고 있다. 몸에 좋다면 독이 되는 것도 마다하지 않는 사람들이 민들레를 가만히 놓아둘 리가 없다. 그런데도 멸종 위기를 걱정하지 않아도 되는 것은 번식력과 생명력이 강하기 때문이다. 민들레는 벌레한테 먹히는 일도 없고, 병이 드는 일도 없이 짓밟고 잘라내도 어느 틈엔가 자라 노란 꽃을 방긋이 피워내는 민들레, 그래서 어느 시인은 서럽고도 모질게 살아온 우리 민초(民草)들을 닮았다 하였다.

민들레꽃의 색을 보면 진한 노란색, 연한 노란색, 흰색 등이 있는데 진한 노란색은 유럽 원산으로 귀화한 서양민들레이고 연한 노란색과 흰색의 민들레는 우리 토종이다. 도심에서 흔히 보는 것은 대부분 서양민들레다. 굴러들어온 돌이 박힌 돌을 밀어내는 격이다.

봄에 만나는 들꽃 27

큰구슬붕이

산의 나무들이 푸르러가는 5월에 산을 오르다보면 산행이 목적이 아니라 산나물 채취를 목적으로 산을 오르는 사람들을 종종 본다. 그러나 산나물은 쉽게 눈에 띄지 않는다. 무조건 산에 오르면 산나물이 있는 것이 아니라, 있는 자리를 알고 올라야 산나물을 뜯을 수 있다.

필자의 집에서 200여 미터 건너편 앞산에 취나물이 모여 자라는 곳이 있다. 아마도 우리 동네에서 나만이 찾는 나물 밭인 것 같다. 한 번 가면 두어 끼 먹을 만큼 뜯어오고 며칠 뒤에 다시 가보면 또 그만큼 뜯을 수 있어 시골에서 사는 재미다. 며칠 전에도 나만의 그곳으로 취나물을 뜯으러 갔다. 10~30cm의 낮은 키에 다른 키 큰 붓꽃들 보다 일찍 산에서 꽃이 피는 각시붓꽃이 여기 저기 꽃을 피우고 있었다. 이들 사이에 작고 앙증맞은 보라색의 꽃이 마른 풀들 사이에서 얼굴을 내밀고 있었다. 구슬붕이 종류 중 큰구슬붕이였다. 만나고싶어 했던 터라 정말 반가웠다. 나물을 뜯는 것은 뒤로하고 부지런히 집에 와서 카메라를 챙겨 다시 갔다. 여기 저기 호미 자욱이 있는 것으로 보면 게으름피우다가 다른 사람의 손에 뽑혀가거나, 고라니의 발길에라도 채여 사라지면 어쩌나싶어서였다.

큰구슬붕이는 산을 붉게 물들이는 진달래가 필 때쯤에 전국의 산지의 양지바른 풀밭에서 자라는 2년초다. 묘지 부근의 잔디 사이에서 종종 눈에 띄는 까닭은 햇볕을 좋아하기 때문으로 생각된다. 햇빛을 좋아하는 만큼 흐린 날에는 꽃잎이 다 열리지 않아 활짝 핀 것을 보기 어렵다. 키가 5~10cm로 작아 일부러 발밑을 살피는 사람이 아니라면 볼 수 없는 들꽃이다. 가느다란 가지 끝에 보라색의 아주 작은 나팔을 닮은 꽃이 달리는데, 다섯 갈래로 갈라진 꽃잎 사이에 또 작은 꽃잎 같은 것이 있어서 얼핏 보면 꽃잎이 열 개로 보인다. 이 작은 꽃잎을 부화관(副花冠)이라고 한다.

'큰구슬붕이'의 접두어 '큰'은 구슬붕이 종류들 중에서는 가장 크다는 의미에서 붙여진 것이며(구슬붕이보다 크지만 커봐야 도토리 키 재기 격이지만), '구슬붕이'는 작고 앙증맞은 모습과 작은 단추만 한 꽃모양을 구슬에 비유한 것에서 유래한 것이라고 한다. 꽃은 작지만 그 앙증맞은 아름다움을 한 번 본 사람이라면 다시 보고 싶어지는 들꽃이다. 큰구슬붕이는 용담과의 들꽃으로 가을에 피는 용담의 꽃을 닮았다 하여 소용담으로도 불리기도 하지만 용담과는 피는 시기도 봄과 가을이 다르고 키를 보면 용담은 60cm나 되는데 비해 큰구슬붕이는 '큰' 자가 붙었음에도 용담에 비하면 난쟁이 수준이다. 꽃말이 '기쁜 소식'이라고 하는데 거기에 꽃이 있을 것이라고 생각지도 않은 풀밭에서 방긋 웃는 모습을 보면 누군들 어찌 기쁘지 않을까?

봄에 만나는 들꽃 28

봄까치꽃

동백꽃이야 12월부터 이듬해 3,4월까지 피는 꽃이지만 입춘을 넘기면서 봄을 미처 기다리지 못한 성급한 들꽃들이 남녘에서부터 꽃소식을 전해온다. 필자가 오랜 전에 한라산 남쪽 자락의 복수초를 만나러 갔었던 때가 2월 6일이었었는데, 거기엔 그 때 벌써 복수초가 한창이었고 숲으로 들어가니 바람꽃들이 지천이었다. 제주까지 가지 않더라도 남녘 경상도와 전라도에서 큰개불알풀이 꽃을 피웠다는 소식이 들려오는 것을 보니 봄이 문 앞에 다가와 있음을 느낀다. 같은 종류의 들꽃으로 개불알풀이 있는데 이에 비해 꽃이 크다고 해서 '큰'이란 접두사가 붙었지만 실은 지름 7mm 정도의 작은 꽃이다. 개불알풀의 꽃은 이보다 더 작은데 들판이나 밭둑에서 보는 것은 대부분 큰개불알풀이다.

이름이 좀 민망스럽다. 그래서 개불알풀을 봄까치꽃으로, 큰개불알풀은 큰봄까치꽃으로 바꾸어 부르기도 한다. 까치는 기쁜 소식을 전하는 길조로 여겼으니 봄소식을 전하는 반가운 꽃이라는 뜻에서 그렇게 부른 것이 아닐까? 큰개불알풀은 유럽 원산으로 영명으로는 'Bird's eye' 라고 하는데 우리나라에서 민망한 이름이 된 것은 열매(씨)를 보면 개의 그것과 닮았다고 해서 붙여진 이름이라 하는데 듣고 보면 오히려 토속적이지 않은가?

큰개불알풀은 식물도감에선 4~6월에 꽃이 피는 것으로 소개되어 있지만 부지런한 것은 2월초에 벌써 꽃을 피운다. 이 들꽃도 꽃다지처럼 밭둑에서 쉽게 만날 수 있다. 필자가 이 들꽃을 처음 만난 때는 필자의 60회 생일에 아내와 함께 1박2일로 남녘의 들꽃을 찾아 다녀올 때였다. 그 때가 3월 중순쯤이었는데 산청 쪽의 지리산 내원사 계곡에 우리나라 특산인 히어리가 있다는 정보를 듣고 찾아갔다가 돌아오는 길에 서천의 5백년 수령의 동백꽃으로 유명한 동백정을 둘러보고 올라오는 도로변에 '보령솔잎닭백숙'이란 큰 간판에 끌려 이것으로 점심을 먹게 되었다. 화살표를 따라 작은 길로 들어서서 '200m 직진'이란 팻말을 보고 가니, 길이 굽어지는 곳마다 화살표와 함께 150m, 100m, 70m, 40m. 계속하더니 마침내 막다른 산 밑에 이르렀다. 산에 놓아기르는 토종닭과 솔잎을 백숙으로 삶아낸 것인데 별미였다. 들어갈 때는 찾아가기에만 신경 쓰느라 보지 못했는데 나오는 길에 보니 파란 꽃들이 길 아래 밭둑을 뒤덮고 있었다. 처음 보는 들꽃이라 신기하였다.

 이렇게 첫 만남 이후로는 봄이면 어디 가나 자주 눈에 띄는 들꽃 중 하나였다. 그런데 강화에선 보지 못해 궁금했었는데 등잔 밑이 어둡다고 작년 봄에 필자의 집 텃밭 귀퉁이에서 파란 꽃이 얼굴을 내밀고 내게 인사를 하는 것이었다. 이렇게 반가울 수가 있겠는가? 근처에서 보지 못했었고, 다른 곳에서 씨를 받아다 파종한 일도 없는데 필자가 들꽃을 좋아하는 것을 알고 우리 집 텃밭에까지 찾아왔나보다. 해를 거듭할수록 더 많은 가족이 되어 나를 만나주겠지.

봄에 만나는 들꽃 29

큰꽃으아리

여인의 옷가슴에 브로치(brooch)로 달아주고 싶은 들꽃이 있다. 까만 색 바탕의 옷에 이 꽃 한 송이 달아주면 더 이상 멋질 수 없을 들꽃, 바로 큰꽃으아리다. 식물도감에서 우리나라에서 자라고 있는 식물 중 접두어 '큰'이 붙은 식물을 찾아보니 170여 종이나 되었다. '큰'이 붙은 식물은 키나 잎 또는 꽃의 크기에 있어서 같은 종류의 다른 것들 보다 크다 하여 붙여진 이름이다. 큰꽃으아리는 이름에서 알 수 있듯이 꽃이 커서 붙여진 이름이다. 6월~8월에 피는 으아리꽃의 지름이 1.5cm 내외인데 비하여 5월 중순에서 말경에 피는 큰꽃으아리는 꽃의 지름은 무려 10cm나 되니 큰꽃으아리라고 이름 붙일 만하다.

큰꽃으아리는 산기슭 양지의 덤불 속에 나는 낙엽 덩굴나무이다. 지름 1~3mm의 가는 줄기가 다른 식물을 타고 올라간다. 가을에 잎이 떨어지면 가냘픈 덩굴줄기로 겨울을 난다. 그렇게 가는 줄기이지만 끊으려하면 쉽게 끊어지지 않아 '으아!' 하고 놀라기 때문에 으아리라고 하였다(?)고 하는데, 얼핏 보아 말라죽은 것 같아 보이는 가는 줄기에서 이듬해 4월이 되면 마디에서 눈이 트고 새 줄기를 뻗으면서 그 끝에 꽃망울을 달고 나온다. 그토록 가냘픈 줄기에서 어떻게 저런 큰 꽃을 피울까? 신기하기만 하다. 함께 들꽃을 찾아 나섰다가 이 꽃을 보는 순간 "어쩌면 좋아, 이럴 수가 없어!" 하며 놀라워하던 한 자매의 탄성이 기억난다. 그만큼 탄성을 자아내게 하는 들꽃이다. 하나님 멋지십니다!

산이 초록으로 물들어가기 시작하는 5월 중하순에 산을 오르다보면 아직은 엷은 녹색의 풀숲에서 크게 웃으며 반겨주는 들꽃이 큰꽃으아리다. 꽃이 크고 희어서 쉽게 눈에 띄는 꽃이다. 흰 꽃잎처럼 보이는 것은 사실은 꽃이 아니고 꽃받침이 변한 것이다. 꽃잎은 꽃술처럼 가느다란 것이 수술 밑에 흔적만 남아 있다. 유난히도 꽃이 크고 아름다워서 관상용으로 기르기도 하는데, 요즘은 갖가지 색의 원예종이 도입되어 꽃집에서 팔고 있다. 필자의 집에서도 원예종 몇 종류가 화려한 꽃을 피우고 있고, 도입된 원예종 중에도 흰색의 것이 있지만 깨끗하고 고운 모습은 우리의 큰꽃으아리에 견줄 바가 못 된다. 원예종을 도입만 하지 말고 이렇게 아름다운 우리 것을 대량 번식하여 수출한다면 아마도 외국에서는 처음 보는 꽃이라 하여 인기 있을 텐데…

전국의 산과 들에 나는 풀과 나무 중 약재가 아닌 것이 어디 있을까만 으아리 역시 그 뿌리가 위령선(威靈仙, 威=강하다, 靈仙=효력이 신선과 같이 영험하다는 뜻)이라 불리는 만큼 귀한 약재로 쓰인다. 꽃도 보고 약재도 얻고, 임도 보고 뽕도 따는 꽃이다.

봄에 피는 들꽃 30

애기송이풀

자라는 지역이 제한되어 있어서 그 지역이 파괴되면 멸종되기 쉬운 식물을 특산식물이라고 하는 데 오늘 만나는 애기송이풀도 그런 특산식물 가운데 하나이다. 내가 속하여 활동하고 있는 한국꽃사진회 회원 중에는 한국자생식물학회 회장을 지낸 학자, 산림청에서 식물자원을 연구하는 박사도 있다. 특산식물은 흔히 만날 수 있는 식물이 아니기에 이 분들에게서 정보를 얻어 찾아 나서면 쉽게 만날 수 있다.

애기송이풀은 주로 큰 산의 계곡 주변에서 자라는 꽃으로 경기도 이북 지방에 자생한다고 알려져 있다. 내가 얻은 정보로는 가평의 명지산 계곡과 연천의 고대산 계곡에서 만날 수 있다고 했다. 목회자로서는 비교적 자유로운 날이 월요일이다. 그날도 월요일 새벽기도를 마치고 아내와 함께 출발한다. 들은 정보대로 자유로를 거쳐 전곡으로, 거기서 연천으로 가는 길에 동막골이라는 안내표지를 따라 길을 바꾼다. 계곡을 따라 길이 구불구불하다. 그 계곡 끝은 군부대이기에 더 이상 갈 수 없다. 저 앞에 군부대가 보이는 곳에 언덕 위에 집 한 채가 있다. 반갑다. 바로 그 집 건너편 개울가에 애기송이풀이 있다고 들었기 때문이다.

길옆에 차를 세우고 신을 벗고 개울을 건넌다. 5월 초인데 깊은 산에서 흘러내리는 물이어서 그런지 뼈가 아리도록 차다. 금방이라도 물에서 뛰쳐나오고 싶지만 애기송이풀을 만나기 위해서는 참아야 한다. 아내는 신을 벗기 귀찮아서인지 풀밭에서 쑥이나 뜯겠다고 한다. 개울을 건너고 다시 등산화를 신고 주위를 살피며 개울가를 걸어간다. 있다! 애기송이풀이다. 고사리를 닮은 잎이 소복한 가운데에 연분홍 꽃이 얼굴을 내밀고 있다. 반갑다. 하나님 감사합니다. 절로 감사의 탄성이 나온다. 녹색의 연한 잎이 둘러선 그 가운데에 핀 꽃은 마치도 붉은 연지를 바른 여인의 입술 같다. 꽃을 만져보면 너무 연약하다. 그러기에 더 사랑이 간다.

왜 애기송이풀일까? 송이풀이란 이름이 붙은 들꽃들로는 나도송이풀, 만주송이풀, 큰송이풀 외에도 여럿이 있는데, 이들은 키가 수십 센티가 되는 데 비해 애기송이풀은 잎들이 땅에 낮게 방석처럼 둥글게 퍼지고 꽃들은 그 중앙에서 피어난다. 다른 송이풀들에 비해 키가 낮아서 애기라는 이름을 얻은 것이리라. 꽃이 피는 시기에서도 애기송이풀은 다르다. 대부분의 송이풀꽃 종류가 한 여름에 꽃을 피우는 데 애기송이풀만은 4월 말에서 5월 초에 꽃을 피운다.

나도송이풀은 양지의 풀밭에서 자라는 반기생 한해살이풀이며, 구름송이풀은 높은 산에 나는 다년초이다. 애기송이풀이 훼손되지 않고 그 자리에서 해마다 꽃을 피우기를 기도한다.

봄에 만나는 들꽃 31

매화말발도리

5월 들어서면서 산은 점점 푸르러 가고 산벚나무 꽃이 한창이다. 필자의 집에서 올려다 보이는 산이 혈구산인데 산봉우리가 진달래의 붉은색으로 불타고 있다. 다른 해 같았으면 진달래가 이미 졌을 것이지만 올해엔 기온이 낮아서 보름 정도 늦게야 꽃이 핀 것 같다. 산벚나무 꽃과 진달래가 한창일 때쯤 산행을 하다보면 계곡 바위틈에 개나리를 닮은 흰색의 꽃을 만날 수 있다. 매화말발도리라는 들꽃이다.

키 1m 정도의 떨기나무로 전년도 가지에서 순백의 꽃이 달린다. 바위틈에 뿌리를 내리고 늘어뜨린 가지에 고깔 모양의 흰 꽃이 조롱조롱 달린 것이 귀엽고 예쁘다. 매화말발도리라는 이름은 순 우리말로 '매화'와 '말발도리'가 합해져서 된 이름이다. 꽃의 모양이 매화를 닮았다 해서 매화가 붙게 되었고 말발도리는 열매의 모양이 말의 발굽 모양을 닮아서 붙여진 이름이라고 한다.

매화말발도리를 댕강목이라고도 하는데, 가지가 꺾일 때 나는 소리에서 유래했다고 하는데, 아마도 댕강목이라고 이름 붙였던 사람에게는 줄기가 꺾이는 소리가 '댕강' 하고 들렸었나보다. 재미있는 이름이다. 이와 꽃 모양이 닮았으면서 바위틈에서 자란다 해서 바위말발도리라 이름 붙여진 말발도리 종류도 있는데, 꽃이 피는 시기도 같아서 구분이 쉽지 않다. 가장 쉬운 구별법은 개나리처럼 전년도의 묵은 가지에서 꽃을 피우는 것은 매화말발도리이고, 금년에 자란 새 가지 끝에서 꽃을 피우는 것은 바위말발도리이다. 도감에 의하면 바위말발도리는 강원도 이북에서, 매화말발도리는 중부 이남에서 자라는 것으로 되어 있어 서울에 사는 우리가 볼 수 있는 대부분이 매화말발도리라고 보면 거의 틀리지 않을 것이다.

식물의 학명에 'coreana'라는 표시는 우리나라 특산식물이라는 뜻으로 매화말발도리에도 'coreana' 라는 표시가 붙었었는데, 요즘 일본에도 서식하고 있는 것이 확인되면서 'coreana' 라는 명예를 잃게 되었다고 한다. 왜 하필이면 일본 때문인가 생각하니 좀 아쉬운 생각이 든다.

조금만 자리를 옮기면 좋은 땅이 있는데 왜 하필이면 바위 틈새에 자리를 잡고 물기라곤 비가 와야만 있을 듯싶고, 추운 겨울엔 바위틈이라 더 추울 텐데 어찌 그런 곳에 터전을 잡았는지? 그러면서도 강한 비바람에도 끄떡없을 정도로 바위를 붙잡고 더 이상 척박할 수 없는 환경에서도 해마다 꽃을 피우는 것을 보면 생명의 힘에 경외심을 갖게 된다. 자랄 수 없어 보이는 바위틈에서도 순백의 꽃으로 산행하는 이들을 반겨주어서일까 꽃말이 '애교'라고 한다. 산행에서 만나면 그의 애교에 손 한 번 흔들어주는 것도 좋으리라.

봄에 만나는 들꽃 32

벌깨덩굴

'열흘 붉은 꽃이 없다' 하였듯이 며칠 전에 꽃이 피기 시작한 것을 보고 지금쯤은 한창일 듯싶어 다시 찾아가면 벌써 져가고 있는 경우를 본다. 필자도 신문의 들꽃 연재의 자료로 삼기 위해 산을 종종 찾는데 그 사이에 피었다가 져버리는 것들도 있다. 때로는 아직 때가 안 되었을 것으로 생각하고 기대하지 않았던 들꽃을 만나는 행운도 있다. 오늘 소개하는 벌깨덩굴도 그런 행운으로 만난 들꽃이다.

필자의 집에서 올려다 보이는 혈구산을 오르는 길엔 제법 많은 종류의 들꽃들이 자라고 있다. 작년 6월에 혈구산에 올랐다 내려오는 길에 큰 나무들 밑에서 천남성이 군락을 이루어 자라는 것을 본 터라 이 아이들을 보기 위해 산을 올랐다. 올라갈 때는 보지 못했는데 내려오는 길에서 벌깨덩굴이 꽃을 피우고 있는 것이 보였다. 아마도 천남성만 생각하며 올라가느라 등산로 옆 조금 들어간 곳에서 무리지어 피어 있는 것을 보지 못했던 것 같다. 산을 오르는 많은 사람들이 오로지 정상을 밟기에 마음이 붙들려 있어서 길옆에 핀 들꽃들을 지나치리라 생각된다.

벌깨덩굴은 5월 중에 전국의 산에서 만날 수 있는 들꽃이다. 물론 지역에 따라 한 주일에서 열흘 이상 차이가 나기도 한다. 실제로 필자가 목회할 때 동두천의 한 기도원에 갔다가 기도원 앞의 계곡에서 5월 초순쯤에 보았는데 그 후에 어느 해인가 6월 6일 현충일에 강원도 태백의 금대봉을 찾았을 때 거기에선 그때야 꽃이 한창이었다. 며칠 피었다 지는 들꽃이지만 산을 달리하여 자주 산행을 하다보면 같은 해에 같은 종류의 꽃을 두세 번도 만날 수 있다.

 벌깨덩굴을 마주하면 매우 재미있다. 약간 비스듬한 줄기에 고개를 쳐들고 한 쪽을 향하여 서너 송이가 줄줄이 매어 달린 고운 연한 보라색 꽃, 붕어처럼 커다란 입을 벌린 꽃잎에 자주색 점과 수염같이 긴 흰색 털이 박히어 여간 신비롭지 않다. 벌깨덩굴이란 이름에서 얼핏 떠오르는 것은 덩굴식물일 것이라고 생각이 되지만 줄기 끝부분이 덩굴처럼 조금 뻗어나갈 뿐 다른 식물을 감아 오르거나 하지는 않는다. 꽃에서는 은은한 향기가 나고 꿀이 많아 벌들이 즐겨 찾는 식물이니 '벌'자가 붙은 것이리라 생각된다. 그리고 잎이 들깻잎을 닮았으니 아마도 '깨'가 더하여져 벌이 찾는 들깻잎을 닮고 덩굴이 뻗는 식물이라 하여 '벌+깨+덩굴'이 된 듯싶다. 벌깨덩굴의 어린 순은 나물로, 꽃이 필 때는 벌을 길러 꿀을 얻는 밀원식물로, 줄기와 잎은 약재로, 그리고 꽃은 관상용으로 쓸모가 많은 들꽃이다. 보라색 외에도 드물게 흰색이나 붉은색의 꽃을 피우는 것도 있다 하는데 필자는 아직 만나지 못했으나 '찾는 자에게 찾아지리라' 하신 말씀대로 언젠가 만나지리라 기대한다.

봄에 만나는 들꽃 33
지칭개

너무 흔해서 꽃으로 보아주지도 않고 귀찮은 풀로만 여기는 들꽃들 중 하나인 지칭개를 만나보자. 6월의 초인 요즘 필자가 살고 있는 집 앞 풀밭은 물론 자동차를 타고 가노라면 길옆으로 보이는 들꽃 대부분이 하얀 개망초다. 누가 심지도 않았는데도 길 가에 줄지어 피어 자동차의 달리는 바람에 춤을 추듯 흔들리는 모습이 아름답다. 이들 사이에 듬성듬성 큰 키를 자랑하며 분홍색의 꽃이 하늘을 향해 핀 것이 눈에 띄는데 지칭개라 이름 하는 녀석이다.

개망초나 지칭개는 둘 다 국화과의 식물이다. 이 둘의 또 다른 공통점은 월년초라는 것이다. 월년초(越年草))란 그 해에 씨가 떨어져 싹이 나서 겨울을 나고 이듬해에 꽃이 피고 씨를 맺는 식물을 말한다. 지칭개는 잎을 땅에 붙이고 겨울을 나는 방석식물이다. 개망초도 같은 모습으로 겨울을 난다.

필자는 금년 봄에 야생화를 전문으로 하는 곳에서 인터넷으로 뻐꾹채 2 포트를 주문하였다. 예전엔 흔하게 보아왔던, 그리고 산에 오르면서 그 줄기를 꺾어 껍질을 벗겨 먹던 추억이 담긴 뻐꾹채, 그러나 요즘 쉽게 볼 수 없어 주문했던 것이다. 그런데 사흘 만에 택배로 온 것을 보니 암만해도 뻐꾹채 같아 보이지 않았다. 지칭개가 틀림없어 보였다. 설마하니 그 흔한 지칭개를 보냈을까? 하는 마음으로 뜰에 심었다. 자라면서 뻐꾹채이기를 바랐지만 지칭개였다. 집 앞 풀밭에 흔한 지칭개를 돈을 주고 사다 심은 것이다.

처음엔 이럴 수가? 하는 불쾌한 마음이 들었지만 지칭개도 꽃이니 사랑해주어야지 생각하며 보니 요란하지 않으면서 은은함이 풍기는 멋이 있는 아름다운 꽃임을 새삼 알게 되었다. 독자들의 꽃밭에도 지칭개에게 한 자리 내어주고 가까이하며 사랑해주면 어떨까? 어느 꽃이든 내가 사랑해주는 만큼 아름다운 것이리라 생각한다.

지칭개란 이름에 얽힌 이야기를 소개한다. 선교를 위해 우리나라에 온 외국인 선교사가 밭둑에 우뚝우뚝 선 분홍색의 꽃이 핀 것들을 보고 밭을 갈고 있던 할아버지에게 물으니, 힘든 농사일에 지친 할아버지 말씀이 "그건 이름도 없어, 흔해터진 그거 신경 쓰면 지칭께(지치니까)… 웬수(원수) 같다구." 하는 말을 듣고 지칭개라고 불렀다고 한다. 지천이라서 지칭개가 된 것이다. 또 다른 이야기로는 지칭개는 예전에 민간요법으로도 많이 이용되었는데, 상처가 났을 때 잎과 뿌리를 짓찧어서 붙였던 것에서 지칭개란 이름이 붙여졌다고도 한다. 우리네 삶이 묻어있는 정겨운 이름이다.

이른 봄이면 봄나물로 최고의 인기를 누리는 것이 아마도 냉이일 것이다. 이 냉이에 밀려 같은 월년초인 지칭개는 나물 축에도 끼지 못하는 것 같다. 그러나 이른 봄 겨울을 난 잎으로 된장국을 끓여 먹으면 별미라고 한다. 필자도 내년 봄에는 지칭개로 된장국을 끓여 먹어보아야겠다. 봄나물로도 약재로도 이용되며 연분홍 아름다운 꽃을 피우는 지칭개 ….

봄에 만나는 들꽃 34

진달래

봄의 색은 무엇일까? 노란색과 분홍색이 떠오른다. 이 둘은 개나리와 진달래의 색이다. 필자는 우리나라 꽃이 진달래였으면 좋았겠다고 생각한 때가 있었다. 그 꽃이 나라꽃이 되려면 전국 어디서나 볼 수 있어야 하는데, 무궁화는 중부 이남에서만 자라고 북쪽의 추운 곳에서는 자라지 못하기 때문에 나라꽃이라고 하지만 결국 남쪽만의 꽃인 셈이다. 그래서 우리의 통일이 늦어지고 있는 것이 아닐까 하는 아쉬움이 있다. 진달래는 남녘에서 피기 시작하면 북으로 달리기를 시작하여 전국을 붉게 물들이며 백두에까지 이르는 꽃이니 나라의 꽃으로 정하지는 않았다 하더라고 가히 우리나라 꽃이라고 할 수 있지 않은가?

개나리는 우리나라가 원산인 토종이다. 개나리가 우리나라 특산이란 필자의 글을 보고 캐나다에 살고 있다는 어느 교포가 그곳에도 개나리가 핀다고 하면서 의문스러워 했다. 그곳에 피고 있는 개나리는 우리나라에서 건너간 것이거나 아니면 개나리와 구별이 어려울 정도로 거의 닮은 미국개나리종일 것이라고 생각된다.

개나리는 사람이 일부러 심어 가꾸는 꽃나무이지만 진달래는 전국의 산에서 절로 자라며 봄이면 꽃을 피워 산을 찾는 이들을 즐겁게 해주는 꽃이다. 산에서 노란 생강나무 꽃이 지고 나면 뒤를 이어 분홍색의 진달래가 꽃을 피운다. 진달래과 식물은 전 세계에 1400종 이상, 우리나라에만도 24종이 자라고 있다고 한다. 우리나라에 자생하는 진달래과 식물들로는 울릉도에만 나는 홍만병초, 제주에만 있는 참꽃나무, 백두산에 가야 볼 수 있는 황산차와 노랑만병초, 중부 이남에서는 높은 산에 가야 볼 수 있는 산철쭉(소백산이나 태백산의 철쭉제가 이 산철쭉이다), 산 계곡 물가에 자리 잡은 수진달래 등이 있다. 이들과 달리 진달래는 전국 어느 산에서나 볼 수 있는 봄을 알리는 꽃이다. 개나리와 짝을 이루어 피는 진달래가 모두 밝은 색인 것이 추운 겨울을 지내고 봄을 맞는 이들을 따뜻하게 해 주기 위한 하나님의 배려가 아닌가 싶다.

진달래는 전국에서 피기도 하지만 우리 생활과 직접으로 친근한 꽃이다. 예전에 우리 조상들은 진달래가 지천으로 피면 유생들은 야외에 나가서 시를 읊으며 진달래 화전을 먹고, 외출하기 힘든 부녀자들도 이날만큼은 화전놀이를 갔다고 한다. 오늘날로 치면 봄 소풍인데 봄철에 진달래가 많고 또 먹을 수도 있고 그 빛깔로 인해 봄의 정취를 흠뻑 느낄 수 있기 때문이었으리라. 진달래가 절정인 때 남녘 여수 영취산을 시작으로 북쪽으로는 강화 고려산에 이르기까지 진달래 축제로 법석이다. 아마도 이 때 진달래들은 너무 많이 몰려든 사람들로 몸살을 하지 않을까?

봄에 만나는 들꽃 35

으름덩굴

열매를 한국의 바나나라 불리는 덩굴나무가 있다. 가을에 열매가 익으면 껍질이 두 쪽으로 갈라지면서 그 안에 하얀 속살을 드러내는데 그 모양이 바나나를 닮기도 하였거니와 먹어보면 달콤한 맛이 있어 옛날 바나나가 귀하던 시절에 바나나를 대신하여 그렇게 불렀던 것이리라.

황해도 이남의 전국에서 자란다고 하는데 산을 오르다보면 등나무처럼 다른 나무를 타고 오르면서 자라는 것을 쉽게 볼 수 있는 흔한 덩굴나무다. 그런데도 필자의 어린 시절엔 보지 못하다가 6.25전란 중 1.4후퇴 때 충청북도 황간이란 곳으로 피난을 하면서 봄에 동네 아낙네들을 따라 산나물을 뜯으러 갔다가 처음 만나게 되었다. 이름이 으름덩굴이고 열매를 먹으면 달콤한 맛이 일품이란 말만 들었지 실제로 열매를 보지는 못했었다.

그러다가 목회할 때 권사님 한 분이 종로 거리에서 파는 것을 사왔다며 으름 열매를 가져왔다. 한국의 바나나니까 맛을 보란다. 처음 보는 신기한 열매를 껍질을 벌려 속살을 한 입에 넣고 씹었다. 처음엔 단 맛이 도는 것 같더니 금방 입안이 떫은맛으로 가득한 것이 도저히 삼킬 수가 없었다. 얼른 밖으로 나가 교회 옆 화단에 뱉어 버렸다. 먹는 법을 몰랐던 것이다. 하얀 속살에 까만 씨가 가득 박혀 있는데 입 안에서 우물우물 하여 그 씨는 씹지 않고 삼켜야 하는 것이었다.

그런 후 이듬해에 씨를 뱉은 자리에서 으름덩굴이 싹이 나고 자라더니 몇 년 후에는 꽃이 피고 열매를 맺기까지 하였다. 으름덩굴 꽃이 피면 눈으로 보는 것이 아니라 냄새로 먼저 알게 된다. 꽃에서 풍기는 향이 너무 진하지도 독하지도 않은 은은하게 풍기는 것이 얼마나 달콤한지 절로 코를 벌름거리게 한다. 이 향기를 맡아본 사람이라면 누구도 그럴 것이라 생각한다. 필자는 이 향기 때문에 으름덩굴을 특별히 사랑한다.

  으름덩굴은 줄기가 뻗어가다가 땅에 닿는 부위에서 뿌리를 내리기 때문에 빈식이 질된다. 뿌리 내린 그 부분을 잘라다가 심으면 새 나무를 얻을 수 있다. 봄에 꽃이 필 때면 덩굴 전체가 꽃 덩이로 보일만큼 꽃이 많이 피지만 꽃만큼 열매가 풍성하지는 않다. 한 나무에 암꽃과 수꽃이 함께 피는데, 수꽃이 많이 달리고 암꽃은 적게 달린다. 열매가 적은 것은 암꽃 수가 적어서가 아니라 서로 수분(꽃가루받이)의 적기가 맞지 않기 때문이란다. 궁합이 맞아 어렵사리 수분이 되면 열매를 맺고 가을이 되어 충분히 성숙하면 배가 갈라지면서 하얀 속살을 드러내는데 요즘은 과육이 드러나기 전에 수난을 당하고 있다. 항암, 강심, 혈압에 특별한 효과가 있다는 입소문이 퍼지면서 효소를 담그려는 극성스런 사람들 때문에 열매를 미리 다 따가기 때문이다. 실제로 한방에서는 으름덩굴의 줄기, 뿌리, 열매가 다 약재로 쓰이는 유용한 나무다.

봄에 만나는 들꽃 36

개암나무

생강나무 꽃이 노랗게 필 무렵 산행을 하면서 보면 수꽃을 길게 늘어뜨리는 나무들이 있다. 개암나무를 비롯해서 오리나무, 자작나무의 꽃이 그것인데 동물의 꼬리모양을 하고 있다고 하여 꼬리꽃차례(한자로는 유이화서=葇荑花序)라 한다. 이렇게 길게 늘어뜨리는 이유는 바람을 이용해서 꽃가루받이를 하려는 것으로 잎이 달리기 전에 일찍 꽃을 피운다. 나무에 잎이 돋아나기 시작하면 꽃가루를 옮겨주는 바람을 막아 꽃가루받이에 방해가 될 수 있기 때문에 잎이 나오기 전에 꽃을 피우고 한참을 지난 다음에 잎이 나오기 시작한다. 자연의 신비, 아니 하나님의 창조의 신비가 놀랍다.

개암나무는 이른 봄에 한 나무에서 암꽃과 수꽃이 따로 피는데 길게 늘어뜨려 피는 것이 수꽃, 겨울눈처럼 생긴 끝에 빨간 암술대만 삐죽 내밀고 있는 것이 암꽃이다. 가을에 열매가 영글면 모양과 맛이 밤을 닮았지만 밤보다는 맛이 덜하여 '개+밤'이라 하였다가 '개암'이 되었다고 하는데 지방에 따라 깨금이라고도 부르며 한방에서는 가을에 열매를 따서 말린 것을 진자(榛子)라 하여 원기를 높여주거나 위장을 튼튼하게 하고 눈을 밝게 하는데 쓰인다고 한다.

필자의 소년시절 가을에 산을 오르다가 개암나무를 만나 열매 몇 개를 따 먹으면서 간식으로 삼았던 기억이 난다. 그 때 개암을 깨물때 껍질이 깨지며 '딱'하고 나는 소리와 고소한 맛이 지금껏 나에게 추억으로 남아 있을 뿐 지금껏 잊고 있다가 부활절 지난 주간에 앞산에 올라 한창 노랗게 꽃피운 생강나무를 사진에 담으려 가까이 가니 그 옆으로 수꽃을 길게 늘어뜨린 개암나무가 있었다. 가을에 열매는 보기도 했고 먹어도 보았지만 꽃을 보기는 난생 처음이었다. 어릴 때의 추억에만 있던 개암나무를 뜻밖에 만나 꽃을 보다니 이렇게 기쁠 수가! 들꽃은 관심을 갖고 애정을 갖는 만큼 보이는 법이다.

맛이 고소한 개암은 예전엔 밤, 잣, 호두, 땅콩, 은행과 더불어 대보름에 깨무는 부럼 중 하나였다.

"가난하지만 착하고 효심이 깊은 나무꾼이 깊은 산속으로 나무를 갔다가 길을 잃고 날은 어두워 낡은 빈집으로 가 잠을 청했는데 얼마 후에 도깨비들이 우르르 들어오더란다. 그 집은 도깨비 집이었던 것이다. 놀라서 다락에 올라가 숨은 나무꾼은 도깨비들이 방망이를 두드리며 놀고 있는 틈을 타서 배고픔을 달래려고 낮에 주어 주머니에 넣어둔 개암을 하나 꺼내 '딱' 하고 깨물었단다. 그 소리가 얼마나 컸던지 도깨비들은 집이 무너지는 줄 알고 놀라 도망을 치고 착한 나무꾼은 도깨비방망이를 들고 집에 돌아와 큰 부자가 되었단다."

어릴 적 어른들이 들려주던 '개암나무와 도깨비방망이'란 전래동화의 내용이다. 꽃말이 '화목'인 것은 액운을 쫓는 부럼으로, 마음 착한 나무꾼에게 행운을 가져다 준 도깨비방망이 때문인가 보다. 개암(헤즐넛)이 서양에서는 남녀노소 모두에게 좋은 4대 견과류 중 하나로 꼽힌다고 하니 우리 산에도 개암나무를 많이 가꾸었으면….

봄에 만나는 들꽃 37

한계령풀

들꽃 이름 중에는 지명이 붙은 이름들이 있는데 대부분 처음 발견된 지역의 이름을 붙인 것이다. 남산제비꽃, 변산바람꽃, 금강제비꽃 그리고 오늘 만나는 한계령풀 등은 처음 발견된 곳의 이름을 따서 붙인 것들이다. 때로는 그곳에서만 자라기 때문에 그곳의 이름이 붙은 것들이 있는데 위도상사화 대청붓꽃, 제주상사화 등이 그런 이름이다. 한계령풀은 설악산 오색 계곡의 한계령 능선에서 처음 발견되기도 했지만 이 들꽃이 자라는 최남단 한계선이 한계령이기 때문에도 붙여진 이름으로 한계령 이북으로만 서식하는 북방계 식물로 백두대간을 따라 구룡령, 점봉산, 함백산 등의 높은 곳에서 자란다.

필자가 처음 한계령풀을 만난 것은 인제의 어느 교회 겨울 부흥회를 인도한 것이 인연이 되어 그해 봄에 그 교회 담임목사에게서 점봉산에 특별한 들꽃이 피는데 오라는 전갈이 왔을 때였다. 인제에 가서 1박을 하고 일찍감치 서둘러 산에 오르니 거의 정상 부근 능선에 정말 처음 보는 들꽃인 한계령풀이 무리지어 피어 있었다. 욕심에 한 포기 캐어오려고 뿌리를 캐어보니 가는 줄기가 한없이 땅속으로 뻗어 내려가 끝이 보이지 않아 포기하고 말았다.

뒤에 안 일이지만 뿌리가 50cm 깊이까지 내려가 그 끝에 감자 같은 덩이줄기가 달리기 때문에 강원도에서는 메감자라고도 부른다고 한다. 때로 멧돼지들이 이 알뿌리를 먹으려고 파헤쳐 땅 위로 나오는 경우가 있는데 이것을 주어다 심으면 된다고 한다. 50cm 깊이의 땅속을 파헤치다니 멧돼지의 힘이 놀랍다. 도고에 살고 있는 한 지인은 한계령풀 씨가 영글었을 때 채취하여 뒷산에 심은 것이 성공하였다고 한다. 필자도 누구에게 뒤질세라 들꽃을 사랑하지만 씨를 얻기 위해 1천 미터 높이의 산을 올라야 하니 엄두가 나지 않는다.

  올해 봄에 필자가 가입한 모임에서 점봉산 들꽃 탐사를 간다는 공지가 올라왔다. 4월 말경이었다. 이번 탐사에 한계령풀도 포함되어 있었다. 서울 쪽에서 가는 회원들은 중앙선 양정역에서 모여 함께 가기로 하였다. 필자도 거기에 동승하였다. 인제에서는 산림관계의 일을 하고 있는 회원이 나와 안내해 주었다. 점봉산 곰배령은 산행에 제한을 받기에 기린면 방동 계곡 쪽에서 오르게 되었다. 아침부터 잔뜩 찌푸린 날씨더니 한 시간여 올랐을 때 드디어 빗방울이 떨어지기 시작한다. 얼마나 벼르던 것인데 포기할 수 없지 않은가?

  빗길이 미끄럽긴 하지만 오르는 길이 완만한 편이어서 어쨌든 한계령풀을 만나야겠다는 일념에서 힘들지 않았다. 조금만 더, 조금만 더 하며 오른 끝에 한계령풀이 무리지어 피어 있는 정상 부근 능선에 이르렀다. 빗방울이 제법 굵어졌다. 우산을 받쳐 들고 카메라 셔터를 누르지만 빛이 어두워 사진에 담기가 여간 어려운 것이 아니었다. 한계령풀을 만나고 하산하는 길은 비를 맞으면서도 행복했다. 이만한 산행은 아직은 할 수 있다는 건강을 확인한 기회이기도 하였다. 모든 일이 하나님께 감사할 따름이다.

봄에 만나는 들꽃 38

애기똥풀

5월은 양귀비과 식물이 화려한 자태를 뽐내는 절기이다. 전국의 여러 곳에서 꽃양귀비 축제도 열린다. 꽃양귀비는 사람이 일부러 가꾸는 풀꽃이지만, 양귀비과 식물들 중 누가 심은 사람도 없는데 집 밖으로 나가면 쉽게 눈에 띄는 것이 두해살이풀인 애기똥풀이다. 도심에서도 아파트 화단에서 한 두 포기는 쉽게 볼 수 있고, 집 가까이 하천이 있다면 그 둑에서, 좀 더 멀리 들로 나가면 풀숲에서 제주의 유채꽃만큼이나 지천으로 피고 있는 것을 볼 수 있다. 한창일 때는 풀밭을 온통 노란색으로 덮기도 한다. 필자가 목회하던 교회 주차장 자갈밭에서도 해마다 여기저기에서 이 녀석들이 나고 자라서 꽃을 피우는 것을 볼 수 있었다. 너무 흔한 꽃이기에 사람들이 관심을 두지 않는 것 같다. 그러나 자세히 들여다보면 샛노란 꽃과 꽃봉오리와 줄기에 보송한 하얀 털이 매력이다. 카메라 렌즈로 들여다보면 더욱 아름다운 진가를 알게 될 것이다. 내가 카메라로 들꽃을 찍는 이유가 여기에 있다. 렌즈로 들여다보아야 하나님의 창조의 세계를 조금 더 가까이 대할 수 있기 때문이다.

　왜 하필이면 이름이 애기똥풀인지 궁금하지 않은가? 보통 식물 이름에 '애기'나 '각시'가 붙은 것은 키가 작거나 꽃이 작은 것을 일컫는다. 그러나 애기똥풀은 키가 50cm 정도로 작지도 않다. 그럼에도 애기똥풀인 것은 줄기를 자르면 노란색의 즙이 나오는데 이것이 애기(아기)의 똥색을 닮았다 해서 붙여진 이름이다. 옛날 어머니들은 아기를 기르면서 기저귀에 묻어나는 똥색이 노랗다면 아기가 건강한 증거라고 기뻐했고 심지어는 아기가 귀여운 만큼 그 노란 똥을 찍어 맛을 보았다고도 하지 않았던가? 어머니의 사랑이 얼마나 큰 것인가를 알 수 있다. 그러므로 애기똥풀은 우리의 생활과 가깝고 정겨운 이름인 것이다. 샛노란 애기똥풀 꽃을 보면서 건강한 아기의 똥색이라고 생각하면 그 이름이 예쁘다는 생각이 든다. 그래서인지 아기들에게 소용되는 물건들에 애기똥풀이란 상품명이 붙은 것들이 있는 것을 볼 수 있다. 줄기를 꺾었을 때 나오는 즙이 엄마의 젖 같다 하여 '젖풀'이라고도 부른다. 애기똥풀은 아기와 엄마를 함께 생각하게 하는 들꽃이다.

애기똥풀은 꽃이 피는 기간이 길다. 대부분의 꽃들이 반짝 꽃을 피우고 져버리지만 애기똥풀은 5월에서 피기 시작하여 전성을 이루고 띄엄띄엄 심심치 않게 8월까지 꽃을 피운다. 어린 잎을 나물로 먹기도 한다는데 줄기를 꺾었을 때 나오는 노란 즙에는 사람에게 해로운 알카로이드 성분이 들어 있어 주의를 요한다. 독이 있다는 것은 약이 된다는 뜻이기도 하다. 들에 다니다 뱀이나 벌레에 물렸을 때는 생풀을 짓찧어 즙을 내어 바르면 효과가 있다고 하며, 한방에서는 꽃을 포함한 전초를 말린 것을 백굴채(白屈菜)라고 하여 약재로 쓴다고 한다. 잡초로 여겨지는 들풀도 하나님께서 우리에게 유용하여 만드셨다는 사실에 감사한다.

봄에 만나는 들꽃 39

각시붓꽃

5, 6월은 붓꽃의 계절이다. 꽃봉오리가 붓을 닮아 붓꽃이라 부르는데 붓꽃과의 들꽃들은 크기로 보면 20cm 미만의 작은 키의 것과 50cm 이상의 큰 키의 붓꽃으로 구분할 수 있다. 이들은 또한 꽃이 피는 시기에서도 서로 다른데, 작은 키의 붓꽃들은 4월에서 5월에 피는 데 비해 큰 키의 붓꽃들은 이보다 한 달쯤 늦게 5월에서 6월에 걸쳐 핀다.

우리나라 산이나 들에 나는 붓꽃들을 보면 키가 작은 종류들로서는 금붓꽃(노랑색), 노랑붓꽃, 노랑무늬붓꽃(흰색 바탕에 노랑무늬가 있음), 각시붓꽃(보라색) 등이 있으며, 큰 키 종류로는 꽃창포(보라색), 노랑꽃창포, 붓꽃(보라색), 제비붓꽃(보라색), 부채붓꽃(보라색) 등이 있고 중간쯤 키의 타래붓꽃(보라색)이 있다.

오늘 만나는 각시붓꽃은 그 이름에서 알 수 있듯이 키가 작아 거의 땅에 붙듯이 핀다. 5월 초에 산행을 하는 사람들이라면 누구나 보았을 만큼 전국의 산지에서 자라는 들꽃이다.

며칠 전 강화의 하점면사무소 뒤 봉천산이란 산을 올랐다 내려오는 길에 각시붓꽃이 여기 저기 피어있는 것을 보았다. 올라갈 때는 보지 못했었는데, 아마도 산 정상을 오르겠다는 생각만으로 위만 보고 걸었기 때문일 것이다. 내려오는 길에는 여유를 부리며 혹시라도 들꽃을 만날 수 있지 않을까 하여 여기저기를 두리번거리며 내려온 덕에 앙증맞은 각시붓꽃들을 만날 수 있었다. 풍성하지도 않은 가냘픈 잎을 지녔을 뿐인데 어떻게 그토록 앙증맞은 예쁜 꽃을 피울 수 있을까? 넘어진 김에 쉬어간다고 각시붓꽃 옆에 앉아 쉬면서 카메라 셔터를 눌렀다. 들에 핀 꽃은 곧 지겠지만 사진 속에서는 오래오래 피어 있을 것을 생각하니 마음이 부자가 된 기분이었다. 오랫동안 떨어져 있던 각시라도 만난 듯 행복했다. 이러한 내 마음을 아내가 알면 질투할까?

키가 작아서만 각시가 아니라, 각시의 애틋한 사랑 이야기도 전해온다. 삼국시대가 끝날 무렵 황산벌에서 죽은 관창에게 무용이라는 정혼한 여인이 있었는데 그가 죽자 영혼 결혼을 했다고 한다. 어린 각시는 관창의 무덤에서 슬픈 나날을 보내다 홀연히 세상을 떠났는데 사람들은 먼저 죽은 남편의 무덤 옆에 그녀를 묻어주었다. 이듬해 봄 그녀의 무덤에서 보랏빛 꽃이 피어났는데 그 모습이 각시의 모습을 닮았고 함께 돋아난 잎사귀는 관창의 칼처럼 생겼다고 하여 각시붓꽃이라고 불렀다고 한다.

필자의 집 앞산에도 각시붓꽃이 자라고 있는 것을 보았는데 잎이 잘려나가 있었다. 고라니가 그랬으리라 생각한다. 짐승은 뿌리는 남겨두어 다음에 꽃이 필 기회를 주는데, 들꽃들에게는 제대로 가꾸지도 못하면서 뿌리째 캐어가는 사람 손이 더 무섭다.

봄에 만나는 들꽃 40

붓꽃

붓꽃은 5월에 피기 시작하여 6월에 절정을 이루는 들꽃인데 올해 (2013년)는 5월 말인 지금 벌써 꽃이 지고 있다. 지구 온난화로 기온이 높아진 증거를 눈앞에 보고 있는 것이다. 잎은 긴 창모양이고, 꽃의 모양이 피어날 때 먹물을 머금은 붓을 닮아 처음 보는 사람도 이것이 붓꽃 종류임을 쉽게 알 수 있다.

어느 해 5월 말쯤에 필자가 살고 있는 지역의 목사님 몇 분과 필자의 집 바로 앞산을 올랐었는데, 그 오르는 길 여기저기에서와 거의 정상 부근에서도 보라색의 붓꽃이 일행을 반겨주었다. 5월 말에서 6월 중에 산행에서 쉽게 만나는 들꽃이 붓꽃이요 이들 대부분의 꽃색이 보라색이다. 그래서 붓꽃은 으레 보라색이라고 생각하기 쉽다.

그러나 모두 보라색이 아니다. 흰색, 노란색, 그리고 보라색이라도 그 농도의 차이를 보이는 것, 꽃잎 안쪽의 줄이 있는 데 그 색이 차이가 나는 등 여러 종류이다. 연못이나 저수지 물가에 많은 노란색의 것은 붓꽃이라 하지 않고 노란꽃창포라고 하는데 유럽 원산으로 심어 가꾼 것이다. 요즘 공원이나 뜰이 있는 가정에서 흔히 산에서 보는 것 보다 큰 꽃을 피우는 것들을 쉽게 볼 수 있는데 이것들은 붓꽃의 원예종으로 근년에 유럽에서 들여와 가꾸게 된 독일붓꽃(저먼아이리시)이라고 하는 것으로 꽃이 대형이고 색상이 매우 다양하다. 필자의 집에도 색깔이 다른 7종의 독일붓꽃이 화려한 꽃을 피우는데 아는 분들에게서 한 가지씩 얻어온 것들이다.

붓꽃과의 식물 중에는 꽤 귀한 편에 드는 것들이 있는데 백두산이나 지리산 등 높은 산의 습지에서 자라는 제비붓꽃, 강원도 삼척 지방에서 자라는 부채붓꽃, 백령도와 대청도에서만 자라는 대청붓꽃 등이 있다. 이들 보다 더 귀한 것으로 우리나라 특산인 키 20cm의 노랑무늬붓꽃이 있다. 이름 그대로 흰색 바탕에 노란 무늬가 들어 있는 붓꽃이다. 들꽃 애호가들은 이런 꽃들일수록 가꾸고 싶어 하는데 이들을 대량으로 번식하여 분양한다면 좋으리라고 생각된다. 필자는 10여 년 전 부채붓꽃을 만나러 삼척 근덕의 동막리를 찾은 적이 있었는데 마을 앞 냇가에 군락을 이루어 피는 것을 사진에 담고 돌아왔다. 씨가 영글 때쯤 다시 찾아가면 씨를 받아와 번식시킬 수 있을 텐데 기회가 될지 모르겠다.

중국복지선교에 동참하면서 연변의 용정시 외각에 있는 시인 윤동주의 생가를 방문한 적이 있었는데 거기서 키가 그리 크지 않은 지금껏 보지 못한 붓꽃을 보았다. 들꽃을 남달리 좋아하는 것을 안 그곳 지인이 작은 것 한 뿌리를 캐어 주었다. 휴지에 물을 적셔 마르지 않게 싸서 가져온 것이 지금까지 뜰에서 해마다 꽃을 피우고 있는데 그 뒤에 보니 우리나라에서도 흔하게 볼 수 있는 타래붓꽃이었다. 타래붓꽃은 잎이 실타래를 꼬아놓은 듯 비틀어져 자란다 하여 붙여진 이름이다. 붓꽃의 꽃말이 '좋은 소식', '신비로운 사람'이라고 하는데, 독자들에게 신비로운 사람을 만나는 좋은 소식이 있기를!

신종철 목사의
들꽃 이야기

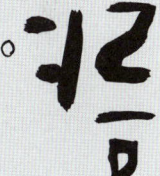

여름에 만나는 들꽃 01

큰앵초

이른 봄 꽃시장에 얼굴을 내미는 봄의 풀꽃들 중에 푸리뮬러(Primula)가 있다. 배춧잎을 닮은 잎에 노랑, 빨강, 자주, 보라 등의 꽃 색깔도 여러 가지로 길 가의 봄 화단을 장식한다. 이들은 모두 외국에서 원예용으로 개량된 앵초과 식물이다.

이들과 한 식구라고 할 수 있는 우리나라의 들꽃으로 앵초가 있다. 앵초는 4월~5월에 우리나라 전국의 산 숲에서 홍자색의 꽃을 피우는 다년초이다. 큰앵초는 이보다는 한 달쯤 늦게 깊은 산의 숲에서 꽃이 피는 다년초이다. 앵초가 봄의 꽃이라면 큰앵초는 초여름의 꽃이다. 큰앵초가 늦게 피는 것은 그 자라는 곳의 고도가 높기 때문이라고 생각된다. '큰+앵초'인 것은 그 자라는 곳이 깊은 산(=큰 산)이고, 잎을 보면 앵초는 긴 타원형으로 좁다란데 비해 큰앵초는 손바닥 모양으로 넓어서 잎의 크기에서도 큰+앵초인 것 같다.

큰앵초는 깊은 산, 큰 산에 가야만 만날 수 있는 들꽃이기에 이들을 만나려면 큰맘 먹고 길을 떠나야 한다. 큰앵초를 만나기 위해 한국꽃사진회 회원 몇 사람과 함께 현충일 전날 오후에 서울을 출발하여 그날 저녁 태백의 한 여관에 여장을 풀었다. 저녁은 태백의 별미인 닭갈비(춘천의 것과는 조리법과 맛이 전혀 다름)로 먹는 즐거움을 누렸다.

다음날 아침 6시에 일어나 전날 사 두었던 빵과 우유로 아침을 대신하고 서둘러 차를 몰아 태백에서 고한으로 넘어가는 두문동재(싸리재, 해발 1,268m)의 간이음식점인 함백산쉼터 옆에 차를 세워두고 임도를 따라 대덕산 금대봉(해발 1,418.1m)을 향하여 걷는다. 7시가 못된 시간이다. 아침에 싱싱한 들꽃을 만나려면 이 정도 수고는 아끼지 말아야 한다.

임도 옆으로는 산철쭉꽃이 환히 웃으며 우리를 환영한다. 천상의 화원답게 둥굴레며 줄딸기, 제비꽃, 기린초 등 들꽃이 이슬에 흠뻑 젖어 아름다움을 뽐낸다. 잠시 후 임도를 벗어나 숲속으로 난 좁다란 길을 따라 금대봉으로 오른다. 완만한 경사인데도 숨이 찬다. 발밑은 벌써 한껏 푸른색으로 덮여 있다. 이른 봄에 피었을 얼레지가 콩알만 한 씨를 맺은 것이 보인다. 마침내 금대봉 정상에 올랐다.

잠시 쉬면서 맑은 공기에 한껏 취해본다. 거기에서 북쪽 경사면으로 내려선다. 제법 가파르다. 이슬에 젖은 바지자락에서 물이 뚝뚝 떨어진다. 미끄러질까 조심하며 몇 발을 내려섰는데, 풀숲에서 큰앵초가 손바닥만한 잎을 땅바닥에 깔고 꽃대를 세우고 층층으로 꽃을 달고 '나 여기 있소.' 하며 얼굴을 내민다. 반가웠다. 먼 곳까지 와서 만난 들꽃이기에 더 반가웠다. '행복의 열쇠'라는 꽃말처럼 행복했다. 내가 이렇게 행복한 걸 보시면 하나님께서도 기뻐하실 걸.

여름에 만나는 들꽃 02

복주머니란

복주머니란은 산의 숲속이나 풀밭에서 자라며 5, 6월에 꽃을 피우는 여러해살이풀이다. 원래 이름은 개불알꽃이라고 불렸는데, 꽃의 아름다운 모습보다 불려지는 이름에서 상스러운 느낌을 준다. 집에서 한 식구처럼 기르는 강아지의 그것(?)과 비슷하다 하여 불려진 이름이 아닌가 싶다. 점잖은 사람의 입에서 쉽게 내뱉기는 조금 그러하여 꽃 이름을 말하기도 주춤하여지지만, 그런 이름에서 더욱 우리의 정서와 친근감이 있기도 하다. 그러나 정겨움으로 불러진 후에도 웃음이 나오는 이름이다. 그래서 다르게 불려지는 이름이 복주머니란이다. 주머니 모양의 꽃의 생김새에서 붙여진 것이리라. 복주머니란은 이 외에도 그 생김새로 인해 소오줌통, 요강꽃 등으로도 불려지기도 한다.

우리 나라에는 10여 종의 복주머니란이 자생하고 있는 것으로 알려져 있는데 그 중 많은 종류가 백두산의 숲속 풀 밭에서 자라고 있고 오늘 사진에서 만나는 복주머니란은 우리 나라 전역에서 자생하는 꽃이다. 그러나 그 개체수가 점점 줄어들어 쉽게 만나지지 않는 꽃이다.

복주머니란 중에 한 종류인 광릉요강꽃은 환경부에서 멸종위기 야생식물 1급으로 지정 보호하는 8종 가운데 하나이다. 광릉요강꽃은 경기도 광릉의 주엽산에 드물게 자생하고 있는 것으로 알려졌는데, 지금은 더 이상 자생하는 곳을 찾기 힘든 상황이다.

도감에서만 보아왔던 복주머니란을 처음 만난 것이 15년 전쯤으로 기억한다. 홍천에서 이사온 권사님 댁에 심방을 갔었다. 문 앞에 놓인 화분에 가득 내 눈에 확 뜨이는 것이 있었다. 아직 꽃대가 올라온 것은 아니지만 틀림없는 복주머니란이었다. 권사님의 친정 부모님 묘에 갔다가 그 옆 실개천에 무리지어 있는 것을 캐왔다고 했다. 아마도 거기에 많이 남아 있을 것이라고 했다. 그래서 며칠 후 권사님의 아들을 앞세워 부랴부랴 그곳을 찾아갔다.

그러나 한 촉도 남아있지 않았다. 뒤에 알고 보니 권사님의 언니가 그것을 내다 팔면 돈이 된다 하여 다 캐어갔다는 것이다. 거기 그대로 두었어야 했는데…. 복주머니란은 자리를 뜨면 몇 년 동안은 살아나는 것 같지만 결국은 죽고 만다. 그래서 귀한 꽃이다. 권사님 댁 화분의 복주머니란도 겨우 한 해를 넘기고 모두 죽고 말았다.

사진의 복주머니란은 지인이 두 촉을 주어서 교회에 심어 꽃을 피운 것이다. 4년 정도 꽃이 잘 피는가 싶더니 결국 죽고 말았다. 하나님께서 살게 하신 그 자리에서 오래도록 아름다움을 이어가게 하는 것이 자연의 청지기임을 새삼 깨닫는다.

여름에 만나는 들꽃 03

백작약

6월엔 전국에서 작약꽃을 볼 수 있다. 아마도 나이 든 사람들은 작약이라는 이름 보다 함박꽃이라고 하면 '아아 그거' 하고 반가워 할 것이다. 그 꽃 모양이 크고 풍부함이 함지박처럼 넉넉하다고 하여 함박꽃이라고 불렸다고 하던가.

그리스에는 이런 전설이 있다. 옛날에 페온이라는 공주가 이웃 나라의 왕자와 사랑에 빠지게 되었다. 그런데 왕자는 먼 나라에서 벌어지고 있는 전쟁에 나가야 했다. 왕자는 '꼭 돌아 올 테니 기다리라'는 말을 남기고 전쟁터로 떠났고, 공주는 늘 기도하는 마음으로 왕자를 기다렸다. 전쟁이 끝나자 전쟁터에 나갔던 사람들이 거의 돌아왔지만 왕자는 돌아오지 않았다. 여러 해가 지나고 어느 날 창문 밖에서 노랫소리가 들렸다. 소경 악사가 부르는 아주 구슬픈 노래였다. "공주를 그리워하던 왕자는 죽어서 모란꽃이 되었다네. 그리고 머나먼 땅에서 슬프게 살고 있다네." 공주는 소경이 부르던 노래 속에 나오는 나라를 찾아갔다. 과연 모란꽃이 있었다. 공주는 그 곁에서 열심히 기도를 했다. "다시는 사랑하는 왕자님 곁을 떠나지 않게 해 주소서." 공주의 정성은 신들을 감동시켰다. 결국 공주는 모란꽃 옆에서 탐스런 작약꽃으로 변하게 되었다. 그래서인가 모란이 지고 나면 뒤를 이어 작약이 피어난다.

작약을 영어로 전설 속 공주의 이름인 Peony라고 하는 것도 이런 연유에서인가 보다.

옛부터 우리네 늘에서 가꾸어온 작약은 강렬한 적색이거나 분홍색, 혹은 흰색의 겹꽃인데 비하여 오늘 만나게 되는 백작약은 흰색의 홑꽃이다. 드물게 분홍색의 꽃도 있다. 일반의 작약이 꽃을 보기 위해 또는 그 뿌리를 약으로 이용하기 위해 재배하는 것과 달리 백작약은 그 이름이 말해주듯 깊은 산속의 수풀 밑 기름진 곳에서 절로 자란다. 전국적으로 분포하나 약초 캐는 사람들의 손에 분별없이 뽑혀 그 개체 수가 날로 줄어들고 있어 환경부에서 보호식물 2급으로 지정하여 보호하는 식물이다. 보호만 할 것이 아니라 개체 수를 늘려나가는 노력이 아쉽다. 이런 귀한 꽃을 우연한 기회에 강원 용대리 숲에서 만났을 때의 기쁨이란!

백작약은 꽃을 활짝 피지 못하고 반 정도 벌어진 상태에 머문다. 대여섯 개의 꽃잎은 가운데에 있는 꽃술을 향하여 조심스럽게 오므리고 귀한 보물을 곱게 감싸듯 매무시를 흩트리지 않는다. 너무 오므려도 벌 나비가 깃들지 못할까봐 너울 같은 꽃잎을 살며시 열고 보여줄 것만 보여주는, 헤프지 않은 자태가 우리 옛 여인들의 모습을 보는 것 같아 무척 정겹다. 순백의 순결함과 수줍은 듯 미소 짓는 아름다움이 백작약의 매력이다.

여름에 만나는 들꽃 04

병꽃나무

5월 하순에서 6월 초쯤에 산을 오르면 풀꽃 보다는 나무에서 피는 꽃들을 많이 만날 수 있는데, 특이하게도 이들 대부분의 꽃들이 흰색이다. 수국을 닮은 백당나무, 줄기에 가시가 많은 찔레나무, 바위틈에 자리를 잡고 꽃을 피우는 말발도리, 그 열매로 잼이나 청량음료를 만드는 산사나무 그리고 고광나무, 때죽나무, 쪽동백나무, 층층나무, 아카시아나무, 쥐똥나무 등의 꽃이 하나같이 흰색이다. 이런 흰색의 꽃 세계에서 붉은 색의 꽃을 피우는 유일한 나무가 병꽃나무이다.

　왜 병꽃나무일까? 꽃 이름 중에는 꽃이 피었을 때의 생김새에 따라 붙여진 이름이 많다. 꽃이 수수이삭을 닮았다 하여 수수꽃다리, 4월말쯤에 꽃이 피었다 지는 조팝나무는 다닥다닥 피는 흰 꽃이 조밥을 닮았다 하여 조밥나무에서 조팝나무, 5월이면 도시의 가로수 중에 나무 전체가 눈이라도 덮인 듯 흰 꽃으로 덮인 이팝나무는 마치 쌀밥을 사발 가득 담아놓은 것 같다 하여 지어진 이름이다. 병꽃나무도 그 꽃의 생김새가 병을 닮았다 하여 붙여진 이름인데 1918년 이 꽃을 발견한 한 일본인에 의해 지어졌다는 것이 기분이 씁쓸하다. 나무 이름마저도 남의 손에 의해 지어졌다니 나라 잃은 설움이 새삼 가슴에 파고든다.

　병꽃나무는 겨울엔 잎이 떨어지는 키가 그리 크지 않은 떨기나무로 산록 양지바른 곳에서 잘 자란다. 병꽃나무 종류는 세계에 약 10종이 있는데 우리나라에는 약 5종이 자라고 있는 것으로 알려져 있다. 우리가 산에서 만나는 대부분은 꽃 색이 붉은색인데 이 보다는 더 짙은 붉은색 꽃이 피는 것을 붉은병꽃나무, 한 나무에서 처음에는 흰색에 가까운 연한 노랑이었다가 며칠 지나면 붉은색, 마지막에는 점점 색이 진하면서 빨간색으로 변하는 삼색병꽃나무, 그리고 통영의 미륵산에만 있다 하여 그 지명을 따라 이름 붙여진 통영병꽃나무 등이 있다.

병꽃나무는 요즘 정원의 울타리나무로, 또 도시 도로변 언덕에 줄지어 심는 나무로 많이 가꾸어지고 있다. 필자의 집에도 병꽃나무, 붉은병꽃나무, 삼색병꽃나무의 세 종류가 꽃을 피우고 있어 산에 가지 않고도 꽃을 감상하는 기쁨이 있다. 이 중 삼색병꽃나무는 은은한 향이 있고 꽃이 피어있는 기간도 길어서 화분에서라도 한 그루 가꾸어보면 좋을 듯싶다.

통영병꽃나무는 우리가 산에서 쉽게 만날 수 있는 병꽃나무와는 다른 우리나라 특산식물이다. 자랑스럽지 않은가? 한국 전쟁에 참여했던 한 미국 병사가 우리나라 산에서 발견한 아름다운 꽃을 가져가 미스김라일락이란 이름으로 역수출하고 있다는 사실이 부끄럽게 느껴진다. 하나님께서 우리나라에 우리에게 주신 것을 남에게 빼앗기는 일이 다시는 없어야겠다.

여름에 만나는 들꽃 05

엉겅퀴

아마도 엉겅퀴를 모르는 사람은 없으리라고 생각된다. 엉겅퀴는 발품을 팔아 먼 곳을 찾지 않아도 초여름에 전국의 들과 산에서 쉽게 만날 수 있는 들꽃 중의 하나로서 여러해살이풀이다. 보통은 꽃의 색이 자주색이나 드물게 분홍색이거나 흰색도 있다. 꽃을 들여다보면 다른 꽃들과는 달리 끝이 뾰족한 선형(線形)이고 그 끝에 흰색의 꽃가루가 붙은 것이 이색적이다. 잎사귀는 물론 줄기에 가시가 있어 사람이나 짐승들의 접근을 거부하는 반면 곤충들에게는 얼마든지 앉아 있기를 허락하는 때문에 벌과 나비가 즐겨 찾는 꽃이다. 엉겅퀴의 꽃말이 '고독한 사람'인 것은 꽃의 아름다움에 어울리지 않게 가시가 있어서 쉽게 접근을 허락하지 않기 때문이 아닌가싶다. 어디서나 쉽게 볼 수 있는 흔한 꽃이라고 가볍게 보지 말고 한번 자세히 들여다보라. 보면 볼수록 꽃의 아름다움과 그 아름다움을 지켜내려는 가시의 지혜에 매력을 갖게 될 것이다. 장미가 가시가 있어 아름다운 것처럼.

많은 들꽃들에 얽힌 전설이 있듯이 엉겅퀴에도 몇 가지 전설이 있는데, 그 중에 하나가 기독교에 관련된 전설이다. 성모 마리아가 예수님이 달렸던 십자가에서 뽑아낸 못을 땅에 묻었는데 그 자리에서 엉겅퀴가 피어났다고 한다. 그런 연유로 해서 북유럽에서는 마귀를 쫓는데 효력이 있는 것으로 사용하기도 한다고 하는데, 우리나라에서도 가시가 달린 엄나무가 악귀를 쫓는 나무라고 하여 대문 위에 매달았던 것과 비슷한 이야기인 깃 같다.

엉겅퀴는 꽃의 아름다움 뿐 아니라 이용 범위가 넓다. 아름다운 꽃은 꽃꽂이 소재로 쓰이고, 봄철 돋아나는 어린 싹은 나물로, 여름철의 센 잎은 튀겨 먹으면 별미라고 한다.

또한 엉겅퀴는 귀한 약재이다. 고혈압 치료제를 개발하던 독일의 과학자들이 엉겅퀴에 중요한 성분이 있는 것을 알고 연구하던 중 한국 선교사님에게서 한국에는 그런 풀이 지천으로 널려있다는 말을 듣고 한국에 와서 한국 엉겅퀴의 성분을 조사해 보고 독일 엉겅퀴보다 약성분이 100배쯤 더 함유되어 있는 것을 알아냈다고 한다. 엉겅퀴에 들어있는 실리마린(silymarin)이 간질환 치료에 특효가 있다고 한다.

우리나라에서도 예부터 귀한 약초로 대접받아 왔는데 산행 중에 벌레에 물렸을 때 엉겅퀴의 잎을 찧어 바르면 통증이 완화된다고 한다. 엉겅퀴는 독이 없어 나물로 먹든 민간약으로 사용하든 안심하고 먹을 수 있다. 이처럼 엉겅퀴는 하나님께서 우리에게 주신 귀한 보물이다. 귀한 것을 귀한 것으로 대하며 사랑하는 것이 이를 지으신 하나님께 대한 경외가 아닐까?

여름에 만나는 들꽃 06

우산나물

봄엔 들꽃들이 다투어 피면서 이를 보는 사람들의 마음 속 정원을 아름답게 하고, 이에 뒤질세라 봄나물들은 사람들의 입맛을 돋우어 준다. 봄나물들 중엔 쑥, 냉이, 달래처럼 들에서 나는 것이 있고, 고사리, 취, 곰취, 원추리, 곤드레 등 많은 봄나물들이 산에서 난다. 이들 산에서 나는 봄나물들 중 우산나물이 있다.

우산나물은 6~9월에 줄기 끝에서 흰색 또는 연분홍색의 꽃이 피는데 꽃의 아름다움 보다는 봄나물로 귀한 것이지만 특별히 들꽃에 관심을 갖는 사람이 아니라면 잘 알지 못할 것으로 생각된다.

4월 중순쯤 새순이 올라와 잎이 채 벌어지기 전의 모습이 마치 우산이 접힌 것처럼 보이고 잎이 벌어졌을 때 우산이 펼친 모습 같아서 우산나물이라 불린다. 지역에 따라서는 삿갓나물이라고도 한다는데 실제 삿갓나물은 따로 있다.

우산나물은 국화과의 여러해살이풀로 전국 각지의 그늘진 숲 속에 군락을 이루어 자생하고 있는데, 산행을 하는 많은 사람들이 모르는 것은 산을 오르는 데에만 관심을 갖기 때문일 것이지만, 봄에 보송보송한 솜털을 뒤집어쓰고 새순이 올라올 때의 예쁜 모습 때문에 들꽃 애호가들에게는 특별한 사랑을 받고 있어 낮은 분에 분재로 또는 정원의 큰 나무 밑에 심는 지피식물로 가꾸며 즐기는 들꽃이다. 숲 속에서 자라는 식물이지만 필자의 집 뜰 햇볕이 잘 드는 곳에 심겨져서도 잘 자라고 있는 것을 보면 생육환경에 대한 적응력이 강한 들꽃인 것 같다.

관상가치만 높은 것이 아니라 그것이 지닌 약성 때문에 나물로만 아니라 약재나 효소의 재료로도 귀한 들꽃이다. 씹히는 식감이 좋고 향이 좋아 참나물처럼 생채로도 먹을 수 있는데, 비타민과 미네랄이 많이 들어 있다고 한다. 민간요법으로도 예부터 많이 이용되어 왔는데 해독작용이 있어 독사에게 물렸을 때 생잎을 짓찧어서 물린 자리에 붙이면 효과가 있다고 하고 발이 동상에 걸린 경우에는 잎과 줄기를 말려 두었다가 두어 줌을 더운 물 두 되 정도에 넣고 미지근해진 다음 발을 담그면 효과가 있다고 한다.

가장 중요한 약성은 걸쭉해진 피를 묽게 해주는 활혈(活血)작용이라고 하는데, 최근의 한 약리학 연구 논문에 의하면 우산나물은 항혈전 활성을 나타내는 식물 중 하나로 아스피린보다 더 우수한 효능이 검증되었다고 한다. 또한 총 아미노산 함량이 높아 영양성분이 뛰어나 건강기능성 식품으로 연구가 진행 중이라 한다. 이처럼 우산나물의 귀한 가치를 알고 산행을 한다면 나무 그늘 밑에서 꽃보다 잎이 아름다운 우산나물을 만나보는 것도 또 다른 기쁨일 것이다!

여름에 만나는 들꽃 07

해당화

'명사십리 해당화야 꽃진다 잎진다 서러워마라. 명년 춘삼월 봄 돌아오면 너는 다시도 피련마는…' 창부타령에 나오는 한 구절이다. 명사십리는 강원도 원산시 동남쪽 갈마반도에 위치한 길이 4km의 해변으로 천연기념물로 지정될 만큼 해변은 모래알이 곱고 가는데다가 해안가에는 해당화가 십리에 이어 피어 있다고 한다. 그렇기에 해당화 하면 명사십리를 꼽았으리라.

'해당화 곱게 피는 섬마을에~'는 국민가수 이미자씨의 노래 '섬마을 선생님'의 첫 소절이다. 이 노래의 가사들이 말해주듯이 해당화는 장미과에 속하는 키 작은 떨기나무로 바닷가의 모래땅에서 많이 자란다. 그래서 '바다 海' 자가 붙어 '海棠花' 라 한다. 해당화는 5월부터 7월 사이에 꽃을 피우는데 6월이 그 절정이다. 황홀할 만큼 그윽한 향기. 꽃이 진 다음에는 열매를 맺는데 그 열매가 붉게 익으면 이 또한 아름답다. 또한 열매는 비타민 C의 보고로 열매 1개가 레몬 17개와 맞먹는다 한다.

6월의 어느 날 한 조간신문에 승봉도란 섬에 핀 해당화가 사진과 함께 소개되었다. 섬 둘레 해안가를 따라 해당화가 지천으로 피던 섬이었지만, 그 뿌리가 관절염에 좋다는 이야기가 입소문으로 퍼지면서 수난을 겪어 거의 사라질 위기에 이르렀었단다. 그런데 섬 주민들이 해당화 살리기에 나서면서 이제는 섬 둘레 곳곳에서 해당화를 볼 수 있게 되었단다. 해당화는 집에서 가꾸기도 하지만, 해당화의 아름다움은 역시 바다와 어우러졌을 때에 제격이다. 쪽빛 물결, 하얀 모래와 어울리는, 피보다 진한 붉은 해당화의 아름다움이여!

승봉도를 다녀오기로 마음먹고 배편을 알아보았다. 인천 연안부두에서 떠나는 배는 쾌속선으로 1시간이면 갈 수 있지만 배 삯이 비싸다. 대부도의 방아머리 부두에서 떠나는 배는 시간은 두 배나 걸리지만 배 삯은 연안부두에서 떠나는 쾌속선의 절반도 안 된다. 그리고 부두에 차를 두고 가도 주차비를 받지 않는다. 그래서 대부도 쪽을 택하기로 하였다. 설레는 마음으로 배를 탔다.

승봉도 도착시간은 오전 11시 30분, 돌아오는 배는 승봉도에서 오후 3시다. 승봉도에 도착하자 걸음을 재촉했다. 작은 섬이라 길이 복잡하지는 않았다. 신문에서 읽은 대로 수퍼가 있는 고개에서 왼쪽으로 언덕 위에 하얀 민박집이 보이는 길로 접어들었다. 마침 마당에서 일을 하고 있는 집주인을 만나 부채바위로 가는 길을 물었더니 조금만 언덕을 내려가면 바다가 보일 것이라고 일러주었다. 5분 정도를 걸어 내려가니 바다가 보인다. 그리고 바다와 모래와 어울린 해당화가 그윽한 향기를 뿜으며 나를 맞아주었다. 천연기념물로 지정된 태안 신두리사구도 해당화로 이름난 곳이다. 6월에 사구를 들어서면 해당화 향기가 바닷바람에 실려 코끝에 상큼하게 닿는 것이 힐링의 천국에 온 듯싶다.

여름에 만나는 들꽃 08

노린재나무

5월 말에서 6월 초 쯤에 산행을 하다보면 꽃이 피는 나무들을 많이 만날 수 있다. 진달래, 산벚꽃도 다 져버린 때에 산을 오르는 사람들을 반겨주는 꽃나무들이다. 키가 큰 나무들로는 팥배나무, 윤노리나무, 때죽나무, 쪽동백나무, 야광나무, 함박꽃나무 등이 있고 키가 그리 크지 않은 나무들로는 덜꿩나무, 이와 잎과 꽃이 거의 닮아 구분이 쉽지 않은 가막살나무, 그리고 백당나무, 고광나무, 노린재나무 등이 있다. 이들 나무들의 공통점은 꽃의 색이 희다는 것이다. 물론 이들 나무들이 어느 산에나 똑같이 자라고 있는 것은 아니다. 강화마니산의 성수사가 사리한 골짜기엔 때죽나무가 군락을 이루어 피고 있고, 필자의 집 옆 낮은 산자락엔 덜꿩나무와 노린재나무가 쉽게 눈에 띈다. 오늘은 노린재나무를 만나보자.

선입견이란 무섭다. 곤충 가운데 식물의 진을 빨라먹어 해를 주고 고약한 냄새를 풍겨 가까이하고 싶지 않은 노린재가 있다. 필자는 처음에 노린재나무라 하여 곤충의 노린재를 생각하며 순백의 꽃은 매력이지만 좋지 않은 냄새가 나지나 않을까 꺼려하여 가까이 하려 하지 않았다. 그런데 노린재나무 근처를 가면 달콤하고 은은한 향이 코를 자극한다. 주위를 아무리 살펴보아도 향이 날만한 다른 꽃은 없는데 말이다. 그래 용기를 내어 노린재나무 꽃 가까이 가니 거기서 풍겨 나오는 향이었다. 고약한 냄새가 날 것이라고 지레짐작했던 나의 생각은 완전 잘못이었다. 이렇게 향이 좋은데 왜 노린재나무일까?

노린재나무의 줄기나 단풍든 잎을 태우면 노란 재가 남는다고 한다. 이 재를 물에 우려낸 잿물을 황회라 하는데 천연염료로 천을 물들일 때 매염제로 사용했기 때문에 노란+재+나무에서 노린재나무가 되었다고 한다. 노린재나무는 우리나라 전역에서 자라고 있는데 가을에 익는 열매의 색이 남색이다. 드물게 흰색으로 익는 흰노린재나무는 강원도의 일부 지역에서, 검은 색으로 익는 검노린재나무는 남부지방에서 자란다고 한다. 특히 제주의 한라산에서만 자라는 섬노린재나무는 일본인들이 탐내는 매염제였다고 하니 보물나무가 아닐까? 노린재나무로 만든 잿물이 매염제로 인기가 많았던 이유는 비누를 만들 때 들어가는 필수 원료인 수산화나트륨이 많이 들어 있어 매염제로 효과가 좋았기 때문이라 한다. 하나님께서 주신 선물들을 자연에서 찾아내어 이용해온 선조들의 지혜가 놀랍다.

노린재나무는 키가 크지 않고 순백의 예쁜 꽃과 달콤한 향기가 있어 좁은 정원에서도 가꾸어볼만한 나무다. 환경부에서 해외반출승인대상식물에 노린재나무를 포함시킨 만큼 귀중한 우리의 식물자원이다. 자연 안에 하나님께서 숨겨두신 보물들에 관심을 갖고 잘 가꾸어나가는 것은 자연의 청지기인 우리 그리스도인들의 마땅한 일이 아닐까?

여름에 만나는 들꽃 09

손바닥선인장

건조한 환경에 견디기 위해 수분을 저장하는 조직을 지닌 식물들을 다육(多肉)식물이라고 하는데, 이들 중에서 잎을 가시로 변화시키거나 퇴화시켜 건조에 더 강하게 변한 것이 선인장(仙人掌)이다. 선인장은 신선(仙人)의 손바닥(掌)처럼 생겼다는 의미를 갖고 있다. 대부분 사람들이 선인장은 물이 거의 없는 건조한 사막이나 열대 지역에서 살아가는 식물로 알고 있는데, 우리나라에서도 자생하고 있는 선인장이 있다는 것에 놀랄 것이다. 바로 손바닥선인장이다. 이들 자생지에선 백 가지 약효가 있다고 해서 백년초(제주에서 자생)로, 또는 천 가지 약효가 있다고 해서 천년초(뭍에서 자생)로 부르지만 식물도감에는 없는 이름이다.

백년초로 불리는 손바닥선인장은 제주도에서 자생하는데 특별히 한림읍 월령리 해안은 손바닥선인장 자생지로 천연기념물로 지정된 곳이다. 남미가 원산인 손바닥선인장이 조류에 밀려와 제주 해안의 바위틈에서 자라게 된 것으로 보는데, 마을 사람들이 뱀이나 쥐의 침입을 막기 위해(과연 막을 수 있었을까?) 집의 울타리 돌담에 이것을 심기 시작하면서 제주의 자생 식물이 되었다고 한다. 필자는 월령리 해변의 선인장을 만나기 위해 두 번 이곳을 찾은 적이 있다. 독자 여러분도 제주도에 가는 기회에 꼭 한번 들르기를 권한다. 제주 일주 버스를 타고 월령리에서 내려 바닷가 쪽으로 몇 분 거리에 있어 찾아가기에 쉬운 곳이다. 꽃을 보려면 6월~7월 중에 찾아야 한다.

천년초로 불리는 손바닥선인장은 전남 신안, 해남, 장흥 등지에서 자생하는 토종 선인장인데 만병통치약으로 알려져 마구잡이 채취로 집에서 꽃나무로 심어 가꾸는 것 외에는 거의 멸종에 이르렀던 것을 근년에 천년초의 뛰어난 약효를 알게 된 사람들이 번식에 힘쓴 결과 지금은 전국의 여러 곳에서 재배하고 있는 귀중한 약용식물이 되었다.

백년초와 천년초를 같은 것이라고 보는 사람도 있으나, 필자가 아는 바로는 그 둘은 확연이 다른데, 백년초는 제주의 온화한 기후에서 자라는 반면, 천년초는 영하의 겨울에도 얼어 죽지 않고 강화도 필자의 집 뜰에서도 자라고 있는데 겨울에는 수분을 스스로 배출시켜 쭈글쭈글해졌다가 봄이면 다시 물을 빨아올려 싱싱하게 살아난다.

초여름에 피는 꽃은 두 종류 다 같아 보이지만 가을에 익는 열매는 제주의 백년초는 보라색, 뭍에서 월동하는 천년초는 빨간색이다. 그리고 그 열매의 맛을 보면 제주의 백년초는 신맛이 도는 반면 천년초는 단맛이 나서 생으로 먹기에 거부감이 없다. 그리고 백년초는 거의 열매만 이용하지만 천년초는 꽃, 열매, 줄기, 뿌리가 다 약효가 있는 것으로 알려져 있다. 독자들도 집에서 가꾸어 꽃도 보고 건강식품으로 이용하면 좋을 듯싶다. 추운 겨울에도 밖에서 지내므로 기르기 쉽다.

여름에 만나는 들꽃 10

쇠채아재비

들꽃 중에는 꽃도 아름답지만 씨나 열매가 더 아름다운 꽃들도 있다. 오늘은 그 중 하나인 쇠채아재비를 만나보려 한다. 외국 꽃 사진작가의 사진집을 넘겨보다가 내 마음을 황홀케 한 것이 있었다. 그것은 꽃이 아니라 쇠채라 부르는 들꽃의 씨였다. 우리나라에는 이런 꽃이 없을까? 식물도감을 찾아보았으나 쇠채란 이름의 꽃이 있긴 한데 비슷하긴 했지만 사진집에서 본 것과는 많이 달랐다. 나중에 안 일이었지만 내가 쇠채라고 알고 있는 이것은 귀화식물로 토종의 쇠채와 구별하여 쇠채아재비라고 했다. 어디 가면 내가 쇠채라고 알고 있는 그 꽃을 만날 수 있을지?

그러던 중 15년 전쯤, 그 날은 현충일이었다. 한국꽃사진회 회원들과 함께 태백산으로 들꽃 사진 촬영을 갔다가 돌아오는 길에 그토록 만나고 싶어 하던 쇠채를 만나게 되었다. 차창 밖으로 길 가에 민들레의 씨를 닮은, 그러나 크기는 야구공만한 씨를 보는 순간 저것이 쇠채구나 싶었다. 다른 풀들보다 키가 컸기에 얼른 눈에 띄었다. 차를 세웠다. 차를 세운 곳은 영월에서 제천으로 들어서는 국도로 철도 건널목 바로 건너서였다. 거기 길 가 풀 숲에 꽃은 보이지 않고 야구공만한 씨가 몇 개 있었다. 꽃은 오전 10시에서 12시 사이에 피었다가 지기 때문에 볼 수 없었다. 씨를 두어 개 꺾어 바람에 날리지 않게 조심스럽게 집에까지 갖고 왔다.

교회 마당 화단에 대부분의 야생화가 그렇듯이 직파(씨를 받는 즉시 뿌림)했다. 한 여름 장마가 지날 즈음 싹이 나고 실파처럼 자랐다. 이 꽃은 씨가 떨어져 싹이 나서 겨울을 나고 이듬해 꽃을 피우고 씨를 맺은 다음 죽는 월년초다.

 겨울을 잘 넘기고 다음 해 초여름 많은 꽃을 피우고 씨도 많이 맺었다. 렌즈를 통해 보니 씨의 아름다움이 환상이었다. 정신없이 카메라 셔터를 눌렀다. 하나님께서 모든 만물을 창조하시고 보시기에 좋았더라고 하신 것이 실감이 났다. 내가 하나님의 선물인 들꽃에 반하여 기뻐하는 것을 보시고 하나님께서 영광 받으실 것이라 생각된다. 그 뒤 이 씨를 몇 곳의 식물원에 보내주었는데 아마도 거기서 마음껏 아름다움을 뽐내고 있으리라.

여름에 만나는 들꽃 11

노루발풀

오랜 전의 일이다. 교회 성도 몇 사람과 함께 강화의 마니산에 오른 적이 있었다. 우리 일행이 산을 오르기 시작하여 얼마쯤 올랐을 때 뒤에 몇 명의 일행인 듯싶은 이들이 서로 누가 먼저 오르나 내기라도 하듯 허둥거리며 올라오고 있었다. 손에는 커다란 자루를 하나씩 들고 무언가 찾는지 두리번거린다. 그러다가 한 사람이 귀한 것을 발견한 듯 얼른 땅에 엎드려 무엇인가를 뜯어 자루에 담고 있었다. 필자도 산나물이라면 좀 아는 편인데, 산나물이라고 할 수 있는 것들은 눈에 띄는 것이 없는데 도대체 무얼 뜯는 것일까? 궁금하여 물어보니 이름도 없이 그냥 약초란다. 그 사람들이 뜯은 것을 보니 노루발풀이었다. 저렇게 여러 사람이 훑어가며 싹쓸이를 하면 노루발풀이 남아나는 것이 없겠구나 하며 걱정이 되었다. 어떤 식물이 몸에 좋다 하는 소리를 들으면 얼마동안은 그 식물들은 수난을 당하기 마련이다.

노루발풀은 겨울 동안에도 녹색의 잎이 땅에 얕게 깔려 살아있는 여러해살이풀로서 산지의 그늘에서 자라는 풀로 산에 오르며 나무 밑을 살펴보면 어렵지 않게 만나지는 들꽃이다. 이른 봄에 꽃이 피며 그 잎이 노루의 귀를 닮았다 하여 노루귀라 이름 붙여진 것처럼 노루발풀은 땅에 붙어 있는 둥그스름한 잎이 노루의 발을 닮았다 하여 붙여진 이름이다. 또는 노루나 사슴이 즐겨먹는 풀이라 하여 노루발풀이라고 부르게 되었다고도 하는데 이는 아마도 이 풀의 약초 성분 때문에 만들어진 이야기인 것 같다.

노루발풀은 6월에서 7월에 걸쳐 꽃대를 올려 황백색의 꽃을 피우는 데 앙증맞은 모습이 더욱 정감이 간다. 키가 20 여cm 내외에다 꽃이 아래를 향하고 있어 사진에 담으려면 최대한 자세를 낮추어야 한다. 겸손한 사람에게만 얼굴을 보여주는 들꽃이다.

필자가 봄에 노루발풀이 소담하게 자라는 것을 보아둔 곳이 있어 6월 초에 산을 올랐다. 강화 덕하리의 한 작은 산이었다. 기대에 부풀어 올라갔는데 보아두었던 그 자리에 보이지 않았다. 가뭄 탓에 말라죽은 것일까? 아마도 약초 대접을 받아 뽑혀간 것이리라. 능선을 따라가며 눈을 크게 뜨고 나무 그늘 밑을 살펴보지만 보이질 않는다. 40여 분만에 정상에 올랐다. 산 아래에선 이미 져버린 엉겅퀴가 예쁘게 피어 있었다. 이 녀석들을 만난 것만으로 기쁘게 생각하고 내려오는데 올라갈 때는 보이지 않던 노루발풀이 있었다. 꽃이 좀 부실하기는 했어도 그나마 만난 것이 다행스러웠다.

노루발풀의 약효를 말하면 너도 나도 다 뜯을까보아 걱정되어 한 가지만 이야기하련다. 산에 갔다가 풀에 베이거나 뱀이나 독충에 물렸을 경우 노루발풀의 잎을 으깨어 즙을 내어 바르면 피가 멎고 통증이 완화된다고 하니 산행에서 응급처치 중 하나로 알아두면 좋을 듯싶다.

여름에 만나는 들꽃 12

개망초

여기 저기 지천으로 피어나서 그렇게 불렀다는 지칭개 보다 더 흔한 들꽃, 6월 전국의 들에서 가장 흔하게 볼 수 있는 들꽃이 개망초다. 도시를 벗어나면 길가나 풀밭에 하얗게 무리지어 피어 있는 모습이 아름답다. 달리는 차 바람에 하늘거리는 모습은 더욱 아름답다. 그럼에도 그 이름에서부터 좋은 대접을 받지 못하고 있다. 식물 이름에 '개'자가 붙은 것은 그것과 견줄 수 있는 기준으로 삼는 식물에 비해 그만 못하다고 여긴데서 유래한 것이니, 개살구, 개머루, 개다래, 개복수초, 개쑥부쟁이, 개상사화, 개비름 그리고 개망초 등 많은 식물들이 그의 이름에서부터 차별을 받고 있다.

개망초는 북아메리카 원산으로 이 땅에 들어와서 터를 잡은 귀화식물이다. 원래부터 우리나라에 살고 있던 망초 종류로는 민망초가 있는데 개망초 꽃이 더 아름답다. 그럼에도 '개'자를 붙이는 것이 개망초의 입장에서는 억울하다고 할 수 있겠다.

꽃도 그만하면 예쁜데 왜 대접을 받지 못하고 이름에서까지 차별을 받는 것일까? 망초(亡草)는 이름에서 느껴지듯이 나라를 망하게 하는 풀이란 뜻으로 이런 이름이 붙여졌다고 하는데, 망초가 갑자기 퍼지기 시작하면서 을사조약이 맺어졌다는 것이다. 왜풀이라고도 부르는데 일본을 지칭하는 '왜(倭)'자를 붙인 것 역시 을사조약으로 일본이 우리의 외교권을 빼앗은 것과 무관하지 않은 이름이다. 과연 망초 때문에 나라가 기울었을까? 하필이면 나라가 기울어질 때 들어와서 푸대접을 받는 억울한 사연을 가진 들꽃이다.

북아메리카 원산인 망초가 철도공사를 할 때 미국에서 들여온 철도침목에 씨가 묻어온 것으로 추정하는데, 현재는 전국적으로 터를 잡고 살아가고 있는 국화과의 두해살이 풀이다. 오늘날 다문화 가정이 늘고 있는데 귀화식물은 식물의 다문화화라고 하겠다. 망초 보다는 개망초가 꽃이 더 크고 분홍색이 돌며 예쁘다. 그럼에도 '개'자가 붙은 것은 나라를 망하게 한 꽃이 예쁘면 얼마나 예쁘겠냐는 우리 선조들의 분노에서 그렇게 되었다고 하니 가엾다는 생각이 든다. 일본의 침략이 시작되는 때에 들어와 터를 잡았을 뿐 무슨 죄가 있겠는가?

　개망초는 이름만큼 쓸데없는 잡초일까? 필자의 어린 시절 이른 봄 겨울을 난 어린잎을 도려다가 나물로 먹었던 것을 기억하며 요즘도 봄이면 집 근처에서 칼로 도려다가 끓는 물에 데쳐낸 다음 고추장등 양념으로 무쳐 나물로 먹는데 식감이 부드럽고 잡냄새가 없어 봄나물로 손색이 없다. 개망초는 꽃의 모양이 계란 프라이를 닮았다 하여 계란꽃이라는 애칭으로도 불린다. 개망초는 나물 뿐 아니라 전초가 약용으로 이용되고 최근엔 천연염료로도 각광을 받고 있는 유용한 들꽃이니 선입견을 버리고 사랑해주어야겠다.

여름에 만나는 들꽃 13

까치수영

한여름 산에 오르면 녹색의 풀밭에 길게 늘어진 흰색의 꽃을 피우며 생김이 독특해 쉽게 눈에 띄는 들꽃이 있다. 까치수영이다. 우리나라 전국 산지의 볕이 잘 드는 낮은 지대의 약간은 습한 풀밭에서 6월~8월에 걸쳐 꽃이 피는 여러해살이풀이다. 길게 늘어진 화축(花軸)에 꽃자루의 길이가 거의 같은 꽃들이 달리고 밑에서부터 꽃이 피어올라가는데(이런 것을 총상(總狀)꽃차례라고 함) 그 끝이 굽은 모습이 마치도 팔(八)자 모양의 코밑 수염(=Kaiser 수염)과 같아서 식물도감에서는 까치수염이라고 부른다. 까치의 배가 희기는 하지만 까치에 무슨 수염이 있을까? 그래서인가 대부분의 사람들은 까치수영이라고 부른다.

까치는 예부터 우리 마을 주변에서 집을 짓고 살아온 텃새로 까치가 울면 반가운 손님이 온다고 하여 길조로 여겨왔다. 또 수영이라는 낱말을 국어사전에서 찾아보니 여러 뜻풀이 중에 '수영(秀穎)'이란 한자어는 '벼, 수수의 이삭이 잘 여문 것'이라고 되어 있다. 까치수영은 벼 이삭이 아니라 아예 하얀 쌀밥이 달린 이삭처럼 풍성해 보인다. 이런 뜻을 생각해보면 까치수영이 더 잘 어울리는 이름인 것 같다. 북한에서는 꼬리처럼 생겼다 하여 꽃꼬리풀이라고 부른다고 하며, 한자 이름으로는 이리의 꼬리를 닮았다 하여 낭미화(狼尾花)라고 한다는데 이들 모두 꽃 모양에서 유래된 이름인 것 같다.

잎을 따서 씹어보면 떨떠름하면서도 신맛이 도는데, 신맛은 입안에 침이 돌게 해준다. 이런 까닭으로 필자가 어린 시절에 산을 오르다 목이 마르면 그 잎을 뜯어먹었던 일을 기억한다. 한방에서는 식물 전체를 약재로 쓰는데, 그러고 보면 약초를 먹으며 산을 오르내렸던 것이었다. 신맛이 나는 풀로 수영이 있으니 그래서 까치수영이었을 수도 있겠다고 생각된다.

까치수영과 거의 닮은 큰까치수영이 있다. '큰' 자가 붙은 만큼 잎이 좀 더 넓으며, 화축도 더 길다는 것이 차이점이다. 이 밖에도 까치수영이란 이름이 붙은 들꽃으로 바닷가에 나는 갯까치수영이 있다. 필자가 어느 해 여름 제주도의 바닷가 바위틈에 난 갯까치수영 씨를 받아와서 교회에 파종한 것이 해마다 하얀 꽃을 피웠는데 필자가 은퇴하면서 그녀석도 함께 은퇴를 했는지 보이지 않는다.

필자가 들꽃을 사랑함을 알아서였는지 강화의 집 마당 귀퉁이에 까치수영이 절로 자라 꽃을 피우고 있다. 올해는 씨를 받아 파종하여 한 무리의 까치수영 꽃밭을 일구려고 한다. 꽃이 피어 있는 기간도 길어서 아마도 외국에서 들여온 안개꽃 보다 못하지 않을 것이리라. 우리 것이니까.

여름에 만나는 들꽃 14

때죽나무

5월 말에서 6월 초에 걸쳐 아카시아나무가 하얗게 꽃을 피우는 것과 때를 같이 하여 조롱조롱 종이 매달리듯 흰색의 꽃이 피는 나무가 때죽나무다. 때죽나무의 족보를 보면 때죽나무과, 때죽나무속, 때죽나무다. 족보가 말해주듯 때죽나무라는 독보적인 한 일가를 이루는 나무다. 때죽나무과라는 족보에 드는 나무가 전 세계에 약 150여 종이나 된다고 하는데 우리나라에는 때죽나무, 쪽동백나무, 좀쪽동백나무 등 3종이 자생하고 있다. 때죽나무와 쪽동백나무는 거의 비슷하여 구분이 쉽지 않은데 꽃이 달리는 모습을 보면 때죽나무는 잎겨드랑이에 2~5송이의 꽃이 달리는데, 쪽동백나무는 줄기 끝의 꽃대에 많은 꽃송이가 달려 길게 늘어뜨린 모습이다.

　중부 이남에서만 자라는 것으로 알려진 때죽나무는 필자가 살고 있는 강화의 산엔 어디를 가나 볼 수 있는데 전국에서 자라는 것으로 알려진 쪽동백나무는 쉽게 눈에 띄지 않는다. 남양주시의 한 지인은 자주 천마산을 오르내리는데 거기엔 쪽동백나무는 흔하게 볼 수 있지만 때죽나무는 볼 수 없다고 한다. 식물들도 다투지 않고 각기 그 자라는 터를 비켜감으로써 winwin 하는 것이리라 생각하니 서로 이기고 차지하려 욕심 부리는 우리들의 모습이 부끄럽기도 하다.

　때죽나무의 이름과 관련된 여러 이야기가 있는데, 나무껍질에 때가 많아 이름이 붙여졌다고 하는 이야기, 열매껍질에 에고사포닌이라는 마취성분이 있어 이를 빻아 물에 풀어 넣어 물고기를 기절시켜 많이 잡을 수 있다 하여 '물고기를 떼로 죽이는 나무'라 하여 때죽나무로 불렀다고도 한다.

  필자도 초등학교 시절 6.25동란 중 두 번째 철수(1.4후퇴라 한다) 때 충북 황간이란 곳으로 피난하여 거기서 1년여를 지내면서 그 여름 토박이 친구들과 산에서 나무열매를 따다가 짓찧어서 학교 앞 좁은 도랑에 풀고 물길을 따라 아래로 내려가면 신기하게도 물고기들이 둥둥 뜨는 것을 소쿠리로 건져내어 고기를 잡은 기억이 있는데 그때 열매가 때죽나무 열매였던 것이다.

  때죽나무의 흰 꽃이 아래로 대롱대롱 매달린 모습이 종과 닮았다 해서 서양에서는 '눈종'이란 뜻으로 'snowbell'이라고 한다고 하며, 속명의 'Styrax'는 '편안한 향기'란 뜻으로 때죽나무의 꽃향기가 좋은 나무임을 말해주고 있다. 대부분의 꽃들이 하늘을 향하여 자기의 아름다움을 뽐내는데 때죽나무 꽃은 고고한 빛깔과 아름다운 향기를 가졌음에도 다소곳이 땅을 향하여 피어 있다. 그래서 꽃말이 '겸손'이란다. 벼는 익을수록 고개를 숙인다 하였듯 때죽나무에게서 겸손을 배운다.

여름에 만나는 들꽃 15

인동덩굴

날씨가 점점 더워지는 6월에 산행을 하다 보면 희고 노란색 꽃으로 뒤덮인 덩굴을 쉽게 볼 수 있다. 인동덩굴이다. 인동초로 잘 알려진 인동덩굴은 흔히 인동초라고 부르지만 목본식물이므로 풀 초(草)가 들어간 인동초는 옳은 표현이 아니다. 덩굴 식물이므로 인동덩굴이라 부르는 것이 식물의 특성을 잘 표현한 가장 좋은 이름이라 생각한다.

참을 인(忍), 겨울 동(冬)자를 써서 인동이라 하는데 많은 사람들이 잎이 푸른색으로 겨울을 이겨낸다 하여 인고의 의미를 부여하기를 좋아한다. 김대중 전 대통령을 인동초 인생이라 부른 것도 그의 파란만장한 인생을 가리켜 한 말일 것이다. 이런 연유로 김대중 씨가 대통령에 당선되면서 그해 봄에 인동덩굴을 김대중꽃이라 하여 전국의 꽃가게에서 작은 포트 모 하나에 당시 5천여 원씩에 불티나게 팔린 적이 있었다. 실은 전국의 산과 들에 지천으로 자라고 꽃피는 덩굴인데 김대중 대통령 덕을 톡톡히 본 들꽃이다.

인동덩굴의 꽃은 처음에는 흰색으로 피지만 뒤에는 노란색으로 변하기 때문에 금은화(金; 노란색, 銀;흰색, 꽃;花)라고도 부른다. 그래서 한 나무에 흰색과 노란색의 두 가지 꽃이 피는 것처럼 보인다. 겨울의 매서운 추위를 이겨내고 꽃을 피우는 들꽃이라서인지 꽃말이 '헌신적인 사랑'이라고 한다. 꽃말에 걸맞게 인동덩굴은 뿌리와 넝쿨, 잎, 꽃을 다 약재로 내어순다. 약효가 적용되는 범위도 사람의 온 부위를 망라한다. 잇몸질환에서부터 목이 붓고 아픈데, 소화기계의 위십이지장궤양, 설사, 이질, 치질, 비뇨기계의 신장과 방광, 혈관계의 패혈증과 백혈병, 그리고 간의 해독, 골수염과 늑막염, 피부의 화상, 태독, 무좀, 습진, 눈의 결막염 등 신체 모든 부위의 질병 치료에 이용되는 것이니 인삼 보다 더 귀한 약초가 아닐 수 없다.

이렇게 귀한 약초가 전국의 들과 산에서 널리 자라고 있으니 하나님께서 우리에게 주신 특별한 복이다. 그런데 많은 사람들이 그 가치를 모르고 있는 것은 아쉬운 일이다. 너무 흔한 것이기 때문이리라. 하나님께서 주신 귀한 선물을 귀하게 여길 줄 알고 감사하는 것이 하나님께 대한 최소한의 예의가 아닐까?

요즘 외국에서 도입된 붉은인동을 정원과 공원에 재식하는 것을 자주 보면서 우리나라 원산인 인동덩굴은 푸대접하는 것 같아 미안한 생각이 든다. 큰 나무 줄기에 인동덩굴을 올리면 큰 나무는 나무대로 살고, 인동덩굴이 감고 오르며 꽃을 피우게 하면 관상용으로도 좋을 텐데…

필자의 집 뜰엔 붉은인동과 함께 우리 인동덩굴도 가꾸고 있는데 이 꽃이 필 때면 그 향기가 온 뜰에 가득하다. 꽃도 아름답고 향기도 좋고, 잎이나 꽃을 따서 차로 이용하면 건강에도 좋으니 이만큼 귀한 식물이 어디 있을까?

여름에 만나는 들꽃 16

원추리

원추리는 여름의 꽃으로 첫손가락으로 꼽을 수 있는 들꽃이다. 까닭은 한여름 전국의 산에서 절로 나서 꽃을 피울 뿐 아니라 도시의 공원과 도로변 화단에서도 가장 많이 볼 수 있기 때문이다.

원추리는 한여름 뜨거운 햇볕 아래에서 잎보다 더 길게 자란 줄기에서 여러 송이의 아름다운 꽃을 피운다. 난 잎처럼 길게 뻗은 잎은 아래쪽에서 위로 활처럼 휘어 퍼지는데, 시원스럽게 뻗은 녹색의 잎만 보아도 더위와 함께 모든 시름을 잊게 해줄 듯하다. 그래서인가 소선시대 신숙주는 '가지에 달린 수많은 잎처럼 일이 많지만 원추리로 인하여 모든 것을 잊었으니 시름을 잊었노라'고 노래하였고, 조선 숙종 때 지어진 농서인 '산림경제'에서는 원추리를 시름을 잊게 한다 하여 망우초(忘憂草)라고 부르기로 하였다고 한다.

화분에서도 잘 자라고 번식력도 뛰어나다. 뜰이 없더라도 화분에 한 포기 심어 가꾸면서 모든 시름을 잊어봄이 좋지 않을까? 필자의 집 뜰에는 강원도 문막의 한 산에서 씨 한 꼬투리를 받아와 가꾸게 된 원추리가 바위틈에서 꽃을 피워 더위를 잊게 해주고 있다.

원추리는 아침에 피었다가 저녁에 지는 하루살이 꽃이다. 드물게 오후에 피었다가 다음 날 아침에 지는 원추리(저녁원추리)도 있다. 그래서 영어로는 하루살이 꽃이라는 의미로 day lily라고 한다. 그럼에도 여름 꽃으로 손꼽히는 것은 한 송이가 피고 나면 다음날 옆의 꽃송이가 피고 지기를 반복하므로 오랜 기간 꽃을 볼 수 있기 때문이다.

 지리산 노고단과 덕유산 덕유평전은 이름난 원추리 꽃 자생지로 한 여름에 들꽃을 사랑하는 사람들이 많이 찾는 곳이다. 산의 고도가 높고 여름 우기인지라 운해가 깔리기 일쑤인데, 그 속에 노랗게 피어난 원추리 꽃을 본다면 필시 신비의 세계에 서 있는 기분이리라. 필자는 그곳을 다녀온 이들의 사진으로만 보았을 뿐 힘든 산행을 해야 하기에 엄두를 못 내어 아직 가보지 못하였다. 마음속으로만 운해 속에 노랗게 꽃을 피운 노고단과 덕유평전을 그려본다. 그것만으로도 마음이 행복하다.

 산에서 자생하는 대부분은 노란색이고 도시 화단에 가꾸는 것 중에는 주황색의 꽃이 많은데 이것은 중국이 원산인 왕원추리이다. 왕원추리는 꽃 색이 짙어 이 꽃을 보고 있으면 더운 느낌이 든다. 원예종들도 많이 있는데 그 색이 너무 화려해서 곧 질리게 된다. 그래서 필자는 노란색의 원추리를 사랑한다. 노란색의 청초함과 전국의 산에서 만날 수 있는 우리 것이기 때문이다. 강화의 산엔 녹색이 도는 노란색의 원추리도 자란다.

 원추리는 이른 봄 땅위로 2~3cm 정도 삐죽 나온 새싹의 밑동을 칼로 도려내어 끓는 물에 살짝 데쳐서 찬 물에 우려낸 다음 고추장에 무쳐 먹으면 달콤한 맛이 나고 봄의 향취가 입안 가득해지는 대표적인 봄나물이기도 하다.

여름에 만나는 들꽃 17

초롱꽃

'청사초롱 불 밝혀라 잊었던 낭군님 돌아오신다'는 글귀처럼 예전에는 귀한 손님을 맞이할 때 청사초롱 불을 밝혔다고 하는데 꽃의 모양이 초롱불을 닮았다 하여 이름 붙여진 초롱꽃은 전국의 산에서 나는 다년초로서 6~8월에 걸쳐 꽃이 핀다.

필자와 초롱꽃의 첫 만남은 20여 년 전 초여름 대관령에서였다. 그때 필자는 꽃 사진에 첫 걸음마를 할 때였다. 사진에 관심 있는 교회 청년과 함께 목회자로서는 비교적 자유로운 월요일 아침 새벽기도를 마치고 대관령으로 향하였다. 대관령에 도착한 시간이 오전 여덟시 반, 아직 이슬이 마르지 않은 시간이었다. 휴게소 주차장에 차를 세우고 기념탑이 있는 계단을 오르는데 오른편으로 입산을 막기 위해 쳐놓은 철조망 밑에 흰 꽃 한 송이가 보였다. 철이 지나 끝물이어서인지 꽃잎 끝이 반쯤 누렇게 바랜 초롱꽃이었다.

세상에 태어나서 처음 보는 꽃인지라 세상에 이런 꽃도 있구나 하고 얼마나 반가웠던지! 이날 초롱꽃과의 첫 만남이 들꽃에 빠져드는 시작이었다. 그 뒤로는 들꽃에 무관심했을 땐 보이지 않던 들꽃들이 들과 산, 길가, 도시의 보도블록 틈에서도 쉽게 눈에 띄었다.

사람이 살아가면서 무엇에 관심갖는가가 그 사람을 만들어 가는가싶다. 필자가 목회를 하면서 하나님은 '고아와 과부의 아버지'시라는 말씀에 마음을 두었더니 왜 그렇게도 가난하고 소외된 사람들이 많이 보이는지? 그들을 다 어루만져주지 못하는 것이 내겐 항상

무거운 짐으로 남아 있다. 또 "하나님이 지으신 그 모든 것을 보시니 보시기에 심히 좋았더라."(창세기 1:31) 하신 그 자연 만물이 인간의 욕심으로 심하게 훼손되어 "피조물이 다 탄식하며 고통을 겪으면서"(로마서8:22) "썩어짐의 종노릇 한 데서 해방되기를… 고대"(로마서 8:21, 18) 한다는 말씀은 나로 하여금 자연과 환경 보호에 깊은 관심을 기울이게 하였다.

기독교의 구원은 사람의 영혼만이 아니라 하나님께서 지으신 모든 만물의 구원까지 포함한다는 안목을 가지면 무분별한 자연과 환경의 훼손이 줄어들 수 있지 않을까? 그런 의미에서 필자는 들꽃을 사랑한다.

초롱꽃과 닮은 섬초롱꽃은 울릉도의 해안지대 풀밭에서 자라는 우리나라 특산식물이다. 꽃은 엷은 자주색이다. 이 둘은 장소를 가리지 않고 번식도 잘되어 요즈음 도심의 들꽃 정원이나 화단에서도 많이 가꾸는 것을 볼 수 있다. 반가운 일이다.

여름에 만나는 들꽃 18

털중나리

6월 말 아내와 함께 집에서 그리 멀지 않은 곳에 있는 삼림욕장을 찾았다. 능선을 따라 난 산길을 오른다. 장마철이라 습기까지 머물고 있는 풀숲은 후덥지근했다. 30여 분 올랐을까 아내가 먼저 '여보, 저기 꽃이 있네.' 하고 소리친다. 털중나리였다.

털중나리는 나리류 중 가장 먼저 피는 꽃으로 6월 말의 녹음 속에서 정열적으로 우리를 반겨주는 꽃이다. 20여 분쯤 더 오르니 그리 높지 않은 산이라 쉽게 정상에 올랐다. 거기에는 초록의 풀숲에 털중나리가 제법 무리지어 있었다. 반가웠다. 너무 좋으면 입이 귀에 걸린다 하였는데, 누가 그때 나의 얼굴을 보면 그랬을 것이다. 사진을 찍으려 풀숲에 엎드리니 땀이 온 몸에서 줄줄 흐른다. 그러나 참으로 오랜만에 느껴보는 상쾌함, 자연과 하나 됨의 경험이다.

7월은 나리의 계절이다. 나리는 백합과에 속하는 들꽃이다. 백합이라고 하면 교회에서 부활절에 꽃꽂이 소재로 많이 사용하는 흰색의 백합을 생각할 것이다. 그러나 화원에 가면 이 밖에도 크고 화려한 갖가지 색상의 백합을 볼 수 있다. 이들 모두는 자생 나리를 관상용으로 개발한 원예종들이다. 흔히 이들 원예종들을 백합, 산에 피는 들꽃을 나리라고 구별하여 부른다.

7월의 산지 풀밭에서 볼 수 있는 나리류는 대부분 황적색이고 드물게 솔나리는 핑크색, 섬말나리는 노란색이다. 원예종은 그 색이 더욱 화려하고 다양하다. 그런데 왜 백합일까? 백합을 한자로 쓰면 '흰' 白이 아닌 '일백' 百자를 써서 百合이라고 한다. 꽃의 색이 희어서가 아니라, 뿌리인 인경이 백 개의 겹으로 되어 있다 하여 백합이라고 한다.

우리나라에는 나리 종류가 참 많다. 그 이름을 붙이는 데 나리의 잎이 어긋나느냐 한 층 돌려나느냐에 따라 돌려나는 나리들은 이름 끝에 말나리를 붙인다. 또 꽃이 바라보는 방향에 따라 하늘을 향해 피면 하늘나리, 땅을 보고 피면 땅나리라고 한다. 털중나리는 꽃이 옆을 보아 털+중나리다. 말나리도 꽃이 옆을 본다. 말나리처럼 잎이 한 층 돌려나면서 꽃이 하늘을 보고 피면 하늘말나리, 말나리이면서 울릉도에서 자생하는 것은 섬말나리라고 한다. 중나리는 나리류 중 키가 중간 정도여서라든가? 털중나리는 중나리와 거의 비슷하면서 줄기에 보숭한 털이 있어 붙여진 이름이다. 솔나리는 그 잎이 가느다란 솔잎을 닮았다 하여 붙여진 이름이다.

이름 붙이기 참 쉽지요 잉~~~. 이 밖에 관상용으로 집 뜰에 즐겨 심기도 하는 참나리가 있다.

'들의 백합화가 어떻게 자라는가 생각하여 보라'(마태복음 6:28) 말씀하시지 않으셨던가?

들꽃을 보며 창조주 하나님의 돌보심을 깨닫는다.

여름에 만나는 들꽃 19

메꽃

손자와 함께 길을 걷고 있는데 손자가 "할아버지 길가에도 나팔꽃이 피었네요." 한다. 나팔꽃을 빼어 닮았으니 메꽃을 나팔꽃이라고 할만도 하다. 나팔꽃은 알아도 메꽃은 모르는 아이들이다. 어른들 중에도 나팔꽃은 알면서 메꽃을 보고는 처음 본다는 이들이 있는 것을 보면 메꽃을 모르는 이들이 많은 것을 알 수 있다.

메꽃이 나팔꽃을 닮았을까? 나팔꽃이 메꽃을 닮았을까? 나팔꽃과 메꽃은 우리네 족보로 따지면 메꽃과라는 본(本))은 같지만 나팔꽃속, 메꽃속이라는 파(派)가 다르다. 꽃도 크고(지름 10 내외) 남보라 또는 진한 자주색 꽃을 피우는 나팔꽃이 훨씬 가깝게 느껴지지만 나팔꽃은 우리 들꽃이 아니다. 일부러 씨를 뿌려 가꾸는 열대 아시아가 원산지인 이방인인 것이다. 그러나 메꽃은 심지 않고 가꾸지 않아도 우리 곁에서 자라고 있는 우리 들꽃이다. 6월에서 8월에 걸쳐 피는 지름 5cm 내외의 연한 분홍색의 꽃이 아름답다. 메꽃을 미초(美草)라고 부르는 만큼 나팔꽃처럼 화려하지 않지만 깔끔하면서도 은은한 색감에 더욱 정감이 가는 예쁜 꽃이다. 어떤 이는 이러한 메꽃의 아름다움을 시골 색시의 상기된 볼에 비유하기도 했다. 필자도 이에 동의한다.

나팔꽃은 해마다 일삼아 씨를 뿌려 가꾸면서 한번 심어 놓기만 하면 해마다 절로 꽃을 피우는 메꽃은 왜 뜰에 심지 않을까? 꽃이 나팔꽃만 못하시도 않은데 말이다. 필자도 해마다 나팔꽃을 심어보려 생각은 하면서 아직 심지 못했는데 생각을 바꾸어 올해엔 메꽃 뿌리를 구해 우리 뜰 한 구석에 심으려고 한다. 마침 이웃 원로목사 댁 마당에 메 싹이 많이 있어 뿌리를 캐어다 옮겨 심으면 될 것 같다. 내년부터는 여름이면 연분홍 얼굴로 나에게 웃음 짓겠지. 벌써부터 내 마음이 설렌다.

 메꽃은 가늘고 긴 덩굴성 줄기가 꼿꼿하게 서있는 식물이나 물건 등에 감아서 올라가는 모습에서 영어로는 '감는 풀(bindweed)'이라고 한다. 메꽃은 좀처럼 씨가 맺지 않기 때문에 뿌리를 캐어 포기나 누기를 해 심어야 한다.

 메꽃의 뿌리를 메라고 부른다. 땅위의 메 싹 중심으로 흙을 파내면 흰색의 뿌리가 땅 속에서 사방으로 퍼져 있는데, 필자의 어린 시절 봄에 이 메를 캐어다 잘 씻어서 밥 지을 때 얹거나 밀가루를 살짝 입혀 쪄서 먹었던 것이 기억난다. 달콤한 맛이 먹을 만하였는데 당시엔 간식이기 보다는 양식 보탬이었다고 해야 할 것 같다. 한의서에 의하면 이 메가 근육과 인대, 뼈를 늘려주며 허약한 체질을 바꾸는데 상당한 효력이 있으며, 오줌을 잘 누게 하며 혈압을 낮추고 당뇨의 혈당치를 낮추는 데에도 효능이 있다고 하니 어릴 적 간식이나 양식 보탬으로 먹었던 메는 보약이나 다름없다. 꽃도 아름답고 먹으면 몸에도 좋은 메꽃을 더욱 사랑하리라….

여름에 만나는 들꽃 20

물레나물

물레나물은 물레와 나물이 합쳐진 이름으로 꽃 모양이 물레를 닮았고 봄에 어린잎은 나물로 먹었기 때문에 붙여진 이름이라고 한다.

물레는 지금은 민속박물관에나 가야 볼 수 있는 옛 물건이 되었다. 필자는 어린 시절 시골 할아버지 댁에서 물레를 보았기에 익히 알고 있지만 요즘 사람들은 대부분 모를 것이라고 생각된다. 물레는 나무로 된 6각 또는 8각의 나무 살을 수레의 양 바퀴처럼 나무로 된 중심축으로 연결하여 짝을 이루고 그 살 사이를 끈으로 연결하여 둘레를 만들고 가운데에 굴대를 박아 손잡이로 돌리면서 목화솜에서 실을 뽑는 간단한 도구다. '한밤이 지났느냐 돌아라 물레야 홀로 타는 등불마저 쓸쓸한 밤을 너 아니면 나는 어떡해…' 옛 우리네 아낙네들이 밤을 새워가며 물레를 돌리던 고달픈 모습을 읽을 수 있는 노랫말이다.

꽃 모양을 보면 5장의 꽃잎이 모두 한쪽 방향으로 굽어 물레보다는 바람개비나 선풍기의 날개와 꼭 닮아서 한 여름에 노란 물레나물 꽃을 보고 있으면 시원한 바람이 나올 듯싶은 꽃이다. 낮에는 김을 매고 밤이면 물레를 돌리다보면 피곤한 눈에 그 돌아가는 모습이 아마도 바람개비가 도는 것 같아 보였을 것으로 짐작된다. 그래서 물레나물이라고 하지 않았을까?

물레나물은 전국 산지의 해가 잘 비치고 습기가 촉촉한 곳에서 잘 자라며 한여름에 노란 색의 꽃을 피우는 여러해살이 들꽃이다. 보통의 식물과 달리 줄기가 4각으로 되어 있고 키는 50~80cm 내외이지만 줄기가 단단하여(木質化) 바람에 잘 쓰러지지 않는다. 꽃은 수술이 유난히 많고 암술은 끝이 다섯 갈래로 갈라져 있는 것이 눈길을 끈다. 9~10월에 씨가 익으면 주변에 씨가 떨어져 이듬해에 많은 자손을 퍼뜨려 번식이 잘되는 꽃이다.

어느 해 여름 양평의 중미산을 찾았다가 물이 자작자작 흐르는 작은 골창 옆에 장맛비로 뿌리가 들어난 물레나물 한 포기를 주어다가 교회에 심은 것이 자손을 퍼뜨려 지금은 강화의 필자가 사는 집에서까지 여름이면 정원 여기저기에서 꽃을 피우고 있다. 그만큼 번식이 잘되어 들꽃을 좋아하는 이들에게 분양해주기도 많이 했다.

금년 봄에는 정원에 소복이 난 어린잎을 꺾어 데쳐서 나물을 무쳤더니 내외의 한 끼 밥반찬으로 별미였다. 조그만 터라도 있는 집이라면 마당에 몇 포기만 심어도 번식력이 좋아 2년째부터는 봄에는 산나물로, 여름에는 다른 꽃들에 뒤지지 않는 여름 꽃으로 주저 없이 추천하고 싶다. 물레나물과 닮은 꽃으로 같은 시기에 꽃을 피우는 고추나물이 있는데 이 둘은 다 물레나물과의 식물로 어린잎은 나물로 먹을 수 있고 여름엔 꽃을 감상할 수 있을 뿐 아니라 일찍부터 동서양에서 약재로 이용되어 온 귀한 들꽃이다. 하나님 감사합니다!

여름에 만나는 들꼬 21

노루오줌

꽃의 아름다움만큼이나 이름도 아름다운 들꽃들이 많이 있다. 그런가 하면 꽃의 아름다움과는 달리 부르기에 거북스러운 이름도 있다. 예를 들면 이른 봄 들판의 밭둑에 잔디처럼 낮게 깔려 보라색의 꽃을 피우는 들꽃이 있다. 무리지어 핀 것을 보면 얼마나 예쁜지, 그런데 꽃 이름이 말하기에 민망스럽게도 개불알풀이란다. 오늘 만나는 들꽃도 아름다움에 어울리지 않게 노루오줌이다. 잘 청소되지 않은 화장실에 들어가면 역한 냄새가 난다. 생리적인 문제를 해결하려면 잠시 숨을 쉬고 참아야 하지만, 다시는 그곳에 가고 싶지 않게 된다. 오줌 냄새 때문이다. 그런데 하필이면 꽃 이름에 오줌이 웬 말인가?

노루오줌은 전국의 산에 나는 여러해살이풀이다. 산 가까이의 논둑에서도 자란다. 물기가 많은 곳을 좋아하기 때문이다. 7~8월에 원 줄기 끝에서 길게 중심의 축이 발달되고 여기에서 가지가 나와 분홍색의 꽃이 달린다. 전체가 원추형으로 꽃은 밑에서부터 피어 올라간다. 이렇게 꽃이 아래에서부터 위로 순서를 따라 피는 것을 원추화서(圓錐花序)라고 한다. 꽃이 한꺼번에 피지 않고 아래에서부터 차례로 피어올라가기 때문에 꽃이 피어 있는 기간이 길다. 꽃을 오래 볼 수 있고 특이한 생김새나 아름다운 색, 그리고 기르기 쉽기 때문인지 들꽃정원에 무리지어 심는 곳도 많이 볼 수 있다.

이렇게 아름다운 꽃 이름이 왜 노루오줌인가? 노루가 물을 마시러 자주 내려오는 물가에서 잘 자라는데 노루가 물만 먹고 가는 것이 아니라 거기에 오줌을 싸고 가기 때문에 그 뿌리에서 노루의 오줌 냄새가 난다 하여 붙여진 이름이라고 한다.

그런데 뿌리에서만 냄새가 나는 것이 아니다. 꽃에서도 역겨운 냄새가 난다. 필자가 아내와 함께 강화 외포리에 갔다가 내가저수지를 지나 고비고개를 넘어 집으로 오는데 길 옆 습기가 많은 경사면에 노루오줌이 줄을 지어 피어 있었다. 반가움에 차를 세우고 혹시라도 들꽃을 만나지 않을까 하여 준비해갔던 카메라를 들고 사진에 담았다. 꽃의 색깔이 보임직하고 향기도 좋을 듯싶어 한 가지를 꺾어 차 안에 놓아두었더니 매우 고약한 냄새가 나는 것이었다. 노루+오줌인 것을 깜빡 잊었던 것이다. 그렇지만 일부러 코를 대고 냄새를 맡지 않는다면 꽃을 감상하기에는 무리가 없을 듯싶다. '오줌'이란 단어가 들어간 들꽃이 또 하나 있는데 쥐오줌풀이다. 이 역시 그 뿌리에서 쥐의 오줌 냄새가 나기 때문에 붙여진 이름이라고 한다.

이 둘은 이름과는 달리 봄에 나는 어린잎은 나물로 먹으며, 전초는 약재로 쓰인다고 하니 겉만 보고 사람을 평가하지 말아야 하듯, 이름만 보고 꽃의 아름다움과 그 유익한 쓰임마저 평가절하하지 않아야 할 것이다.

여름에 만나는 들꽃 22

계요등

등나무처럼 다른 나무들을 타고 오르는 덩굴식물로서 잎과 덩굴을 만지면 닭의 오줌과 같은 냄새가 난다고 해서 이름 붙여진 이름이 계요등(鷄尿藤)이다. 다행히 꽃에서는 냄새가 나지 않는다. 이 냄새 때문에 구렁내덩굴이라고도 불리운다.

  계요등은 한반도의 남부 지역과 제주도에서 자라는 것으로 알려져 있어서 들꽃을 사랑하는 사람들이 이 아이들을 만나러 제주도에까지 갔었다. 필자도 초등학생인 손자가 여름방학을 맞았을 때 손자와 함께 1박2일 일정으로 제주도를 갔었다. 갈 때는 아침 이른 비행기를 이용하고 돌아올 때는 저녁 늦은 비행기를 이용하면 이틀이 사흘만큼 알찬 여행을 할 수 있다.

  그 때 바닷가 송악산의 낮은 오름의 분화구를 둘러보았는데 거기에 계요등이 지천이었다. 말로만 듣던 계요등 꽃을 본 것이 그때가 처음이었다. 꽃 모양이 신기하여 집에 데려오고 싶었다. 길을 안내해 준 택시 기사에게 조그마한 것 하나 뽑아 가면 안 되겠느냐 했더니 흔한 것이니까 괜찮다고 했다. 뿌리도 짧아 쉽게 뽑을 수 있었다. 휴지로 여러 번 뿌리를 감고 물을 묻혀 비닐 봉투에 담아 와서 교회에 심었다. 내한성이 약한 식물로 알고 있어 걱정했는데 잘 살아주어 이듬에 꽃을 피웠다. 제주에서나 볼 수 있는 꽃을 인천에서 보다니 신기하고 기뻤다.

  그러다가 은퇴하면서 강화에 자리를 잡으면서 집 옆 언덕에 계요

등이 덩굴을 뻗는 것이 보였다. 들꽃을 사랑하는 줄 알고 나보다 먼저 강화에 자리를 잡았구나 싶어 반가웠다. 한 이태 동안은 귀한 대접을 받으며 자랐다. 그런데 이게 웬 일인가? 어찌나 성장이 왕성한지 집 옆의 진달래며 축대 언덕에 심은 철쭉에도 무차별적으로 덮어버리니 이 아이들과 전쟁을 치룰 수밖에 없게 되었다. 그래도 꽃은 예쁘다. 그러기에 미워할 수도 없다.

남부 식물이지만 해풍을 좋아하는 녀석이라 섬인 강화도에서 잘 적응하게 된 것 같다. 아니면 지구 온난화의 영향으로 북상을 한 것은 아닐지? 꽃의 모양이 특이하여 들꽃을 사랑하는 사람들에게 특별한 인기를 끌고 있는 식물이나 자라는 곳이 제한되어 있어 이 꽃을 보고 싶어 하는 몇 분에게 포트에 담아 나누어주었다. 하나님께서 우리 동산에 주신 들꽃을 함께 즐겨야 한다고 생각했기 때문이다.

꽃말이 '지혜'라고 하는데, 줄기와 잎, 열매는 냄새가 나지만 꽃에서는 냄새가 나지 않아 곤충들을 불러들여 씨를 맺을 수 있는 것이 지혜라고 하겠다. 냄새가 좋지 못한 줄기와 뿌리, 열매가 한방이나 민간에서는 가래를 없애거나 이질, 신장염, 감기에 처방하여 약재로 사용했다고 알려져 있는 것을 보면 이 세상에서 자라고 있는 모든 것들, 사람들이 잡초라 하여 귀찮게 여기는 것들까지도 사람에게 유용하도록 하나님께서 지으신 것이다.

여름에 만나는 들꽃 23
좁쌀풀

식물 이름 중에는 앞에 곡식의 이름이 붙은 것들이 있는데, 예를 들어 조팝(조+밥)나무와 이팝(쌀+밥)나무, 수수꽃다리, 콩제비꽃, 팥배나무, 보리사초 등이 그런 이름이다. 조팝나무와 이팝나무는 작고 하얀 꽃으로 나무를 덮은 모습이 옛날 허기진 배를 안고 보릿고개를 힘들게 넘기던 이들에겐 조밥과 쌀밥으로 보였던 모양이다. 수수 이삭을 닮은 꽃이라 하여 수수꽃다리라 불렀음직하고, 잎이 콩잎을 닮았다 하여 콩제비꽃, 빨갛게 익은 열매가 붉은 팥을 닮았다 하여 팥배나무, 바닷가 모래땅에서 자라는 보리사초는 꽃 모양이 보리 이삭을 닮았다 해서 붙여진 이름으로 이들 대부분이 꽃이나 잎 또는 열매의 모양이 그 이름에 붙여진 곡식의 그것과 닮았다 하여 붙여진 것이다.

　며칠 전 집 뒤로 난 강화의 고비고개길을 따라 걷는데 고개 너머 길가 풀숲에 한 무리의 노란 꽃이 눈에 들어왔다. 마침 비가 오고 막 개인 때라 꽃 색이 더욱 선명해 보였다. 그 위로는 노루오줌이 무리지어 한창 꽃 자랑을 하고 있었다. 이 보다 한 주일 전 쯤 찾았던 숲에선 좁쌀풀이 져가고 있는 것을 보았기에 이와 같은 노란색으로 꽃이 피는 시기도 비슷한 고추나물이 아닌가 하여 가까이 가 보니 좁쌀풀이었다. 좁쌀풀은 고추나물과는 잎 모양도 다르지만 독특하게 줄기를 따라 세 개의 잎이 마주나고 있어 쉽게 구분이 된다.

　좁쌀풀은 주로 산의 습지에 볕이 살 들어오는 곳에서 잘 자라며, 6월 말에 피기를 시작하여 8월 한여름까지 피고 지고를 반복하기 때문에 꽃이 피어 있는 기간이 길어서 외래종 천지인 도로변 화단에 한 자리 차지하게 하여도 손색이 없을 것 같다. 샛노란 꽃의 아름다움도 다른 꽃에 뒤지지 않으리라 여겨진다. 여러해살이풀이기 때문에 해마다 다시 심는 수고도 줄일 수 있지 않을까?

꽃은 줄기 끝에 여러 송이가 원추화서(圓錐花序 ; 중심의 꽃대가 발달되고 여기에서 가지가 나와 꽃이 달리는 것으로 전체가 원추형을 이루고 꽃은 아래에서부터 피어 올라감)를 이루고 있어 꽃이 피어 있는 기간이 길다. 꽃의 크기도 지름이 어른 엄지 손톱만한 크기로 좁쌀처럼 작은 것도 아닌데 왜 좁쌀풀일까? 꽃과 이름의 관계가 얼른 연관이 되지 않는다. 혹자는 꽃이 피기 전에 꽃봉오리가 좁쌀처럼 다닥다닥 붙어 있어 붙여진 이름이라고 하고 또는 꽃봉오리가 좁쌀 같다고 하여 그리 부른다고도 하는데 꽃봉오리도 좁쌀처럼 작지도 않다.

필자의 생각으로는 이 꽃을 노랑꽃꼬리풀 또는 황련화(黃蓮花)라고도 부르는 것으로 보아 꽃 색이 좁쌀의 노란색을 닮아 지어진 이름이 아닌가싶다. 꽃말은 '별' 혹은 '동심의 꽃'이라는데 다섯 장의 꽃잎이 별처럼 보이기에 어울리는 것 같고 밝고 노란색의 꽃을 보면 환하게 웃는 동심으로 돌아가게 함에 부족함이 없는 들꽃이다.

여름에 만나는 들꽃 24

층층이꽃

오랜만에 먼 산으로 들꽃탐사를 가게 되었다. 필자가 회원으로 가입한 <풀베개> 홈페이지에 들꽃 탐사 번개모임이 공지되었다. 행선지는 경북 김천 황악산 바람재. 멀고 높은 산에 혼자 간다는 것은 엄두도 못 내고 있던 터에 더욱 당일 일정이라 마음이 끌렸다. 장맛비가 한반도를 오르내리던 때라 비가 염려되기는 했지만 탐사날인 7월 23일엔 중부지방과 충청지방에만 비소식이 있다는 예보에 비가 오지 않기를 기대하면서 탐사에 동행하게 되었다.

서울 쪽에서 가는 필자를 포함하여 다섯 명은 중앙선 양정역에서 아침 8시에 만나 한 회원의 차에 동승하기로 약속이 되어 있었다. 강화에서 5시에 출발하는 버스에 올라 전철을 두 번 갈아타고 양정역에 도착하니 약속시간 30분 전이다. 일행과 만나 정각 8시에 출발하긴 했으나 직지사 주차장에 도착했을 때는 낮 12시30분이었다. 도고, 구미, 대전, 멀리 인제에서 온 회원들은 이미 한 시간 전에 도착하여 우리를 기다리고 있었다.

기대와는 달리 비가 온다. 두 대의 차에 분승하여 임도를 따라 산을 오른다. 그런데 중간에 철문으로 막아놓았다. 거기서부터 걸어야 했다. 구미에서 사는 회원이 정성스럽게 준비해온 김밥을 나누어 먹고 1시간여 임도를 따라 산에 올라 '백두대간 바람재(해발 810m)'란 표지석이 있는 곳에 이르렀다. 거기에서 첫눈에 띈 들꽃이 층층이꽃이었다. 먹구름과 내리는 비로 빛이 부족하여 사진에 담을 수 없다. 그래도 포기할 순 없지 않은가? 플래시를 사용하는 방법이 있지만 꽃 색이 재대로 나오지 않는 결점이 있다. 조리개를 최대한 개방하고 숨을 죽이고 '하나님, 한 컷만이라도 찍혀지게 해 주시옵소서' 기도하는 마음으로 셔터를 눌렀다. 난산이라 할 수 있다. 그렇게 해서 사진을 얻었을 때의 기쁨과 행복을 누가 알겠는가?

　층층이꽃은 전국의 산에서 여름에 꽃을 피우는 꿀풀과에 속한 들꽃들 중 하나다. 꿀풀과의 식물은 전 세계에 3500여종이 되고 우리나라에만도 65종이 자생하고 있다고 한다. 꿀풀과의 들꽃들은 줄기나 가지가 네모지고 꽃이 입술 모양인 것이 특징이다. 한여름에 산을 오르며 풀밭에서 만난 들꽃의 꽃잎이 입술 모양이면 정확한 이름은 몰라도 꿀풀과의 식물이거니 하면 틀림없을 것이다.
　'비바람 아랑곳없이/ 붉은 마음으로 쌓아올린/ 꽃탑/ 층층마다 등불 밝히니/ 장마철 어둔 하늘/ 화안히 밝아온다' 김승기 시인의 시구가 오늘 바람재에서 만난 층층이꽃에 정말 잘 어울린다.

　비를 맞으며 정상까지 올랐다가 내려와 인근 식당에서 저녁을 먹고 나니 오후 6시다. 그 시간에 출발하여 강화까지 가기는 불가능해 보였다. 도고에서 온 회장의 차에 동승하여 도고에 가서 일박하고 다음날에야 귀가할 수 있었지만 행복한 산행이었다.

여름에 만나는 들꽃 25

물질경이

물질경이는 논이나 도랑의 물속에서 자라는 1년생 풀이다. 잎이 질경이 잎을 닮아 '물질경이'라 한다. 들판의 질경이 잎을 뻥튀기 한 것처럼 크고 넓은 잎을 물속에 모두 숨기고 꽃만 물 밖으로 올려 꽃을 피운다. 꽃은 20~25cm길이의 꽃줄기 끝에 1개의 꽃이 달리며 8월에 흰색, 분홍색으로 꽃을 피운다. 논이나 도랑에서 자라는 꽃이지만 지금은 연꽃 축제장이나 습지생태공원 같은 특별한 장소를 찾아가야만 볼 수 있는 귀한 식물이 되었다. 농업의 생산성을 높이기 위해 제초제를 사용하면서 논에서 물질경이는 사라졌다. 운이 좋다면 묵은 논이나 연못에서 만날 수도 있다.

그깟 하찮은 논의 잡초 하나 없어졌다고 애석해할 일은 아니다. 그러나 사라져간 것들에 대한 아쉬움은 다양한 생물종이 인간의 생활을 그 숫자만큼 풍요롭게 한다는 것 때문이다. 앞으로 인간의 탐욕스런 개발과 공해로 찌든 대지 위에 몇 종의 생물이 살아남을 수 있을까?

2010년 5월 10일 유엔이 발표한 '제3차 세계 생물다양성 전망'은 역사상 가장 강력한 경고를 담은 환경보고서로 평가된다. 보고서는 인간이 만들어낸 무분별한 자연파괴와 환경오염이 인간의 생존을 직접적으로 위협하는 '자연의 역습'으로 이어지고 있다고 경고한다. 현재까지 발견돼 인류가 알고 있는 생물은 동물 약 150만종, 식물이 50만종 정도다. 그런데 20분에 1종씩 사라지고 있으며, 그 사라지는 비율이 이전보다 1000배 정도 빨라진 것으로 추산한다. 그 배후에 인간이 있다는 것이다. 지구상의 모든 생물은 서로 균형을 유지하면서 생태계가 원활하게 유지되도록 하는 각각의 역할을 담당하고 있는데, 균형이 깨지기 시작하면 자연의 시스템이 급속도로 무너지기 시작해 인간도 곧 멸종하는 다른 동식물과 같은 처지가 될 수밖에 없다고 보고서는 경고했다. '모든 생물을 다스리라'고 하신 창조주 하나님의 위탁을 새삼 깨닫게 된다.

나와 물질경이의 처음 만남은 강화의 한 절에서 있은 논두렁 연꽃축제에서였다. 축제 기간에는 사람들이 법석일 것 같아 축제 시작 이틀 전 새벽기도를 마치고 축제장으로 향했다. 아직 연이 자리 잡지 않은 논에 물질경이가 아침 햇살에 발그레한 얼굴로 나를 반겨준다. 귀한 꽃과 처음 만남이라 흥분된다. 삼각대로 카메라를 고정하고 초점을 맞추어 셔터를 눌렀다. 셔터를 누를 때마다 어떤 작품이 나올지 설렌다.

이듬해 물질경이를 만날 기대로 다시 그곳을 찾았지만 더 이상 볼 수 없었다. 연을 심은 논에는 필요 없는 잡초라고 생각하여 뽑아버린 듯싶다. 어찌 보면 연꽃보다 더 귀한 대접을 받았어야 했는데….

여름에 만나는 들꽃 26

부처꽃

7, 8월의 더운 여름에 만날 수 있는 들꽃 중 하나가 부처꽃이다. 산의 숲에서 나리꽃이 피었다 져갈 때쯤 부처꽃은 산과 들의 습지에서 자라며 홍자색의 꽃을 피운다. 필자가 부처꽃을 처음 만나 알게 된 것은 아마도 20년 전 쯤으로 기억된다. 당시 한국식물연구회와 함께 들꽃 탐방을 자주 다녔던 한국꽃사진회에 회원으로 입회하면서 들꽃에 관심이 깊어지게 되었다. 한국식물연구회는 이름 그대로 우리나라의 자생하는 식물을 찾아내고 연구하는 모임이었고, 한국꽃사진회는 어떻게 하면 꽃을 예술적으로 사진에 담아낼까를 생각하며 경험을 나누는 한국 최초의 꽃 사진만을 위한 모임이있다. 이 두 모임은 들꽃을 찾아간다는 공통점이 있었기에 월 1회 정도 함께 출사를 다녔었다.

한국꽃사진회에 참석하면서 들꽃과 그 아름다움을 사진에 담아내는 일에 관심이 깊어지면서 기회 있는 대로 자연으로 나가게 되었다. 습도가 높고 무더운 7월의 여름날 부평에서 한 시간 거리에 있는 김포의 장릉을 찾았다. 숲에서는 별다른 것이 눈이 띄지 않았다. 앞쪽으로 습지가 있었는데 길게 자란 풀들 사이에서 바람에 가는 허리를 흔들며 긴 가지에 빨간 꽃이 다닥다닥 붙어 있는 것이 눈에 띄었다. 싸리꽃은 아닌 것 같은데, 어쨌든 처음 보는 들꽃이었다. 정신없이 카메라 셔터를 눌러대었다. 아직 꽃 사진에 입문한 초년생이라 어떻게 앵글을 잡아야 할지 애를 쓰다 보니 땀이 비 오듯 한다.

이렇게 해서 부처꽃과의 첫 만남이 있었다. 들꽃에 관심을 갖는 만큼 들꽃이 보이기 마련이다. 그 뒤로 여름에 습지나 물가를 지나다 보면 쉽게 부처꽃이 눈에 띄었다.

강화에 이사해서도 집 뒤의 고비고개를 오르는 언덕 위로 작은 습지가 있는데 7월에 오르니 거기에서도 들풀 사이에서 부처꽃이 피고 있었다. 노루오줌도 한창이었고, 고추나물과 엉겅퀴는 이미 져버린 상태였다. 조금 더 있으면 물봉선화가 한창일 텐데 개발 바람에 이 습지가 언제까지나 습지로 남아있을지 걱정이 앞선다.

부처를 닮은 곳이 없고 사찰에서 많이 가꾸는 꽃도 아닌데 왜 부처꽃일까? 민간에 전해오는 말에 의하면 불교의 명절인 백중날(음력 7월 15일)에 연꽃 대신 색이 비슷한 이 꽃을 공양한데서 이름이 유래되었다고 한다. 두렁꽃이라고도 하는데 논두렁 밭두렁처럼 넓은 들판에 우뚝 서서 피기 때문에 붙여진 이름이라고 한다.

뿌리로도 번식하지만 씨가 떨어져 번식이 잘 되며 아래에서부터 위로 꽃이 차례로 피어가는 특성상 개화기간이 길어 여름 화단에 심으면 오래 꽃을 감상할 수 있어 좋다. 꽃에는 비텍신(vitexin) 등이 들어 있어 포도상구균, 티푸스균, 대장균에 대해 항균작용을 한다고 하며 민간에서는 풀 전체를 말려 지사제나 이뇨제로 이용한다고 한다.

여름에 만나는 들꽃 27

함박꽃나무

5월 말에서 6월에 걸쳐 함박꽃이라고도 부르는 작약이 한창일 때쯤 깊은 산 중턱에서는 함박꽃나무가 순백의 하얀 꽃을 피운다. 나뭇잎의 모양은 백목련이나 자목련과 닮았으나 이들 목련 종류의 나무들은 잎이 나오기 전 4~5월에 꽃을 피우는데 함박꽃나무는 이보다 한 달쯤 뒤에 잎이 먼저 나오고 뒤에 꽃이 피는 것이 크게 다르다. 백목련과 자목련은 정원에 심어 가꾸는 꽃나무이지만 함박꽃나무는 산에 절로 나서 자라는 우리 꽃나무라는 점도 다르다. 꽃이 목련을 닮았다 하여 산목련이라고도 부르지만 그 꽃의 고고함과 향기는 목련에 견줄 바가 아니다.

필자가 함박꽃나무의 꽃을 처음 본 것은 20여 년 전 강원도 함백산에서였다. 공휴일인 제헌절에 들꽃을 찾아 나선 산행이었는데 어디선가 달콤한 향기가 나의 발걸음을 이끌었다. 바로 얼마쯤 앞에 그 안에 붉은 꽃술을 감싸 안은 새하얀 꽃이 환하게 활짝 웃고 있었다. 높은 산이라서인지 그 때에 꽃이 한창이었다.

이 나무가 함박꽃나무인 것은 마치도 함박웃음을 웃는 모양으로 피기 때문인가 보다. 함박웃음으로 다가오는 꽃이기에 그 누구든 이 꽃을 보는 순간 그의 얼굴도 환해지게 하는 꽃이다. 또 꽃에서 풍겨 나오는 향기는 마음을 평안케 해주는 것을 느낄 수 있다. 이런 꽃이기에 필자가 다시 보기를 원했지만 주위에서 쉽게 만날 수 없었다.

묘목을 구해 필자의 집 뜰에 심어볼까 했지만 뜰이 좁아 심을 자리가 없어 그만두었다. 오래 전에 송추의 산에 함박꽃나무가 많이 자라고 있다는 이야기를 들은 적이 있고, 철원에서 목회했던 어느 목사님에게서 철원의 산에도 많이 자란다고 들은 터라 송추로 가야 하나? 철원으로 가야 하나? 전에 처음 만났던 함백산으로 가야 하나? 마음으로만 계획을 세워본다. 며칠 전 용문산을 다녀온 지인이 함박꽃나무의 꽃을 스마트폰으로 전송해온 후론 함박꽃나무의 꽃을 다시 보고 싶은 마음이 간절해진다. 그러던 차에 이웃의 원로목사님 내외와 함께 당일로 유명산을 다녀오게 되었는데 거기서 뜻밖에 함박꽃나무의 함박웃음을 만나게 되었다. 정말 행복한 날이었다.

이 나무의 번식은 주로 새들에 의해 이루어진다는데 꽃이 진 후 열리는 열매에 들어있는 씨를 새가 먹이로 삼고 새들이 먹은 씨앗은 다시 배설되어 땅에 떨어져 자연 발아를 한다고 한다. 새들아 필자의 집 뒤 산에도 씨를 떨어뜨려 주렴.

중국원산인 백목련과 자목련, 그리고 일본원산인 일목련을 정원에 재식하는 대신 이것들 보다 꽃도 더 아름답고 향기도 일품이면서 우리나라에 자생하는 함박꽃나무를 많이 심어 정원수에서도 나라의 위상을 높였으면 좋겠다. 꽃말이 '수줍음'이라고 하니 우리 꽃에 어울리는 꽃말이 아닌가? 북한에선 목란이라 부르며 북한의 나라꽃이라고 한다.

하나님께서 우리 땅에 선물하신 들꽃들을 사랑하며 이를 보고 즐거워함으로 창조주 하나님의 기쁘심이 되는 그리스도인이 되었으면! 행복해서 웃는 것이 아니라 웃으면 행복해진다고 한다. 이 땅의 모든 그리스도인들이 하나님 은혜 안에서 함박웃음으로 행복하기를 기도한다.

여름에 만나는 들꽃 28

사위질빵

우리 들꽃 이름을 보면 재미있는 것들이 많이 있는데 특별히 가족 간의 관계에서 유래된 이름들이 더욱 그렇다. 며느리밑씻개나 며느리밥풀은 고부간의 갈등을 담고 있는 이름이지만 사위질빵은 장모의 사위 사랑을 담고 있어 대조적이다.

사위질빵은 거의 대부분의 덩굴식물이 그렇듯이 햇빛을 받으려 다른 식물을 타고 자꾸만 위로 올라가 그 식물을 뒤덮어버리는 식물이다. 줄기는 가늘고 약하게 생겼지만 성장속도가 빨라 어느 나무를 타고 오르기 시작하면 한 여름쯤엔 그 나무에 눈이라도 내린 듯 흰색의 꽃으로 덮어버린다. 웬만한 크기의 나무는 이 녀석이 기어오르기 시작하면 뒤덮어버리니, 자신은 더 높이 오를 수 있어 좋겠지만 그 그늘 속에 갇힌 나무는 엄청난 고통이 아닐까 싶다. 이런 빠른 성장속도와 어느 물체이든 오르면 덮어버리기 때문에 한 여름 햇빛이 드는 창가에 심어 올리면 그늘을 만들어 주며 흰색의 꽃과 은은한 향기까지 있어 여름철 뜨거운 햇빛 가리개로 창가에 심어도 좋은 들꽃이다.

가을엔 깃털에 싸인 씨(열매)가 한여름 꽃의 아름다움에 뒤지지 않는다. 꽃이 많이 피는 만큼 씨도 많이 맺는데 깃털에 싸인 씨가 멀리서 보면 소복이 하얀 눈이 내린 듯 또는 갓 틀어낸 솜처럼 폭신해 보이는 것이 보는 이의 발걸음을 멈추게 한다. 그 하얀 깃털에 싸인 별모양의 씨도 볼수록 아름답다. 특별히 역광에 비친 모습은 더욱 아름다운데 하나님의 창조의 신비에 그저 놀랄 뿐이다. 다른 깃털을 가진 들꽃들이 쉽게 깃털을 날려 보내는 것과는 달리 오래까지 때로는 겨울 내내 그 자리에 매달려 날아갈 듯 말듯하면서 햇빛에 반짝이며 달려 있어 들꽃을 볼 수 없는 철에 더욱 아름답다.

질빵이라는 단어는 짐을 걸어서 메는데 쓰는 줄을 말하는데 사위질빵의 이름이 궁금하지 않은가? 옛날부터 며느리 사랑은 시아버지이고 사위사랑은 장모라고 했는데, 사위질빵이라는 들꽃 이름이 장모의 사위사랑에서 비롯되었다고 한다. 예전 일부 지방에서는 가을 추수철에는 처가에 가서 사위가 가을걷이를 돕는 풍습이 있었다고 하는데 사위가 힘들게 일하는 것을 애처롭게 여겼던 장모는 이 가늘고 약한 덩굴로 지게 질빵(멜빵)을 만들어 짊어지게 해서 조금만 무겁게 지우면 쉽게 끊어져서 짐을 가볍게 지게 했다는 것에서 그 이름이 유래했다니 꽃과 깃털이 달린 씨도 아름답지만 그 이름에서 느껴지는 따뜻한 사랑에 더욱 정감이 가는 들꽃이다.

비슷한 꽃으로 사위질빵보다 조금 일찍 꽃이 피는 할미질빵이 있는데, 이는 옛날 어느 못된 할아버지가 할머니를 미워하여 질긴 할미질빵으로 질빵을 만들어 짐을 많이 지게 했다는 데서 유래했다고 하니 정말 고약한 할아버지다. 이 할미질빵은 우리나라 특산식물인데, 우리가 흔하게 볼 수 있는 것은 대부분 사위질빵이다.

여름에 만나는 들꽃 29

이질풀

들꽃 이름에 사람의 병명이 붙은 꽃들이 있다. 그 중 하나가 이질풀이다. 이질풀과 닮은 것으로 쥐손이풀이 있는데 이 아이도 이질로 설사를 할 때 이를 멎게 하는데 민간약으로 쓰여 왔다. 필자가 이따금 예배하러 가는 강화의 어느 교회 앞에 쥐손이풀이 무리지어 있어 사진에 담고 있는데 예배하러 오던 권사님이 "어머, 쥐손이풀 아니어요. 전에 설사할 때 다려먹었는데." 한다.

이질풀이나 쥐손이풀은 다 쥐손이풀과라는 같은 족보를 갖고 있다. 잎이 쥐의 손을 닮았다 하여 쥐손이풀이라 한다는데 필자가 보기에는 별로 닮은 것 같지 않으나 처음 발견한 사람의 눈에는 그렇게 보였었나 보다. 쥐손이풀을 손잎풀이라고 하는데 필자가 보기에는 잎이 손바닥을 닮은 것이 격에 맞는 이름 같다.

쥐손이풀과 식물은 온대에 약 650종, 우리나라에는 약 15종이 분포한다고 하니 그 종류가 많은 들꽃이다. 종류가 많은 만큼 어느 것이 이질풀이고 쥐손이풀인지 구분이 쉽지 않다. 쉽게 구별하는 방법으로 꽃잎에 짙은 자색의 줄이 다섯이면 이질풀, 셋이면 쥐손이풀이라고 하는데 꼭 그런 것만도 아닌 것 같다.

이질풀과 쥐손이풀이 들에서 흔하게 자라는 들꽃인데도 필자가 모르고 있다가 꽃 사진에 입문하면서부터 들에 가면 보이기 시작했다. 양수리에서 북한강을 따라 올라가다가 문호리라는 곳에 느개농장이라고 하는 들꽃농장이 있었다. 중년의 여인이 들꽃을 사랑하여 들꽃만을 가꾸는 농장이었는데 그 농장에 들렀을 때 지름 1cm 정도의 작고 앙증맞은 분홍색 꽃이 눈에 들어왔다. 어쩌면 꽃 색이 이렇게 예쁠까? 한눈에 반해버렸다. 그날 거기서 한 포기를 얻어와 교회에 심었다. 이 아이들도 봉숭아처럼 열매가 익으면 절로 터져 씨가 튕겨져 나가며 번식하는 아이라 교회 마당 가득하게 퍼져나갔다. 다년초이기도 하고 씨로도 번식이 잘되어 강화 필자의 집 앞 길가에도 한여름이면 줄줄이 피어난다. 지나가는 사람들도 이 들꽃을 보고 예쁘다 말해주고 즐거워했으면…

이질풀과 쥐손이풀은 들판의 풀밭에서 흔하게 자라지만, 둥근이질풀은 산지에서 자라는 종류다. 이질풀 종류 중에는 높은 산에 가야 볼 수 있는 것들도 있는데, 강원도의 높은 산 풀밭에 무리지어 피어 있는 모습을 보면 정말 장관이다. 전체에 털이 많아 털쥐손이라고 부르는 아이가 있다. 어느 해 아내와 함께 태백산에 올랐는데 정상 부근에 무리지어 꽃을 뽐내고 있었다. 이 아이들과 사랑에 빠져 정신없이 카메라에 담았다. 미친다는 말이 이런 것을 두고 하는 말일게다. 나는 미칠 바에야 예수님에게 미치고 하나님이 주신 들꽃들에게 미치고 싶다.

여름에 만나는 들꽃 30

동자꽃

우리가 집에서 기르는 초화이든 산과 들에 피는 들꽃이든 이름을 알고 있으면 더욱 친근감을 갖게 된다. 더욱이 그 이름이 지어진 유래를 안다면 그만큼 그 꽃과 가까워질 수 있다.

오늘 만나게 되는 들꽃은 동자꽃이다. 왜 동자꽃이라고 이름을 붙였을까? 궁금하지 않은가? '동자' 하면 얼른 떠오르는 이미지가 아마도 동자승일 것이다. 동자(童子)는 어린 사내아이를 일컫는 말이다. 그러나 속세에서는 동자란 말을 잘 쓰지 않는다. 절에서 나이가 어린 중을 일컫는 데에 동자승이란 말을 잘 쓴다. 그러기에 동자꽃이란 이름에 동자승과 얽힌 이야기가 있을 법하지 않은가?

동자승과 같이 예쁜 꽃이라는 이름에서 유래했는데 내용은 이렇다. 어느 산골짜기 암자에 노스님과 어린 동자가 살고 있었다. 동자는 스님이 공양미를 얻으려 마을로 내려갔다가 허기져 쓰러져 있는 것을 불쌍히 여겨 데리고 온 아이였다. 몹시 추운 어느 날, 스님은 동자를 암자에 남겨두고 겨울나기 준비에 필요한 물건을 구하러 마을로 내려갔다. 스님은 혼자서 무서워하고 있을 동자가 걱정이 되어 허겁지겁 일을 보고 산으로 오르기 시작했다. 그런데 큰 눈이 내려 길이 막혀 스님은 마을로 다시 내려오고 말았다. 스님을 기다리던 동자는 바위 위에서 스님을 기다리다 얼어 죽고 말았다. 눈이 녹고 길이 뚫려 스님이 돌아왔을 때 동자는 이미 죽어 있었다. 스님은 동자를 바위 옆에 고이 묻어주었다. 그해 여름, 동자의 무덤가에 이름 모를 꽃들이 자라났다. 붉은 빛이 도는 것이 꼭 동자의 얼굴을 보는 것 같았다. 스님은 동자가 환생한 꽃이라 하여 동자꽃이라고 불렀다.

　동자꽃은 전국의 산지에서 6~8월에 걸쳐 피어나는 들꽃이다. 나는 동자꽃을 특별히 좋아한다. 까닭은 동자꽃의 빛깔 때문이다. 동자꽃의 색은 환한 주황색이다. 우리 교회 집사 한 분은 음료수 가운데 하나인 환타색이라고 무척이나 좋아한다. 많은 꽃들이 빨강이거나 흰색, 노랑, 보라, 분홍 등인데, 동자꽃의 색은 여느 꽃에서는 볼 수 없는 특별한 색이다. 뿐만 아니라 햇빛이 비치면 꽃잎이 광택이 나는데, 이 또한 특별한 매력이다.

　우리나라에는 동자꽃 외에 털동자꽃과 제비동자꽃이 핀다. 이들은 토종 들꽃이다. 요즘은 식물까지도 다문화 시대가 되어서 가정에서 많이 가꾸는 우단동자는 다문화 시대의 외래종이다. 나는 외래종을 별로 좋아하지 않는다. 우단동자가 그렇듯이 외래종의 꽃은 너무 화려한데 우리 들꽃에는 은은함과 소박함이 깃들어 있기 때문이다. 문화의 차이인가 보다. 우리 들꽃을 사랑함은 그 꽃을 선물하신 하나님을 사랑함이 아닐까?

여름에 만나는 들꽃 31

수박풀

산에만 들꽃이 있는 것이 아니다. 들판의 풀밭이나 논, 저수지나 못, 논두렁이나 밭두렁, 때로는 농촌의 집터 주변의 풀밭에서도 들꽃을 만날 수 있다. 6. 25 당시 나는 서울에 살고 있었다. 초등학교 5학년 때였다. 전쟁이 난지 사흘 만에 서울은 인민군에게 점령당했지만 공습이 잦았기 때문에 나는 동생들과 함께 파주의 할아버지 댁으로 피난을 가 있었다. 시골에 있는 동안 나 보다 세 살 위인 삼촌을 따라 꼴을 베러 다니기도 했고, 족대 그물을 들고 웅덩이의 물고기를 잡으러 다니기도 했다. 그러면서 자연스럽게 논, 밭두렁에 절로 피어 있는 들꽃들을 많이 보았다. 그때 밭두렁에서 보았던 들꽃으로 지금껏 기억나는 것이 수박풀이다. 물론 당시에는 이름을 몰랐지만, 풀잎이 수박덩굴의 잎 같으면서 꽃은 연노랑색의 작은 무궁화처럼 생긴 모습이 내 기억에서 잊혀지지 않고 있었다. 어디에 가면 이 들꽃과의 재회를 할 수 있을까?

꽤나 더운 여름날이었다. 카메라를 챙겨서 집에서 그리 멀지 않은 계양산 너머 목상리를 찾았다. 거기에는 소를 먹이느라 풀밭이 많이 있었는데, 인천공항고속도로 건설이 한창이었다. 도로 건설로 집들이 헐려 빈 터로 남아 있었다. '개 눈에는 ×만 보인다'고 했던가? 거기 재회를 고대하던 수박풀이 8월의 폭염과 메마른 땅에서 키가 자라지 못해 한 뼘 정도의 키에 꽃은 시들어 있었다. 그러나 반가웠다. '지성이면 감천'이라고 기도까지는 하지 않았지만 무척이나 재회를 기다렸더니 하나님께서 만나게 해 주셨나보다. 주위를 두리번거리니 아마도 헐린 집의 마당 귀퉁이이었음직한 곳에 두 포기가 더 있었다.

그냥 두면 공사 차량의 흙더미에 사라질 것이 뻔하였다.

마침 페트병이 있어서 주변 웅덩이에서 물을 떠다가 수박풀 뿌리에 붓고, 할 수 있는 대로 흙을 붙여서 교회에 가지고 와서 심었다. 제발 살아달라고 마음으로 기도했다. 다행히 잘 살아서 꽃을 피우더니 씨를 맺었다. 이것을 잘 받아서 이듬해 뿌렸더니 식구가 늘었다. 지금까지 가을에 씨를 받아 봄에 뿌려 생명을 이어주고 있다.

그 후 1999년 연평해전이 있던 해 여름 군부대를 위문하기 위해 백령도를 찾았다. 숙소에서 자고 아침 일찍 일어나 근처를 걸으며 보니 콩밭에 난 풀들이 다 수박풀이었다. 오후에 버스를 타고 몽돌해수욕장으로 가는데 창 밖으로 보이는 논두렁에도, 몽돌해수욕장의 길가에도 온통 수박풀이었다. 뭍에서는 보기 힘든데 여기는 왜 저렇게 흔할까?

인간의 편의만을 생각하는 농약 사용이 생명을 죽이고 있는 것이다. 그래서 내가 살고 있는 강화에서는 논두렁에 제초제를 뿌린 논의 쌀은 수매를 하지 않겠다고 한단다.

여름에 만나는 들꽃 32

각시수련

연꽃이 필 무렵이면 수련도 핀다. 일반적으로 이들 모두를 연꽃이라고 부르지만 연꽃과 수련은 확실한 차이가 있다. 우선 연꽃은 잎자루와 꽃자루가 30~50cm 정도 물 위로 솟아나오지만 수련은 수면 위에 잎과 꽃이 떠 있다. 연꽃은 그 잎이 둥글고 커서 아이들이 이를 꺾어 우산처럼 쓰고 놀기도 하지만 수련은 그 잎이 연꽃에 비해 작고 둥근 말발굽 모양이다. 연꽃은 분홍색과 흰색의 큰 꽃을 피우지만, 수련은 꽃 색이 여러 가지이며 연꽃보다 작은 꽃을 피운다. 수련은 물 위에서 피기 때문에 수련(水蓮)이 아니라, 한낮에만 피었다가 오후 2, 3시가 되면 꽃봉오리를 오므려 버리므로 잠잔다는 의미의 수련(睡蓮)이라고 한다.

내가 다녀본 곳으로는 충남 태안의 대부분의 저수지에 핑크색의 수련이 자생하고 있다. 어떤 곳은 저수지 절반을 가득 채우고 꽃을 피워 장관을 이룬다. 여름 철 태안을 다녀올 기회가 있어 저수지를 찾으면 대부분에서 자생하는 수련을 만날 수 있을 것이다.

여러 가지 수련 가운데 각시수련이 있다. 대부분의 수련이 외국에서 도입되어 재배되는 것인 반면 각시수련은 우리나라 토종 수련이다. 각시수련을 애기수련이라고도 부르는 데 식물에 '각시' 나 '애기' 자가 붙은 것은 그와 유사한 다른 종류에 비해 작다는 것을 의미한다. 각시수련은 이름이 말해주듯 다른 수련들보다는 꽃과 잎이 작고 수수한 색감의 흰 꽃을 피우는데, 너무 화려하지 않고, 너무 크지 않은 소박함이 오히려 매력이다.

각시수련은 잎과 꽃(지름 4cm 정도)이 작아 자배기 같은 작은 그릇에서도 재배하여 꽃을 감상하기에 알맞은 수련이다. 하루 5시간 정도의 햇빛이 들어오는 곳이라면 아파트의 베란다에서도 재배가 가능하다. 요즘은 많이 번식되어 화원에서 구할 수 있다.

내가 각시수련을 처음 만난 것은 20여 년 전의 일이다. 한국꽃사진회 회원 두 명과 함께 양수리의 한 들꽃 농장을 찾았다. 거기엔 우리 들꽃을 무척이나 사랑하는 한 주부가 들꽃을 가꾸고 있었다. 교회에서 가꾸는 들꽃 중 그곳에는 없을 듯싶은 들꽃 모종을 갖고 가서 선물하였더니, 금방 서로 마음이 통하였다. 농장 마당의 돌절구에 아주 작은 수련 서 너 포기가 있었다. 각시수련이란다. 자기도 어렵게 구해 온 것인데, 내가 들꽃을 매우 사랑하는 것을 보고 선물한다고 하면서 그 중 한 포기를 선뜻 주었다. 집에 와서 지름 30cm쯤 되는 자배기에 심어 가꾸었더니 포기가 벌면서 이듬해 꽃을 피웠다. 그 후로 해마다 한 번쯤 포기를 갈라 지인에게 나누어주었는데, 해마다 여름이면 거기서도 아름다운 꽃을 피울 것을 생각하면 내 마음이 즐겁다.

여름에 만나는 들꽃 33

무릇

8월 말쯤이면 전국에서 무릇 꽃이 한창이다. 높은 산이나 멀리 찾아가지 않아도 가까운 곳의 낮은 산이나 들, 둑의 풀밭에서도 쉽게 만날 수 있다. 특히 산소 근처의 풀밭에서 무리지어 꽃이 피는 것은 햇볕을 좋아하기 때문이다.

무릇은 우리나라가 원산으로 전국 어디에서나 볼 수 있는 들꽃이라서인지 지방에 따라 부르는 이름도 물고리, 물구, 물굿, 물구지 등 여러 가지로 불린다. 2~3 cm 크기의 둥근 알처럼 생긴 땅속 비늘줄기에서 봄, 가을에 두 장씩의 잎이 나오는데 봄에 나온 잎은 여름에 말라버린다. 8월 말쯤에 비늘줄기에서 긴 꽃줄기가 올라와 많은 꽃들이 붙어 아래에서부터 피어 올라가기 때문에(총상꽃차례) 꽃이 피어 있는 기간이 제법 길다.

봄엔 다른 풀들과 섞여 있어 눈에 잘 띄지 않지만 무릇 꽃철이 되면 무리지어 분홍색을 띤 엷은 보라색의 꽃을 피우기 때문에 눈에 잘 들어올 뿐 아니라 녹색의 풀밭을 배경으로 한 꽃이 아름답기 그지없다. 이 아름다움에 반한 필자는 강화에 집을 마련하면서 부모님 산소 옆에 지천으로 자라고 있는 무릇 한 무더기를 캐어다 뜰에 심었는데 해마다 예쁜 꽃을 피워 기쁨을 준다. 필자가 보기엔 이처럼 아름다운 꽃이 너무 흔해서 무시당하는 것 같아 미안한 마음이 든다. 독자들도 봄에 몇 뿌리 캐어다가 화분에라도 심어 가꾸면 해마다 꽃을 보며 즐길 수 있으리라 생각한다.

필자가 무릇 꽃에 듬뿍 정이 가는 것은 아름다운 꽃 때문만이 아니다. 어렸을 적 할머니 댁에서 먹었던 무릇 음식이 추억에 남아 있기 때문이다. 아련한 기억으로는 봄에 싹틀 때 캐어온 무릇 알뿌리와 쑥, 송기, 엿기름을 넣고 고아 질척한 음식으로 만들어 먹었는데 달콤하면서도 아린 맛이 났다. 아직 장가들지 않은 삼촌들은 소나무를 베어다가 낫으로 겉껍질을 벗겨낸 뒤 속껍질을 벗겨내는 모습도 기억에 떠오른다. 소나무의 속껍질이 바로 송기다.

 일제 강점기 말에 식량이 부족하던 시절 무릇은 구황식물 중 하나였던 것이다. 무릇을 고아 만들었다 하여 음식 이름이 무릇곰이다. 얼마 전 자주 들르는 냉면집을 찾았는데 직접 만든 무릇곰이라며 먹어보란다. 추억이 깃든 음식이기에 이렇게 맛있을 수가? 아내도 너무 좋아한다. 인심 좋게도 작은 플라스틱 그릇에 한가득 담아주기까지 하였다. 아내는 그것으로 저녁을 대신했다. 아, 무릇곰의 추억이여~! 그 냉면집으로 가는 길 가의 산소엔 무릇이 무리지어 꽃을 피워 세상에서 가장 아름다울 듯싶은 꽃밭을 이루고 있었다.

 알뿌리는 진통효과가 있으며 혈액의 순환을 왕성하게 하고 부어오른 것을 가시게 하는 효능이 있어 허리와 팔다리가 쑤시고 아픈데, 타박상 등의 치료와 종기를 치료하는데 민간요법으로 많이 이용되어 왔던 우리의 삶과 친한 들꽃이다. 꽃말이 '강한 자제력'이라니 아마도 알뿌리의 진통효과 때문인가 싶다.

여름에 만나는 들꽃 34

꼬리조팝나무

개나리처럼 한 뿌리에서 여러 줄기가 나와 무더기를 이룬 키 작은 나무를 떨기나무라고 한다. 봄에 진달래가 필 무렵 산행을 하다 보면 산기슭 양지나 논밭 둑에 하얀 꽃을 뒤집어 쓴 떨기나무를 쉽게 만날 수 있다. 조팝나무라고 하는 들꽃이다. 꽃 하나의 크기는 4~5mm 정도로 작지만 잎겨드랑이마다 4~5송이씩의 꽃이 달려 나무 전체에서 꽃이 피기 때문에 나무 전체가 꽃처럼 보인다. 꽃이 피어 있는 모양이 좁쌀로 지은 밥과 비슷하다 하여 조밥나무가 조팝나무로 된 것이다. 조그맣고 새하얀 작은 꽃이 잎보다 먼저 지천으로 무리 지어 피는데 필자가 보기에는 조로 지은 밥보다는 좁쌀을 튀겨 놓은 팝콘 모양에 더 가깝다.

우리나라에는 몇 종류의 조팝나무 종류가 있는데 대부분 꽃 색이 흰색이고 꽃이 피는 시기도 봄이다. 꼬리조팝나무는 이들과는 달리 한여름에 연분홍색의 꽃을 피우는 떨기나무다. 산골짜기의 습한 곳에서 잘 자라는데 큰 원추형의 꽃차례를 이룬 이 꽃의 모습이 짐승의 꼬리를 닮았다 해서 꼬리조팝나무라는 이름이 붙여지게 되었다고 한다. 좀 떨어져서 보면 털로 뒤덮인 털복숭이 같아 보이는데, 가까이 가서 보면 긴 수술들이 꽃잎보다 길어서 튀어나와 그렇게 보이는 것이다.

한 여름 더위에서 꽃 색이 짙으면 더 덥게 느껴질세라 연분홍색이 알맞게 아름답다. 꽃만 아름다운 것이 아니라 가까이 다가가면 감미로운 향기가 코를 자극한다. 꽃잎보다 길게 튀어나온 수술들은 여인의 속눈썹의 매력이랄까? 정말 아름다운 들꽃이다. 이 아름다움에 반해 필자는 작은 줄기 몇 개를 뿌리가 달리도록 잘라내어다가 교회에서 화분에 가꾸었는데 여름이면 도심의 교회에서 연분홍의 아름다운 자태를 한껏 뽐내주었다. 지금은 강화의 집 옆 언덕바지에서 자리를 잡고 꽃을 피우고 있다.

조팝나무와 마찬가지로 떨기나무로 무성하게 덤불을 이루기 때문에 뿌리 부분에서 한 두 가지 옆에서 떼어내어도 왕성하게 포기를 벌여나가기 때문에 자연을 훼손하지 않나 하는 염려는 않아도 될 것 같다. 요즘 들꽃을 사랑한다(?)는 사람들이 마구잡이로 들꽃을 채취하여 수난을 당하는 일이 빈번하기 때문에 하는 말이다.

이와 비슷한 꽃이 피는, 그러나 아름답기로는 꼬리조팝나무에 견줄 바가 못 되는 일본조팝나무가 있다. 길가의 화단에 무리지어 심는 일본 원산의 꽃이다. 우리나라엔 일본의 그것보다 더 아름다운 꼬리조팝나무가 있는데 왜 그런 것을 심어 가꾸는지 필자는 불만스럽다. 꼬리조팝나무가 습한 곳을 좋아하나 일반 흙에서도 잘 자라며 번식도 잘 되는데, 그리고 꽃이 진 다음 잘라 주면 다시 꽃을 피워 꽃을 볼 수 있는 기간도 길어서 좋은데 왜? 왜(倭)의 것을 심을까? 새삼 '우리 것이 좋은 것이여!'란 말을 생각하게 한다.

여름에 만나는 들꽃 35
어리연꽃

여름에는 우리가 생각하는 것 이상으로 물에 피는 꽃들이 많다. 여름날 아침 저수지나 못의 잔잔한 수면 위의 피어난 아름다운 꽃이나 풍광을 생각할 때면 우리는 흔히 연꽃이나 수련을 떠올린다. 연꽃은 물속 진흙에 굵은 뿌리를 뻗으며 자라, 잎도 꽃도 왕성하게 물 위로 쭉 뻗어 올라오는 힘이 넘쳐 보이는 꽃이다. 그런가 하면 수련은 잎을 물 위에 띄우고 꽃을 물 위로 살짝 내밀고 피는 정적인 꽃이다. 수련을 보면 중고등학교 시절 미술책에서 보았던 모네의 '수련'이 생각난다. 모네는 인상주의의 대표적인 화가로서 그는 약 250점의 그림을 그렸는데 그 중 가장 많은 작품이 수련 그림이었다고 한다.

그러나 여름철 물에는 연꽃과 수련만 있는 것이 아니다. 조금만 자연에 관심을 갖고 이곳저곳을 다녀보면 어느 연못이나 저수지에서 문득 마주치는, 아주 애잔하게 피어있는 고운 꽃송이들을 더러 볼 수 있을 것이다. 그 꽃들 중 하나가 오늘 만나는 어리연꽃이다.

어리연꽃은 주로 중부이남 지방의 물에 사는 여러해살이풀이다. 수염 같은 뿌리가 물속 땅에 자리 잡고 가늘고 긴 줄기의 마디에 잎이 달리며 잎자루가 길어서 물 위로 떠오른다. 방패형의 잎은 보통 수련 보다는 작고, 각시수련 보다는 크게 자라는데 표면은 광택이 일어 반질거린다. 꽃은 한여름에 피는데 잎의 V자 모양으로 깊게 파인 잎겨드랑이에서 꽃자루가 자라고 그 위로 지름 2cm 남짓한 꽃송이들이 핀다. 흰 꽃 가장자리는 물론 노란 안쪽 부분 할 것 없이 마치 술이 달린 듯 가느다란 털이 있는데 다른 어떤 꽃에서도 볼 수 없는 이 꽃만의 아름다움과 매력이 아닐까 싶다.

　수련을 쉽게 볼 수 있는 태안의 저수지들에서는 어리연꽃도 어렵지 않게 만날 수 있다. 내가 살고 있는 강화의 내가 저수지에도 여름마다 어리연꽃이 핀다. 자동차를 타고 그냥 스쳐 지나가면 물 위에 풀 같은 것이 떠 있고 희끗한 것이 꽃인지 무엇인지 분간하기 어렵다. 그러나 여유를 부려 차를 세우고 가까이 다가가면 어리연꽃의 아름다움에 끌려들 것이다.

　한 여름 저수지에 지천인 어리연꽃의 잎을 몇 장 따다가 뜰이나 햇빛이 잘 드는 베란다에 자배기 같은 용기에 물을 담고 띄우기만 해도 V자 모양으로 갈라진 잎겨드랑이에서 꽃자루가 나오고 꽃을 피우는 재미를 맛볼 수 있다. 꽃만 피는 것이 아니라 잎겨드랑이에서 뿌리가 내리는데 이것을 물속의 흙에 심으면 다음 해에 많은 잎을 내고 더 많은 꽃을 볼 수 있어 재배가 쉬운 수생식물이다. 이와 때를 같이 하여 노랑어리연꽃도 핀다.

여름에 만나는 들꽃 36

해오라비난

여름철 숲 속이나 습지에서 만나게 되는 꽃들 중에는 난초류의 꽃들이 있다. 이들 중에는 하늘을 나는 새나 곤충의 이름을 붙인 것들이 여럿 있다. 오늘 만나는 해오라비난이 그렇고 이 밖에도 제비란, 갈매기란, 방울새란, 나비난초, 잠자리난초 등이 있다. 이것들은 모두 그 꽃 모양이 하늘을 나는 새나 곤충을 닮았다 하여 지어진 이름들이다.

이들 중에 내가 가장 사랑하는 것이 해오라비난이다. 해오라비난은 7~8월에 해오라비가 힘차게 날아가는 모습을 연상시키는 순백색의 꽃을 피운다. 해오라비난을 보고 있으면 이건 꽃이 아니라 하늘을 나는 한 마리 새, 흰 깃털의 양 날개를 펴고 한 쌍의 해오라비가 사랑 춤을 추고 있다. 이보다 순결함이 어디에 있겠는가?

해오라비난은 경상도 거창에서는 황새난초라 불린다고 한다. 그 황새난초에 얽힌 이야기이다. 옛날 거창 땅 어느 마을에 아름다운 처녀가 살고 있었다. 그녀에게는 강 건너 마을에 사랑하는 총각이 있었다. 그 둘은 너무나 서로를 사랑하여 하루라도 만나지 못하면 서로 보고 싶어 못 견딜 지경이었다. 어느 날 강을 사이에 둔 사랑하던 처녀 총각이 서로 만나기 위해 비로 불어난 강을 건너다 물살에 떠내려간 후 강가에 피어난 꽃이 마치 강물 위를 나는 황새처럼 보인다 해서 붙여진 이름이라고 한다.

해오라비난은 양지바른 습지에서 자생하는 다년초인데 지금은 멸종 위기의 희귀식물로 보호식물로 지정돼 있다. 내가 야생의 해오라비난을 처음 만난 것은 20여 년 전, 한국꽃사진회에 처음 출석했을 즈음에 수원 칠보산 자락의 사사리라고 하는 곳에서였다. 거기 양지바른 습지에 해오라비난이 하얗게 무리지어 피어난 모습이 마치 해오라비들의 군무를 보는 것 같았다. 해오라비난의 꽃을 처음 본 순간 나는 순백의 고고함과 사뿐히 하늘을 나는 듯한 맵시에 넋을 잃고 말았다. 어떻게 이런 꽃이 피어날 수 있을까? 하나님께서도 이 꽃을 피어나게 하시고 보시기에 심히 좋아하셨을 것이리라.

20여 년 전만 해도 군락을 이룬 곳이 있었으나 지금은 야생 상태에서 만나기 어려운 꽃이 되었다. 미인박명(美人薄命)이라 하였던가? 그 꽃의 아름다움에 반해버린 사람들의 무분별한 채취로 자생지에서는 거의 만나기 힘든 꽃이 되었다.

그러나 금년에도 의정부의 모처에서, 경기도 북부의 한 산의 샘물 근처에서 자생의 해오라비난을 만나 사진에 담았다는 소식을 전해 들으면서 저들의 자손들이 번성하기를 기도한다.(장소를 정확히 밝히지 않는 것은 해오라비난의 보호를 위해서다.)

여름에 만나는 들꽃 37

연꽃

7, 8월의 저수지나 못에서는 많은 수생 식물을 만날 수 있다. 연(蓮)꽃은 여름에 한창인 수생 식물을 대표하는 꽃이다. 한자의 연(蓮)은 뿌리가 마디마다 실뿌리를 내리고 진흙 속을 기면서 계속 '이어지는(連)' '풀(艹)'이라는 의미의 이름이다.

우리나라에서 연꽃은 주로 분홍색(홍련)과 흰색(백련)이다. 양수리는 오래 전부터 연꽃 사진을 찍으려는 사람들이 자주 찾던 홍련 자생지였지만, 요즘은 전국에서 연꽃을 심어 그 뿌리(연근)는 식용으로, 열매(연밥)는 약재로, 잎은 차와 칼국수 등의 이용으로 재배 농가의 소득원이 되고 있다.

연 재배지가 늘어나면서 연꽃 축제를 여는 곳도 많아졌다. 무안의 회산 백련지는 10만 평 규모의 넓이로 동양 최대의 백련 자생지로 이름난 곳이다. 해마다 8월 상순쯤 축제를 연다. 여름 휴가철에 한 번 들러봄직한 곳이다. 연꽃 외에 덤으로 각색 수생 식물을 만날 수 있다. 새벽기도를 마치고 서해안고속도를 달리면 교통 체증 없이 오전 10시쯤에 도착한다. 백련의 향에 취해보고 꽃을 감상한 뒤 무안의 별미인 양파 먹인 한우 고기로 점심을 먹고 돌아오면 하루 나들이로 충분히 다녀올 수 있다. 돌아오는 길에 국도변에서 파는 무안의 무화과 열매 한 바구니 사 오면 이만한 선물이 없으리라.

연꽃은 삼국시대 고구려 고분 벽화에서도 보여지듯 오래 전부터 소박한 서민의 정서가 담긴 우리 민화에 자주 등장하는 꽃이며, 심

청이가 환생하여 태어난 꽃도 연꽃일 만큼 우리에게 매우 친근한 꽃
이다.

　전국에서 열리는 연꽃 축제 중에는 사찰에서 열리는 곳도 여러 곳
이다. 그만큼 연꽃은 절과 깊은 관계가 있다. 절의 불상은 연꽃 위
에 앉혀 있고 절에는 연꽃 문양의 그림이 많다. 연꽃은 더럽고 질퍽
한 진흙을 뚫고 나와 꽃을 피우는데 그 꽃은 더없이 깨끗하고 아름
답다. 이런 연유로 해서 불교에서는 모든 중생들이 연꽃처럼 속세에
물들지 말라는 의미에서 연꽃 축제를 연다는 것이 어느 스님의 말이
다. 아침에 피었다가 오후가 되면 오므라들었다가 다음날 다시 피어
나는 것이 아마도 불교의 환생과 맞아떨어지는 점에서 불교의 꽃처
럼 되지 않았나 싶다.

　그러나 분명한 것은 연꽃이 불교의 꽃이 아니다. 하나님께서 창조
하시어 꽃의 아름다움만 아니라, 여러 용도로 이용토록 인간에게 선
물하신 것이다. 그러므로 연꽃의 아름다움에 취하는 것이 하나님께
대한 보답이리라. 뜨거운 한 여름 초록의 넓은 잎 사이로 피어나는
연분홍의 꽃은 수줍어하는 새색시의 볼 같고, 백련에서는 흰옷을
즐겨 입었던 우리 어머니, 할머니의 순결이 느껴진다.

여름에 만나는 들꽃 38

누리장나무

한반도에는 약 4,500여 종의 식물들이 자생하고 있다고 하는데 그 많은 식물의 이름을 구별하여 안다는 것이 쉬운 일이 아니다. 그러나 그 중에는 그 식물만의 독특한 특성이 이름에 배어 있어서 그 식물의 이름을 기억하는 데 도움이 되는 것들이 많이 있다. 그런 생태적 특징을 따라 지어진 이름 중에 그 식물의 잎이나 꽃 또는 뿌리에서 나는 냄새 때문에 지어진 이름들이 있다. 잎을 씹으면 박하 냄새가 나서 아예 이름이 박하인 풀, 이른 봄에 산에서 산수유와 같은 노란 꽃을 피우는 나무로 그 잎을 따서 씹으면 생강 냄새가 나는 생강나무, 잎을 건드리면 향나무와 같은 냄새가 나서 백리향, 이와는 달리 역한 냄새로 노루의 오줌 냄새가 난다 하여 노루오줌, 쥐의 오줌 냄새가 난다 하여 쥐오줌풀, 닭의 오줌 냄새가 난다 하여 계요등(鷄尿藤), 건드리면 누린내가 난다 하여 누린내풀이 있는가 하면, 오늘 만나는 누리장나무도 잎과 줄기, 나무 전체에서 누린내가 나서 이름 붙여진 나무이다.

8월의 무더위에 숲속의 산길을 걷다 보면 산록이나 계곡에서 하얀 꽃이 흐드러지게 핀 것을 볼 수 있는데 누리장나무다. 높이 자라는 것도 아니고 그렇다고 아주 작은 나무도 아니고 사람 눈높이에서 피어 쉽게 눈에 띄는 꽃이다. 누리장나무는 그 독특한 냄새 때문에 구릿대나무(구린내가 나는 나무), 개나무(씻기지 않는 개에서 나는 퀴퀴한 냄새가 나는 나무), 누리개나무(누린내가 나는 나무), 취오동(臭梧桐, 오동나무 잎을 닮은 냄새나는 나무) 등의 다른 이름으로도 불리고 있다.

그러나 이름과는 달리 가까이 가서 일부러 잎을 건드리며 냄새를 맡아보지 않는다면 누린내를 느낄 수 없을 뿐 아니라 별로 싫지 않은 향긋한 냄새가 코를 자극한다. 한 여름 무더위 속에서 흐드러지게 꽃이 피기도 하지만 수술이 길게 뻗어 나와 감긴 곡선미도 다른 들꽃에서는 볼 수 없는 아름다움이다. 그래서 봄에 꽃나무를 파는 곳의 정원수 목록에 끼이는 나무이기도 하며 포천의 산림청의 국립수목원이 8월의 나무로 지정하였을 만큼 꽃이 아름다운 들꽃이다. 척박한 땅에서도 잘 자라며 한 여름내 꽃을 볼 수 있고 꽃이 진 자리에 가을에 달리는 보석 같은 열매는 꽃만큼이나 아름답다. 꽃과 열매의 아름다움에 반하고 나면 이름에서 풍기는 냄새쯤은 무시하게 된다.

냄새 때문에 붙여진 이름과는 달리 이른 봄에 어린 순은 데쳐서 나물로 먹는다고 하는데 그 맛이 어떨지 궁금하다. 역한 냄새와는 달리 식물 전체가 약재로 쓰이는데 잔가지와 뿌리는 감기에, 꽃과 꽃받침은 두통이나 이질 치료에, 잎은 고혈압이나 중풍 치료에 효과가 탁월하다고 하니 이쯤이면 냄새쯤은 문제 되지 않을 듯싶다.

여름에 만나는 들꽃 39
닭의장풀

닭의장풀과(科)의 식물은 열대와 온대에 약 660여 종, 우리나라에서 자라고 있는 것은 6종, 이 중 닭의장풀속(屬)에 속한 3종의 식물 중 하나가 닭의장풀이다. 필자의 족보가 본(本)은 '평산', 파(派)는 '제정공파', 이름이 '신○○'인 것처럼 닭의장풀도 본→파→이름이 '닭의장풀과', '닭의장풀속', '닭의장풀'인 것이다.

집 주변에서도 흔히 볼 수 있는 들꽃으로 습한 곳을 좋아하여 약간 그늘진 곳을 찾아보면 쉽게 만날 수 있는데 아파트 주변의 풀밭에서도 쉽게 찾아볼 수 있다.

필자의 집은 농촌이라 더욱 그러해서 집 옆의 나무 밑 그늘에서도 길 가에서도 지천으로 자라고 있다. 줄기는 옆으로 뻗으면서 자라는데 마디에서 새로운 뿌리가 나오기도 하여 번식력이 강한 들꽃으로 장마철에는 더욱 잘 자라 하룻밤만 자고 나도 한 뼘씩이나 자라며 터를 넓혀가기 때문에 밭의 경우엔 농작물에 피해가 없도록 속히 뽑아주어야 하는 귀찮은 존재이기도 하다. 그러나 뿌리가 깊거나 넓게 퍼지지 않아 쉽게 뽑히는 것이 다행이다.

풀 전체에 비해 꽃은 작지만 색깔이 선명해 눈에 잘 띄는 들꽃이다. 여름의 뜨거운 햇빛 때문인가 들꽃들도 잠시 쉬어가려는지 찾아보기 힘든 때에 더위도 아랑곳하지 않고 파란색의 꽃을 피워 보는 이에게 시원함을 주는 들꽃이다.

이름이 여럿으로 불리는데 어디에서나 잘 자라다보니 닭장 근처에서도 흔히 볼 수 있어 닭의장풀이란 이름이 붙여졌다고 하니 그럴듯한 이름이다. 또 닭개비(달개비)라고 부르는 것은 꽃을 옆에서 본 모양이 닭 볏을 닮았다 하여 붙여진 이름이라 하는데 이도 그럴듯하다. 닭의밑씻개라고도 부르는데 이것은 좀 생소하다. 닭이 밑을 씻을 것 같지는 않아서이다. 이 외에도 잎이 대나무처럼 마디를 가졌다 하여 죽절채, 꽃이 파란색을 띤다 하여 남화초라고도 부른다. 미국에서는 꽃이 하루 밖에 못 간다 하여 Dayflower라 한다는데 실은 아침나절에 꽃이 피었다가 강한 여름 햇빛을 받으면 시들어버리는 한나절 꽃이다.

그럼에도 필자는 닭의장풀 꽃을 좋아한다. 첫째는 뜨거운 여름 파란 색의 꽃이 시원함을 느끼게 해 주기 때문이요, 다음으로는 장마철에 무성하게 번식하는 잡초가 아니요 이용가치가 많은 유용한 식물이기 때문이다. 가장 손쉬운 것은 데쳐내어 나물로 무쳐 먹는데 필자의 입엔 시금치의 식감이 든다. 전초를 삶아 차로 마시거나, 효소를 담거나 장아찌로도 담가 먹으면 몸에 좋은데 당뇨, 고혈압, 이뇨, 간염, 해열 등에 좋은 약성을 지닌 약초이기 때문이다. 캠핑 중 독충에 쏘였을 때 주변에 흔한 닭의장풀을 짓찧어 바르면 해독에 효과가 있다고 한다. 국내의 모 제약회사에서는 닭의장풀의 추출물로 당뇨와 비만 치료제와 보조식품을 개발했다는 소식이다. 파란 꽃은 모시의 고운 색을 내는 천연 염료로 이용된다고 한다. 그러니 "이제부턴 잡초라 말하면 아~니, 아니 되오!"

여름에 만나는 들꽃 40

도라지꽃

한 여름 무더위에 보는 사람들을 시원하게 해 주는 꽃이 있다. 도라지꽃이다. 여름의 꽃들이 대부분 붉거나 노란색 등 더운색인데 도라지꽃은 시원한 하늘색이다. 흰색의 도라지꽃도 있지만, 흰색 역시 순결한 느낌이 든다. 요즘엔 농가 소득을 올려주는 고소득 작물로 도라지가 많이 재배되고 있어 어떤 이는 도라지꽃도 들꽃인가 하고 의문을 제기할 수도 있을 것이다. 농가에서 재배하더라도 인공적으로 개량한 원예종이 아니고 자연에서 자라던 그대로를 농가에서 재배하기 때문에 도라지꽃은 여전히 들꽃이다.

'도라지 도라지 백도라지 심심산천에 백도라지 한두 뿌리만 캐어도 대바구니가 스리살짝 넘치누나 에헤 에헤요오 에헤 에헤요오 에헤에 야아 에야라 난다 지화자자 좋다 네가 내 간장을 스리살살 다 녹인다' '아리랑'과 함께 우리 민족 깊은 곳에 스며있는 '도라지타령'의 대목이다. 절로 어깨가 들썩거려진다. 이 가사에서도 '심심산천에 백도라지'라고 한 것을 보면 도라지의 고향은 산이었고 여름에 산을 찾는 이들을 반갑게 맞아주는 들꽃이다.

어려서부터 천성적으로 자연을 좋아했던 필자는 뒷산을 오르내리며 산나물도 뜯고 도라지도 캐었던 것이 추억으로 남아있다. 산을 오르내리다보면 산 아래쪽 습기가 많은 곳에서 잘 자라는 식물이 있는가 하면 산 중턱 이상의 곳에서 잘 자라는 것들이 있다. 그래서 산 아래에서부터 위로 오르면서 산나물을 뜯게 되면 여러 종류의 나물을 뜯을 수 있었다.

도라지는 산 중턱 이상에서 나뭇가지 사이로 햇빛이 들어오고 모래가 섞인 토심이 깊은 흙에서 잘 자라는 것을 볼 수 있었다. 이런 것을 알고 있는 필자는 여름이면 도라지꽃을 만나기 위해 뒷산에 올라 능선을 따라 걸었다. 도라지타령에서 '한두 뿌리만 캐어도 대바구니가 살짝 넘친다' 하였으니 산도라지가 얼마나 컸기에 그랬을까? 그런 도라지를 한번 캐보았으면….

인삼 못지않은 사포닌을 함유한 도라지는 예부터 기관지염과 호흡기 질환에 민간요법으로 사용되어 왔다. 한방에서는 도라지를 길경(桔梗)이라고 하는 약재로 쓰는데 '심심산천에 백도라지'라 하여 백도라지가 더 약효가 있는 것처럼 생각되지만, 꽃 색에 따라 달리 불릴 뿐 약효는 같다고 한다.

우리 민족과 오래 같이 해온 꽃인지라 전설도 많은데 그 중 하나를 소개한다. 옛날 도라지라는 처녀가 동네 오빠를 속마음으로 사랑했는데, 그 오빠가 중국으로 공부를 하러 갔다가 10년 만에 돌아와서 '도라지야!'하고 부르는 소리에 너무 반갑고 기뻐서 그만 그 자리에 주저앉아 도라지꽃이 되었다고 한다. 꽃말이 '영원한 사랑'이라고 한다는데, 더운 여름 하늘색 도라지꽃을 보면서 영원한 사랑을 불태우면 너무 더울까?

신종철 목사의
들꽃 이야기

가을길

가을 / 겨울에 만나는 들꽃·열매 01

꽃며느리밥풀

뜰이나 도심의 정원에서는 철을 따라 꽃을 갈아 심어야 봄부터 가을까지 꽃을 즐길 수 있다. 도로변 화단에도 봄이면 팬지나 데이지 꽃을, 여름이면 페추니아나 맨드라미꽃을 가을에는 깨꽃(사르비아)을 갈아 심는 것을 본다. 그러나 들과 산에는 어느 누가 갈아 심지 않아도 철을 따라 꽃을 피운다. 절로 자라서 꽃을 피우는 것 같지만 그 들꽃들을 가꾸시는 분은 물론 하나님이시다. 이 사실을 알면 들꽃이 더 아름답게 보일 것이다. 철을 따라 피는 꽃의 종류도 다르지만 그 꽃 모양과 색이 가지각색이다. 하나님 창조의 신묘막측함에 놀랍다.

여름에서 가을로 넘어가는 길목에서 만나게 되는 들꽃 중에 꽃며느리밥풀이 있다. 이 꽃은 전국의 산지 숲가의 햇볕이 잘 드는 풀숲에서 볼 수 있는데, 다른 풀들과 섞여 자라는 반기생 한해살이풀이다. 한 포기씩 자라는 경우는 거의 없고 무리지어 피기 때문에 쉽게 눈에 들어오는 들꽃이다. 붉은 색의 아랫입술 꽃잎 끝에 두 개의 흰 점(무늬)이 있어 마치 밥풀을 닮았다 하여 꽃며느리밥풀꽃이란 이름이 붙었다고 한다.

흔히 며느리밥풀꽃으로 부르지만 그것은 정확한 이름이 아니다. 며느리밥풀은 속명이고 앞에 그 꽃의 특징을 나타내는 접두사가 붙어 꽃+며느리밥풀, 새+며느리밥풀, 털+며느리밥풀, 수염+며느리밥풀 등으로 불린다. 이들 중 새며느리밥풀은 전북 덕유산과 강원 오대산 이북의 산에서 자라는 것으로 한국 특산식물로 알려져 있다.

필자는 오랜 전에 한국식물연구회원들을 따라 나섰다가 함백산에서 만나는 행운을 가졌다. 가시모양의 톱니가 유난히 많은 것이 특징이었다.

독자들이 늦여름에서 가을 산행에서 만나는 며느리밥풀꽃 종류는 대부분 전국의 산에서 자라고 있는 꽃며느리밥풀일 것으로 본다. 꽃새애기풀이란 이름으로도 불리는데, 꽃며느리밥풀이란 이름에는 무엇인가 슬픈 사연이 깃들어 있는 이름이 아닐까? 우리나라 들꽃 이름 중에 '며느리'자가 들어간 며느리배꼽, 며느리밑씻개가 그러하듯 며느리밥풀도 슬픈 사연을 지니고 있다.

전해 내려오는 이야기에 의하면, '아들을 장가보낸 홀어머니가 며느리한테 자식을 빼앗긴 마음이 분해 아들을 멀리 일 보내 놓고 며느리에게는 종일 일만 시키고 구박하는데다가 밥까지 굶겼다고 한다. 시집살이가 이런 것이려니 하고 참고 살아가던 며느리가 하루는 저녁밥을 짓다가 뜸이 잘 들었나하여 솥뚜껑을 열고 몇 알 떠서 맛을 보는데 그만 시어머니에게 들키고 말았다. 며느리를 미워하던 시어머니는 어른이 맛보기 전에 먼저 밥을 퍼 먹는다고 부지깽이로 때려 며느리를 죽게 했단다. 이렇게 죽은 며느리가 묻힌 무덤에서 피어난 꽃이 바로 꽃며느리밥풀이란다.' 옛날 시어머니와 며느리 사이는 정말 그랬을까? 이런 슬픈 이야기 때문인지 꽃말도 '여인의 한'이라고 한다.

붉은 꽃잎에 박힌 흰 점이 마치 며느리 입술에 묻은 밥풀 알갱이라고 생각하니 애처로운 생각이 든다.

가을 / 겨울에 만나는 들꽃·열매 02

칡꽃

아마도 칡을 모르는 사람은 없을 것이다. 장마가 끝날 무렵 산기슭에 나무들을 덮어가며 지천으로 자라는 덩굴나무가 칡이다. 칡차, 칡즙, 칡 국수 등 생활에서 쉽게 만나는 것들이 칡을 재료로 만들어진 것들이다.

필자가 어린 시절 봄이 오기를 기다려 뒷산에 올라 칡뿌리를 캐어 씹어 즙(녹말)을 빨아 먹으며 간식으로 삼았던 일이 기억난다. 칡은 산기슭 양지에 나는 낙엽 덩굴나무로 어느 부분 하나도 버릴 것이 없는 유용한 식물이다. 뿌리에서는 즙을 짜거나 녹말을 뽑아 칡 국수의 재료로, 뿌리를 잘게 썰어 말린 것을 갈근이라 하는데 차와 한방의 약재로, 어린순은 나물이나 장아찌 등의 식용으로, 한창 우거진 때의 잎은 가축의 사료용으로, 꽃은 효소나 차의 재료로, 줄기의 섬유는 밧줄이나 갈포지 제조의 원료로 쓰인다.

이처럼 식물 전체가 유용함에도 요즘 산행을 하면서 보면 왕성한 번식으로 칡덩굴이 나무들을 덮어버려 다른 나무들의 성장에 피해를 주기도 하는데 옛날에는 볼 수 없었던 현상이다. 축산 농가가 많음에도 힘들여 칡덩굴을 거두어다 사료로 사용하지 않고 편하게 사료공장에서 비싼 수입 원료로 만든 사료를 사다 먹이기 때문이다. 그러니 사육비는 올라가고 이윤은 줄어들 수밖에 없지 않을까? 하나님께서 우리 땅에 사료로 이용하도록 지천으로 주신 식물들을 소들에게 먹인다면 이것들이야말로 진짜 한우가 아닐까?

일본의 한 회사는 미국에 칡 농장을 짓고 칡 추출물을 생산하여 일본으로 수출한다고 하는데 우리는 우리 땅에 지천인 칡을 외면하고 나무를 뒤덮어 죽이기까지 하도록 내버려두는 것은 자원의 낭비가 아닐까? 칡뿌리는 예전에 흉년을 넘기는 구황식물이기도 했지만 약성도 뛰어나 그 때의 구황식물들이 실은 건강식품이었던 것이다.

장마 뒤에 산행을 하면서 지천인 칡덩굴에 붉은 빛이 도는 보라색의 예쁜 꽃이 핀 것을 만날 수 있다. 산행의 바쁜 걸음을 멈추고 칡꽃에 한 번 가까이 가서 꽃향기를 맡아보는 여유를 가져보자. 5월엔 아카시아 꽃향기가 있다면 9월엔 칡꽃 향기가 있다. 금방이라도 꿀이 똑똑 떨어질 듯싶은 달콤한 향기에 취하게 될 것이다. 지금 필자가 이 글을 쓰고 있는 옆에 칡꽃 하나를 잘라다 놓았더니 온 방안에 달콤한 향기가 그윽하다. 10~15cm 길이의 화축에 꽃자루의 길이가 같은 꽃들이 붙고 밑에서부터 피어 올라가기 때문에(이런 순서로 꽃이 피는 것을 총상화서(總狀花序)라고 한다) 꽃이 피어 있는 기간이 길어 여러 날을 두고 감상할 수 있다.

이제 꽃을 감상하고 향기를 맡았으면 칡꽃차(葛花茶)를 마셔보자. 칡꽃은 아침보다는 햇볕이 좋을수록 향이 짙게 난다. 꽃가지를 꺾지 말고 한창 싱싱하게 피어 있는 꽃만 따서 집에 가져와 거의 모든 꽃차를 만들 때처럼 연한 소금물로 헹구어 물기를 제거한 후 뜨거운 김에 살짝 쏘이듯 쪄내어 그늘에서 말린다. 말린 꽃잎 몇 잎을 찻잔에 담고 뜨거운 물을 부어 우려서 마신다. 향이 그윽함이 신선의 차가 아닐까싶다.

가을 / 겨울에 만나는 들꽃·열매 03

큰꿩의비름

절기가 8월에서 9월로 넘어가는 것을 알려주는 들꽃이 있다. 산을 오르다 이 꽃이 핀 것을 보면 '이젠 9월이구나!' 하게 된다. 큰꿩의비름이다. 족보를 따지면 큰꿩의비름은 꿩의비름과(=돌나물과)에 속한 여러해살이풀이다. 농사일을 하면서 가장 귀찮은 것이 잘 죽지 않는 풀이다. 특히 쇠비름은 김을 맬 때 뿌리째 뽑아 밭둑에 던져놓으면 말라죽은 듯싶다가도 비를 맞으면 되살아나는 들풀이다. 꿩의비름도 웬만한 가뭄에도 견디고 잘 죽지 않기 때문에 '비름'이 붙여진 것 같다. 꿩의비름, 큰꿩의비름 모두 잎이 두꺼운 다육이어서 가뭄을 잘 견딘다.

식물 이름에 '꿩' 자가 붙은 식물들이 여럿 있다. 꿩의비름을 포함하여 꿩고비, 꿩고사리, 꿩의다리, 꿩의바람꽃, 꿩의밥 등 등. 이들 이름에 '꿩'자가 붙은 것은 분명 꿩과 관련이 있을 것이다. 꽃 모양이 꿩의 다리를 닮았다 하여 꿩의다리, 꿩이 짝짓기를 하는 시기에 핀다 하여 꿩의바람꽃이라 하였다는 데, 꿩의비름은 꿩들이 서식하는 숲에서 자라기 때문에 붙여진 이름일 것이라고 짐작하는 이들이 있을 뿐 확실한 자료를 찾을 수 없다. 큰꿩의비름인 것은 꿩의비름과의 다른 것들에 비해 상대적으로 크기 때문이다.

큰꿩의비름은 봄에 굵은 뿌리에서 몇 개의 굵은 줄기가 곧게 자라 가지치기를 한다. 8월에서 9월로 넘어설 즈음에 홍자색의 꽃이 줄기 끝에 수평으로 한 평면을 이루며 빽빽하게핀다. 이렇게 피는 것을 산방화서(繖房花序)라고 하는데 꽃은 평면 가장자리의 것이 먼저 피고 안의 것이 나중에 핀다. 꽃이 피어 있는 기간이 비교적 길어서 꽃을 오래 즐길 수 있다.

꽃이 진 다음 10월쯤 씨가 영글어 땅에 떨어져 이듬해 봄 그 언저리에서 많은 새 가족을 탄생시킨다. 필자의 집 돌 틈에 한 포기 심은 것이 지금은 주인도 모르게 여기저기에서 자리를 잡고 꽃을 피우고 있다. 또 묵은 뿌리에서 봄에 돋아나는 새싹은 마치도 녹색의 장미 같은 모습이 매우 예쁘다. 새싹이 돋아 꽃이 피기 전이라도 그 잎이 두툼한 다육이어서 그만으로도 관상가치가 있다. 단, 그늘 보다는 해가 잘 드는 곳에서 튼튼하게 자란다는 점을 유의하면 좋을 것 같다.

한방에서는 뿌리를 제외한 식물 전체를 해열제와 지혈제로 쓰고 타박상과 혈액순환 개선에도 사용한다고 하는데, 산행 중에 가벼운 출혈이 있을 때 잎을 짓이겨 발라주면 지혈에 도움이 된다고 하니 귀담아 들어두면 좋을 듯싶다. 경북 청송 주왕산계곡의 바위틈에서 자라는 둥근잎꿩의비름은 멸종위기식물로 보호를 받고 있는 우리 특산 식물이다. 가을에 주왕산에 갈 기회가 있으면 눈여겨보면 좋을 듯.

가을 / 겨울에 만나는 들꽃·열매 04

뚜깔

아직 산국이나 구절초가 흐드러지게 피기 전쯤 가을 산행에서 쉽게 만나는 들꽃들 중에 뚜깔과 마타리가 있다.

이 둘은 식물 분류상 같은 마타리속에 속하는 여러해살이풀이다. 마타리속에 속한 식물로는 세계에 약 15종이 자라고 있다고 하는데, 우리나라에는 마타리와 뚜깔이 있다. 이 둘은 사촌간이라서인지 자라는 생육환경이 같다. 둘 다 산이나 들의 양지 바른 풀밭에서 자란다. 그리고 꽃이 피는 시기도 같다. 이 둘은 다 봄에 어린잎을 나물로 먹는다.

필자가 청소년기에 살았던 곳엔 바로 집 뒤로 그리 높지 않은 산이 병풍처럼 둘러 있었다. 서쪽 끝자락에서 올라 동으로 뻗은 능선을 따라 걸으며 봄이면 산나물도 뜯고 여름엔 나리꽃도 한 아름 꺾어 집에 가져와 꽃병에 꽃기도 하였던 시절을 추억하니 그 모습이 눈에 그려지며 마음이 즐거워진다. 그 때 산을 오르내리며 뜯었던 나물 중에 하나가 뚜깔이었다.

가을에 거의 같은 때에 산에서 피는 들꽃들인 참취, 미역취, 마타리, 뚜깔, 대나물 등은 다 봄에 어린잎을 나물로 먹는 들꽃들이다. 이들 봄에 산나물로 먹었던 들꽃들의 꽃은 흰색이거나 노란색이다. 미역취와 마타리는 노란색, 대나물과 참취와 뚜깔은 흰색의 꽃을 피운다. 요즘은 참취만이 고급 산나물로 대접받으면서 다른 것들은 산나물 메뉴에서 사라져버린 것이 섭섭하다. 예전엔 뚜깔도 당당한 산나물로 대접받았었는데….

봄에 산나물로 먹을 수 있는 것들이 많이 있겠지만 잘못하여 독성이 있는 것을 먹으면 부작용으로 고생할 수도 있다. 한 번은 보령 출신으로 산을 좋아하는 장로님과 봄에 축령산에 갔었는데 필자는 들꽃을 사진에 담기에 정신이 팔렸고 그동안 장로님은 산나물을 한보따리 뜯었다. 무엇을 그렇게 많이 뜯었느냐고 하니 취나물이란다.

필자가 열어보니 취와 비슷했지만 취나물이 아닌 알 수 없는 풀이었다. 결국 다 버리고 말았다. 산나물을 뜯을 때는 확실히 아는 것만 뜯어야 한다. 뚜깔은 다른 것들과 확실하게 구별되는데, 잎의 양면에 흰털이 드물게 있고 표면은 녹색이지만 뒷면은 흰빛이 돌아 다른 풀을 뚜깔로 혼동할 염려가 없어 한 번 알아두면 확실하게 뜯을 수 있다. 학명에 붙은 'villosa'란 명칭도 부드러운 털이 있다는 뜻으로 뚜깔의 확실한 특징을 드러내준다.

뚜깔은 한방에서는 패장(敗醬)이라고 하는데 이는 그 뿌리에서 간장 다리는 냄새가 나기 때문에 붙여진 이름이라고 한다. 냄새와는 달리 패장은 항염성이 많아서 한방에서 귀하게 쓰이는 약재라고 한다. 최근 한 한의사가 이 패장이 만성 전립선치료에 특효가 있음을 그의 논문에 발표한 것이 보도된 바 있다. 우리나라가 원산인 뚜깔의 꽃말은 '야성미', '생명력'이라 하는데 산에 들에 절로 나고 피는 들꽃에 걸맞은 꽃말인 것 같다.

가을 / 겨울에 만나는 들꽃·열매 05

며느리밑씻개

꽃 이름 중에는 부르기 민망한 것들이 있는데, 며느리밑씻개도 그 중 하나다. 또 '며느리'자가 들어간 며느리밑씻개, 며느리배꼽, 새며느리밥풀 등의 들꽃에는 그 줄기나 꽃의 가장자리에 가시가 나 있는 공통점이 있는 것으로 보아 과거 우리나라 며느리들의 시집살이가 얼마나 혹독했던가를 짐작케 한다. 오늘 만나는 며느리밑씻개는 어쩌다가 그런 망측한 이름이 붙여졌을까? 배꼽이나 밥풀도 아니고 밑씻개라니….

 우리네 화장실 문화가 엄청난 발전을 해서 비데를 사용하는 데까지 이르렀다. 부득불 화장실 이야기를 좀 해야 할 것 같다. 예전엔 화장실이 측간이라 하여 대문을 나서 마당 한귀퉁이에 저만치 떨어져 지어져 있었다. 뒷간이 가까우면 냄새가 나서 나쁘고 사돈집이 가까우면 말이 많아서 나쁘니 뒷간과 사돈집은 멀리 떨어져있는 것이 좋다고 생각하던 시절의 이야기다. 용변을 보고 밑을 닦는 재료가 호박잎이나 짚에서 신문지, 신문지에서 화장지, 화장지에서 지금은 물로 세척을 하기까지 발전해왔다. 70이 넘은 필자의 나이쯤이면 이 화장실 문화를 다 겪었으리라.

 며느리밑씻개에 얽힌 이야기도 호박잎이나 짚으로 사용하던 시절의 이야기이다. 어느 날 평소 사이가 좋지 않던 시어머니가 며느리와 같이 들일을 나갔다가 며느리가 갑자기 배가 아파서 근처의 숲으로 뛰어 들어가서 볼일을 보게 되었다고 한다. 급한 일을 해결한 며느리는 비록 쪼그리고 앉았을망정 숲속 그늘에 있는 것이 땡볕에서 밭매는 것보다는 나은 것 같아 시간 끌기에 들어갔는데, 혼자 땡볕에서 밭을 매던 시어미는 화가 치밀었고, '아가야 아직 안 끝났냐?'고 채근하자, 며느리가 '밑씻개 할 만한 것이 없어서요…' 하고 능청을 부리자, 시어머니는 이때다 싶어 잔 가시투성이의 풀을 뜯어 며느리에게 건네주었고, 며느리는 하는 수 없이 아픔을 참으며 그것으로 밑을 닦았다는데서 이런 망측한 이름이 붙여졌다고 한다.

며느리밑씻개는 1년생 식물로 들이나 산의 습지에서 흔하게 볼 수 있는데 8월 말에서 9월에 이름과는 달리 예쁘고 앙증맞은 꽃을 피운다. 연분홍의 꽃이 안으로 들어가면서 흰색으로 변화를 준 것처럼 보면 볼수록 마음을 빼앗아가는 들꽃이다. 이렇게 예쁜 꽃이 단지 가시가 있다는 것만으로 고부간의 갈등이나 그리는 들꽃이 되었으니 꽃으로선 너무 억울하지 않을까?

어릴 적엔 산에 오르다 목이 마르다싶으면 이 잎을 따서 먹었던 것이 기억난다. 신맛이 있어 침이 고이게 하여 갈한 목을 축여 주었던 것이다. 며느리밑씻개는 부인의 냉대하증과 항문 병에 약효가 있어 이것을 끓인 물로 밑씻개 하여 병을 치료했다고 하니 그래서 붙여진 이름인 듯싶기도 하다.

가을 / 겨울에 만나는 들꽃·열매 06

물옥잠

오늘은 들꽃을 찾아 논길을 함께 걸어보자. 벼가 누렇게 익어가는 늦여름에서 초가을 논 가장자리 조그만 웅덩이에서, 논둑을 따라 난 좁다란 물길에서, 드물게는 벼 포기 사이에서도 들꽃들을 만날 수 있다. 벼 포기 사이에서 드물게 흰색의 꽃이 보이는 것은 보풀이다. 가꾸지 않아도 절로 나서 자라는 물에 사는 식물 중 푸른색의 빛이 도는 보라색의 예쁜 꽃을 피우는 것이 물옥잠이다. 잎이 뜰에서 심어 가꾸는 옥잠화를 닮았으나 물에서 산다하여 물옥잠이라고 한다.

8월 말에서 9월 초 때쯤의 햇볕은 정말 따갑다. 햇볕에서는 가만히 있어도 땀이 난다. 이런 더위 때문에 벼는 쑥쑥 자라는 것이다. 옛 어른들의 말로는 이 때 쯤에 논길을 걸으면 벼가 자라는 소리가 들린다고 하였다. 우리의 주식인 벼농사를 위해서는 여름은 더워야만 벼가 쑥쑥 자라게 되는 것을 생각하면 더위를 고맙게 여겨야 하리라. 이런 더위 속에서 물옥잠의 하늘 빛 보라색 꽃은 이를 보는 이에게 더위를 잊게 해주는 시원한 꽃이다.

필자가 초등학교 시절 여름 방학 때 시골 할아버지 댁에 가면 아직 총각인 삼촌을 따라 논에 물을 대기 위해 파놓은 작은 웅덩이를 찾아다니며 조그만 손 그물로 미꾸라지며 붕어를 잡던 일들이 떠오른다. 그 때 물에 사는 식물들의 꽃들을 흔하게 볼 수 있었다. 예전엔 손으로 논의 김매기를 하였다. 한두 번도 아니고 세 차례 이상 김매기를 한 것 같다. 그리고도 모자라 볏과의 잡초인 피 뽑기를 해주어야 했다. 그러니 논농사가 얼마나 힘이 들었을까? 손으로 김을 매다 보니 논 가장자리 논둑 가에는 물에 사는 식물들이 많이 남아 자라기 마련이었던 관계로 논길을 걸으면 물에 사는 들꽃들을 흔하게 볼 수 있었던 것이다.

그러나 지금은 그렇게 흔한 들꽃이 아니다. 묵은 논이나 벼를 심지 않는 늪이나 못을 찾아가야 만날 정도로 귀한 것이 되었다. 손으로 하는 김매기 대신 제초제를 뿌리기 때문이다.

필자가 살고 있는 집 앞의 한 논에서는 보풀이, 그리고 고개 넘어 저수지 옆 작은 못에서는 물옥잠이 자라고 있어 한 포기씩 뽑아와 널따란 자배기에서 기르며 꽃을 즐기고 있는데, 꽃집에서 비싸게 사온 어느 꽃 화분 못지않다. 하나님께서 우리에게 주신 들꽃이요, 어릴 적 논길을 걸으며 고기잡이 할 때 흔하게 보았던 추억이 깃든 정든 들꽃이기에 더욱 사랑스럽다.

물옥잠을 닮은 것으로 물달개비가 있는데, 꽃 색은 같지만 물옥잠 보다는 잎이 좁고 꽃도 작다, 꽃집에서 여름이면 사다가 작은 항아리나 돌절구에 띄워 기르는 부레옥잠이 있는데, 이는 열대 아메리카 원산으로 외국에서 들여와 가꾸는 것이다. 이 보다는 해마다 절로 나서 자라는 물옥잠이 더 좋지 않을까?

가을 / 겨울에 만나는 들꽃·열매 07

물봉선

봉선화를 모를 사람은 없을 것이다. '울밑에 선 봉선화야 네 모양이 처량하다' 귀에 익은 노랫말의 한 구절이다. 왜 울밑에 선 봉선화일까? 예전에는 어느 집에서든지 울밑이나 장독대 주변에 봉선화를 심고 가꾸었는데, 뱀이나 지네가 종종 집안이나 장독대 안으로 들어오는 것을 막기 위해서였다고 한다. 봉선화의 어떤 성분을 뱀과 지네가 싫어한다는 것이다.

여인들은 여름이 되면 봉선화 꽃잎으로 손톱을 예쁘게 물들였다. 필자도 어렸을 적 동네 누나뻘 여자들 틈에 끼어 엄지발톱에 봉선화 물을 들이기도 하였다. 사내아이가 계집애들처럼 손톱에 물을 들일 수는 없고 발톱에 물을 들이면 풀숲을 걸을 때 뱀이 도망간다고 해서 그랬던 것이다. 손톱 끝의 붉은 기운이 첫눈이 내릴 때까지 남아 있으면 첫사랑이 이루어진다는 낭만적인 이야기도 봉선화에 얽힌 이야기이다.

이렇게 우리와 가까운 봉선화는 중국, 인도, 말레이시아 원산인 외래종인데, 오늘 만나는 물봉선은 우리나라 원산인 토종식물이다. 그런데 우리는 봉선화가 하도 눈에 익어서 그게 토종이고 물봉선을 오히려 낯설게 여겨왔다. 늦은 여름부터 피시 시작하여 9월에 절정을 이루는데 집 근처의 어느 산이든 골짜기의 물가나 습지에 지천으로 피어 있는 것이 물봉선이다. 물봉선은 물을 좋아하여 물가에 피는 봉선화라 하여 붙여진 이름이다. 하나님께서는 우리에게 물봉선을 주셨는데, 토종의 물봉선 보다 외래종의 봉선화를 더 사랑했던 것에

죄스러움을 느낀다.

물봉선의 꽃에서 물고기의 배 모양으로 볼록한 곳은 꿀통이다. 곤충들이 꿀을 먹기 위해 이 꿀통을 드나들면서 몸에 꽃가루를 묻혀 수정을 돕는다. 꽃과 벌레가 서로에게 유익을 주며 살아가는 자연의 모습에서 공생의 지혜를 배운다.

토종 물봉선에 얽힌 이야기를 소개한다. 옛날 조그만 어느 산골마을에 착한 여인이 살고 있었다. 순박한 사람들이 살며 조용하기만 하던 이 마을에 큰 도둑 사건이 일어났다. 착하기 이를 데 없던 이 여인이 억울하게 도둑의 누명을 쓰고 마을에서 쫓겨나게 되었다. 여인은 자기가 도둑이 아니라고 애원하듯 해명을 해보았지만 마을 사람들 중에 그녀의 진실을 믿어 주려는 사람은 한 명도 없었다. 결국 여인은 너무나 속이 상한 나머지 스스로 목숨을 끊고 꽃으로 다시 태어났다고 한다.

꽃으로 다시 태어난 그녀는 그때의 한이 풀리지 않아 누구라도 자기를 건드리면 씨를 터트려 자기의 결백을 나타내려고 속을 뒤집어 보인다고 한다. 그래서 생겨난 꽃말이 '나를 건드리지 마시오, touch me not'이다. 물봉선은 꽃 색이 대부분 붉은 자주색이지만, 드물게 노랑, 흰색의 꽃도 있다. 물봉선 많이 사랑해 주세요!

가을 / 겨울에 만나는 들꽃·열매 08

뻐꾹나리

정상에 오르는 것에만 목적을 둔 산행에서 만나는 들꽃들이라면 대개 산을 오르고 내려오는 길가에서 만나는 것들뿐이다. 사람의 눈이 미치지 못하는 숲에도 많은 들꽃들이 있는데 산길에서 벗어나 일부러 찾아 나서야만 볼 수 있다.

오늘은 숲에서 만날 수 있는 들꽃 중 뻐꾹나리를 만나보기로 하자. 뻐꾹나리는 산지의 숲에 나는 다년초로 키는 50cm 내외로 8월에 꽃이 피시 시작하여 9월까지 피고 지고를 한다. 꽃 이름에 '나리'자가 붙은 털중나리, 하늘나리, 참나리, 말나리 등의 들꽃이 백합과의 꽃인 것처럼 뻐꾹나리도 '나리'자가 붙었으니 백합과의 꽃이다.

하지만 꽃의 생김새에서 뿐 아니라 땅 속 줄기에서도 크게 다른데, 털중나리, 하늘나리, 참나리, 말나리 등은 땅 속 줄기가 비늘줄기이지만 뻐꾹나리는 둥굴레와 비슷한 줄기를 옆으로 뻗어가면서 마디마디에서 뿌리를 내리고 새순을 내는 것이 다른 나리류와 크게 다르다. 비늘줄기를 가진 나리류는 한 대의 줄기를 내어 꽃이 피는 것과 달리 뻐꾹나리는 땅속줄기가 옆으로 뻗으면서 개체를 만들어 가기 때문에 번식이 빠르고 여러 대의 꽃대를 올려 꽃을 피운다.

필자가 목회할 때 강원도가 고향인 ㅎ 권사님이 지금쯤 친정 동네에 가면 돌미나리가 지천이고, 취나물이며 두릅도 한창이라며 누구 차가 있는 사람이 함께 갔다 오면 좋을 텐데… 하며 노래를 삼는 것이었다. 자연을 좋아하는 필자도 귀가 솔깃했고, 시골 출신이라 나물 뜯기를 좋아하는 ㅅ 장로, 그리고 4륜구동 차를 가진 ㅈ 권사, 이렇게 일행이 되어 강원도를 다녀오게 되었다.

그 때가 5월 중순 쯤, 일행이 간 곳은 인근에 현대리조트 공사가 한창인 둔내란 곳이었다. 산나물이며 돌미나리를 목적하고 간 곳도 곧 파헤쳐질 곳이란다. 숲이 무성한 곳인데 파헤쳐지다니…, 나는 그 숲으로 들어갔다. 땅이 걸고 나무그늘이어서 그런지 취나물이 내 손끝에서 팔꿈치 기장만 했다. 금방 한 아름이다.

이렇게 취나물에 취해 있는 데 둥굴레는 아닌 듯싶은데 잎이 둥굴레를 닮은 것이 눈에 띄었다. 아무래도 꽃이 피는 식물일 것 같아 몇 포기 채취하여 가져다가 교회에 심었다. 죽지 않고 잘 자라주었다. 어떤 꽃이 필는지 궁금했다. 그 해 늦여름에 드디어 꽃을 피웠다. 꽃은 초가을까지 이어졌다. 보통의 꽃과는 생김새가 전연 달랐다. 이런 꽃이었구나! 감탄이 절로 났다. 도감을 뒤적여 뻐꾹나리임을 알게 되었다.

이름이 뻐꾹나리인 것은 꽃잎과 암술에 난 자줏빛 무늬가 뻐꾸기의 목덜미 깃털에 난 무늬와 닮아서 붙여진 이름이라고 한다. 꽃잎은 1층, 암술과 수술은 2층을 이루고, 암술과 수술도 서로 어긋나서 피는데, 아마도 따가운 햇살에 서로 가까이 있는 것이 너무 더워서일까? 근년에는 우리 토종이 아닌 외국에서 들여온 원예종 뻐꾹나리 종류가 꽃가게에서 팔리고 있는데, 우리 토종만큼 정감이 가지 않는 것은 꽃 색이 너무 화려해서다. 우리에겐 우리 토종이 제일이여!

가을 / 겨울에 만나는 들꽃·열매 09

갈퀴나물

한여름에 들이나 냇가 혹은 산기슭을 걷다보면 풀밭에서 덩굴손을 뻗어 다른 물체를 감고 오르며 자주색의 꽃이 조롱조롱 아래위로 달려 피어 있는 것을 볼 수 있다. 갈퀴나물이다.

갈퀴나물은 잎 끝이 덩굴손이 되어 옆에 있는 다른 식물들을 타고 올라 넓게 피져나가며 한 무리의 꽃을 피워내는데, 다른 식물을 감고 올라가는 덩굴손의 모습이 갈퀴 모양 같다 해서 갈퀴나물이란 이름이 붙여진 것이라고 한다. 갈퀴란 어감에서 억세 보이지만 뒤에 나물이라 붙인 것처럼 잎과 줄기가 연하여 봄에 어린 순을 나물로 먹는다. 꽃이 지고 꼬투리(씨)가 달리는데 콩꼬투리를 닮았다. 콩과식물의 특징 중 하나다.

식물도감에 보면 콩과식물은 지구상에 13,000여 종이 있는데, 그 중 102종이 우리나라에 자생하고 있는 것으로 소개되어 있다. 갈퀴나물은 6월부터 꽃이 피기 시작하여 넝쿨을 뻗어가며 9월까지 꽃이 이어지기 때문에 꽃을 볼 수 있는 기간이 길다. 이런 특징을 이용하여 도심의 비탈진 곳에 심어 가꾸면 다른 어떤 화훼류보다 좋을 듯싶다.

전주시의 전주천은 전국에서 견학 오는 사람들이 많은 생태하천이다. 필자도 부평의제21 상임공동대표직을 맡고 있을 때 도심하천과 관련된 부평의제 위원들과 함께 8월 말쯤에 방문하였었다. 악취가 나는 부평의 굴포천을 생태하천으로 복원하기 위해 벤치마킹을 위해서였다.

　의제21은 1992년 브라질의 리우데자네이로에서 114개국 정상들이 모여 지구환경보전을 위한 리우 선언을 채택했고, 그에 따라 각국의 중앙정부에서 지방정부에 이르기까지 지속가능발전을 위한 행동강령을 구체화하기 위해 만든 조직이다. 조직의 특색은 정부(행정), 시민, 기업이 함께 참여하는 것이다.

　전주시장이 우리 일행을 반갑게 맞아주었고 시민으로 참여하고 있는 사무국장이 현장에 나가 브리핑을 해주었다. 당시에 맑은 물이 흘러 1급수에만 사는 토종 물고기들이 늘어나고 있다고 했다. 물이 흐르는 냇가 주변으로는 갯버들과 갈퀴나물을 심어 큰물이 날 때 물의 흐름을 완화시켜주고 흙이 패어나가는 것을 막아준다고 하였다. 자연도 보호하고 전주천변을 산책하는 시민들이 꽃도 즐기고···

　잡초가 많이 나는 비탈에 갈퀴나물을 심으면 잡초를 방지할 수 있고, 어린 순은 나물로 무쳐먹으면 유채나물과 맛이 비슷하다고 하며, 좀 억세어진 줄기와 영글어가기 시작하는 꼬투리는 튀겨 먹으면 좋다고 하니 옛날 춘궁기에는 많이 먹었으리라. 꽃이 필 때 전초를 말려서 약재로 쓴다고 하며 꽃에는 꿀이 많아 벌들에게 먹이를 제공하는 밀원식물로도 좋다고 한다. 나물로, 약재로, 토사를 방지하는 사방식물로, 꽃이 피어 있는 기간이 길어 한여름에서 가을까지 꽃도 즐길 수 있으니 사랑받아야 할 들꽃이 아닌가···.

가을 / 겨울에 만나는 들꽃·열매 10

고마리

'… 산허리는 온통 메밀밭이어서 피기 시작한 꽃이 소금을 뿌린 듯…' 이효석의 소설 '메밀꽃 필 무렵'의 한 대목이다. 이에 못지 않게 메밀꽃이 필 무렵에 소금을 뿌린 듯 무리지어 꽃을 피우는 들꽃이 있다. 고마리(고만이)라 불리는 들꽃이다. 9월 말에서 10월에 이르기까지 냇가나 도랑 등 습기가 많은 곳에서 지천으로 피는 꽃이다. 꽃 색은 흰색, 연분홍색, 진한분홍색 등으로, 꽃 하나의 크기는 매우 작아 많은 사람들이 자칫 지나쳐 버리기 쉬운데 가던 길을 멈추고 허리를 굽혀 자세히 들여다보면 이렇게 예쁠 수가 있을까 하여 놀라게 되는 꽃이다. 특별히 흰색만이 무리지어 핀 것을 보면 메밀꽃을 연상케 한다. 메밀꽃을 찾아 멀리 강원도 봉평까지 가지 못하더라도 도심 가까이의 습지를 찾아 흰색의 고마리를 보며 메밀밭의 정취를 느껴보는 것도 좋을 듯싶다.

강화 필자의 집 앞 묵은 논에도 고마리 꽃으로 뒤덮여 있는데, 가끔씩 고라니가 꽃 속에서 즐기다 가곤 한다. 하나님의 정원에서 고라니가 한가로이 노니는 것을 보시는 하나님께서 기뻐하시리라. 하물며 하나님의 창조 세계를 위탁받은 우리 하나님의 자녀들이 들꽃들을 보며 즐거워하면 더욱 그러하시겠지!

이름이 지어진 내력이 재미있다. 냇가나 도랑 등 습기가 많은 곳에서 무리지어 핀 모습이 올망졸망한 꽃송이가 고만고만한 크기로 핀다고 하여 '고만이', 하도 무성하게 퍼져나가며 피니까 이젠 그만 되었다고 하여 '그만이풀' 이라고 하던 것이 '고마니'를 거쳐 '고마리'로 부르게 되었다고 한다.

고마리는 질퍽한 곳이면 수질을 가리지 않고 어디서나 잘 자라는데, 시골의 생활하수나 가축 분뇨가 섞여 흘러가는 도랑에서도 잘 자란다. 그러기에 우리에게 매우 유익한 식물이다. 고마리는 왕성하게 줄기를 뻗어가다가 땅에 닿는 마디마디에서도 수염처럼 생긴 뿌리를 내리는데, 이 뿌리가 오염수를 정화하는 역할을 한다고 한다. 천한 듯 흔하게 볼 수 있는 들꽃이지만 수질을 정화하는 고마운 꽃이다. 그래서 고마워서 '고마운 풀', '고마우리' → '고마리'로 불리게 되었다고도 한다.

어느 지역에서는 돼지가 잘 먹는 풀이기 때문에 돼지풀이라고도 한단다. 고마리의 잎은 지혈제로, 씨는 고교맥(苦蕎麥)이라 하여 눈을 밝게 해 주는 등 약재로 쓰인다고 하니 정말 고마운 풀이다.

가을 / 겨울에 만나는 들꽃·열매 11

선괴불주머니

9월 말쯤 산행을 하면서 쉽게 만나는 들꽃 가운데 하나가 선괴불주머니다. 괴불주머니란 이름이 붙은 들꽃들이 여럿 있다. 노란색의 꽃을 피우는 것으로는 괴불주머니, 염주괴불주머니, 산괴불주머니, 갯괴불주머니 등이 있고, 붉은 자주색의 꽃을 피우는 자주괴불주머니가 있다. 이들은 모두 봄에 꽃을 피우는데, 선괴불주머니만은 가을에 노란색의 꽃을 피운다.

이들 괴불주머니 종류는 주로 산과 들의 습한 곳에서 자라는 현호색과의 월년초(그 해에 씨가 떨어져 어린 싹으로 겨울을 나고 이듬해 꽃을 피우고 씨를 맺는 식물) 또는 2년초(발아하여 꽃이 피어 씨를 맺고 죽기까지의 생활 기간이 2년인 식물)이다. 뜰이 있는 집이라면 산행에서 씨가 익었을 때 씨를 따다가 뿌려놓기만 하면 번식력이 좋아 해마다 꽃을 볼 수 있다. 필자도 10여 년 전에 교회 뜰에 씨를 뿌린 것이 돌보지 않아도 해마다 여기저기에서 얼굴을 내밀고 꽃을 피우고 있다.

괴불주머니란 이름이 낯설다. 괴불과 주머니가 합쳐진 이름 같은데, 괴불이 무엇일까? 괴불이란 오래된 연뿌리에 서식하는 열매의 이름으로 세 귀(뿔)가 있어서 귀신을 물리쳐 준다는 뜻을 담고 있다고 한다. 이런 의미로 부녀자나 어린아이의 주머니 끈 끝에 괴불을 상징하는 세모 모양의 노리개를 만들어 차고 다녔다고 한다. 네모진 비단 헝겊을 세모 모양으로 귀나게 접어 꿰매어 그 속에 솜을 통통하게 넣고 삼각형의 양 끝에 술을 달아 몸에 달고 다녔는데, 주로 빨강, 노랑, 파랑 한 벌을 포개어 찼다고 한다. 이것을 괴불주머니 혹은 괴불노리개라고 부른다고 한다.

들꽃 이름이 괴불주머니인 것은 꽃 모양이 괴불주머니를 닮았다 하여 붙여진 이름인 것이다. 필자가 보기에는 주머니 보다는 물고기가 입을 벌린 것 같기도 하고, 어미에게 먹이를 졸라대는 어린 새의 부리 같기도 한데…, 눈괴불주머니는 괴불의 귀(뿔)처럼 생겼다 하여 눈뿔꽃, 가지가 많이 갈라져서 덩굴식물처럼 엉키는 성질이 있어서 덩굴괴불주머니라고도 한다. 눈+괴불주머니란 이름에서 얼핏 겨울에 피는 꽃으로 생각되기 쉬우나, 줄기가 위로 곧게 서기보다 옆으로 비스듬히 눕기 때문에 눈(←누운)괴불주머니인 것이다. 악귀를 쫓고 복을 불러온다는 노리개를 닮아서인가 꽃말은 보물주머니라고 한다.

괴불주머니 종류들은 봄에 나온 야들야들한 새싹이 나물로 먹음직스러운데, 독성이 강하기 때문에 절대 나물로 먹어서는 안 된다. 그러나 강한 알카로이드 성분 때문에 전초를 생즙을 내거나 물이나 주정 등에 우려내어 친환경농업에서 천연농약으로 사용할 수 있다고 한다. 독초라도 우리에게 유용하기에 하나님께서 지으셨으리라.

가을 / 겨울에 만나는 들꽃·열매 12

꽃무릇

꽃무릇은 우리나라에서 피고 지는 상사화의 한 종류이다. 상사화(相思花)는 수선화과에 속하는 다년초이다. 대부분의 꽃은 잎과 꽃을 함께 볼 수 있지만 상사화는 잎이 있을 때는 꽃이 없고, 꽃이 있을 때는 잎이 없다. 그래서 잎은 꽃을 만나고 싶어 하고 꽃은 잎을 만나고 싶어 하지만 서로 만날 수 없어 그리워만 할 뿐 '이룰 수 없는 사랑'이란 의미에서 상사화(相思花)라 한다.

우리나라에서 피는 상사화 종류로는 예부터 시골 집 울타리 밑에서 흔하게 보아왔던 분홍상사화를 비롯하여 강화 마니산의 정수사로 오르는 계단 옆에서 만날 수 있는 노랑상사화, 위도에서만 자라는 흰색의 위도상사화, 백양산에서 자란다 하여 이름 붙여진 백양꽃, 제주에서 자라는 제주상사화, 그리고 오늘 만나는 석산이라고도 부르는 꽃무릇 등이 있다.

상사화 중류는 잎이 언제 나오느냐에 따라 크게 둘로 나눌 수 있다. 2월 중·하순에 잎이 나와 5월 중순에 잎이 말라지는 봄 출엽형과 9월 중,하순에 잎이 나와 이듬해 5월 중·하순에 잎이 말라지는 가을 출엽형으로 나눌 수 있다.

오늘 만나는 꽃무릇은 가을 출엽형의 상사화다. 꽃무릇은 해마다 추분쯤에 핀다. 추분쯤에 긴 꽃대가 올라와 꽃이 피었다가 지면 이어서 잎이 올라와 겨울을 난다. 이 꽃이 필 때쯤이면 영광의 불갑사, 함평의 용천사, 고창의 선운사 등지에서 꽃무릇 축제가 열린다. 이처럼 꽃무릇 축제가 사찰과 관계있는 것은 이 꽃이 사찰 인근에 많이 있기 때문이다. 이 꽃이 사찰 인근에 많은 것은 탱화를 그릴 때 그 뿌리를 찧어 바르면 좀이 슬지 않고 색이 바래지 않아 채색화 원료로 사용하기 위해 절마다 조금씩 심고 가꾸다 보니 어느새 절 주위로 퍼져 군락지가 생겨 난 것이라 한다.

장모님이 칠순 되시는 해 가을에 장모님과 처이모님을 모시고 아내와 함께 1박 2일의 모처럼의 효도여행(?)을 다녀왔다. 지금 장모님의 연세가 94세이시니 24년 전의 일이다. 아침 일찍 출발하여 군산에 가서 점심으로 회를 먹고 변산반도의 이름난 곳들을 둘러보고 저녁 무렵 고창 선운사 도립공원 인근에 숙소를 정하였다.

숙소 앞마당에 꽃무릇이 몇 그루 피어 있는 것을 보아 때맞춰 찾은 것 같았다. 꽃무릇을 만날 설레는 마음에 아침 일찍 잠에서 깨었다. 서둘러 꽃무릇을 보러 나갔다. 도솔천을 따라 붉은 물결을 이루고 있었다. 조금 이르지도 조금 늦지도 않은 가장 절정인 때였다. '와아!' 환성이 절로 났다. '하나님, 멋지십니다!'

가을 / 겨울에 만나는 들꽃·열매 13

투구꽃

국화꽃과의 식물이 지천인 가을 숲에서 금강초롱꽃이나 투구꽃은 둘 다 보라색의 꽃빛깔과 그 모양새의 특별함으로 우리의 시선을 끈다. 금강초롱꽃이 밤에 길을 밝히는 초롱을 닮아서 붙여진 이름인 것처럼 투구꽃은 중세시대 로마 병정들이 머리를 보호하기 위해 썼던 투구와 모양이 같다 해서 붙여진 이름이다.

우리나라에서는 돌쩌귀라는 이름으로도 부르는 데 돌쩌귀는 문짝을 문설주에 달고 여닫게 하기 위해 암, 수 돌쩌귀가 한 벌로 되어 암짝은 문설주에, 수짝은 문짝에 박아 맞추어 꽂게 만든 두 개의 쇠붙이로 구성된 물건을 말한다. 서양 사람들이 보기엔 투구를 닮았지만 우리 선조들이 보기엔 위, 아래 두 개가 짝을 맞추고 있으니 돌쩌귀로 보였던 것이리라.

필자가 소속한 연회에서는 해마다 가을이면 목회계획세미나를 연다. 대개의 경우 설악산에서 모이는데, 2박3일의 목회계획세미나가 끝나는 날은 아침 식사 후 폐회예배를 마치는 것으로 일정이 끝난다. 예배를 마친 시간이 오전 10시쯤, 돌아오는 길은 동해안을 따라 좀 남쪽으로 내려가 양양을 거쳐 한계령을 넘는 길로 접어든 얼마 후 길을 바꿔 구룡령을 넘어 홍천으로 돌아오는 길을 택했다. 미천골과 구룡령의 들꽃을 탐방하기 위해서였다.

미천골은 설악산 국립공원과 오대산 국립공원의 딱 중간쯤으로 길고 긴 비포장 흙길의 임도(林道)를 따라 옆으로는 맑은 계곡물이

나란히 흐르고 있어 자연미가 빼어나게 아름다운 곳이다. 한 여름에는 피서객들로 들끓었을 테지만 9월 하순의 미천골은 새소리, 물소리, 그리고 우리 내외의 발자국 소리만이 산속의 고요를 잔잔하게 흔들어 놓는다. 길 옆 바위에 군데군데 구절초가 피어 있어 드문 방문객을 환영하며, 좀 습한 곳에는 이슬 머금은 물봉선이 아름다움을 뽐내고 있었다.

미천골에서 나와 구룡령으로 향한다. 구룡령 정상은 해발 1,013m, 양양과 홍천을 잇는 고갯길이다. 굽이굽이 고갯길을 올라 정상에 차를 세우고 카메라를 챙겨들고 길 옆 숲으로 들어선다. 몇 걸음 걷지 않아 여기 저기 투구꽃이 기다렸다는 듯이 나를 반긴다.

옛날 요염하고 아름다운 왕비로 있었던 마녀 메디아는 괴물을 물리치고 돌아온 왕자 데세우스의 용맹에 위기를 느껴 독이 든 술잔을 건네었다. 왕자는 그녀의 웃음 속에 숨긴 살의를 느끼고 교묘히 피하자 왕비는 본래의 마녀로 바뀌어 그 술잔을 던져버리고 도망쳤다. 대리석 바닥은 술잔에 있던 독으로 거품을 내고 녹아내렸는데, 그 독은 마녀가 빚어낸 투구꽃이라고 한다. 그리스신화에 나오는 이야기이다.

실제로 우리나라에서도 투구꽃의 뿌리는 사약의 원료로 쓰였다고 하니 그 독성을 가히 짐작할 수 있다. 자신의 아름다움을 지키기 위한 독인가 보다. 각시투구꽃이란 제목의 영화를 통해 투구꽃이 사약의 원료였다는 사실이 널리 알려진 것 같다.

가을 / 겨울에 만나는 들꽃·열매 14

금강초롱꽃

금강초롱꽃은 금강산에서 처음 발견되고 밤에 길을 밝히던 용도로 쓰던 초롱과 생긴 모양이 비슷해 붙여진 이름이다. 북한의 금강산을 비롯하여 강원도의 태백산, 오대산, 설악산, 향로봉과 경기도의 명지산, 화악산의 정상 부근에서 자라는 것으로 알려져 있다.

내가 금강초롱꽃을 만난 곳은 강원도 양구의 도솔산(해발 1,147.9m)에서였다. 도솔산은 경사가 급하여 걸어서 오르기도 힘들뿐 아니라, 군부대가 주둔하고 있어 민간인 출입이 금지된 산이다. 양구읍에서 6.25때 격전지였던 펀치 볼로 유명한 해안면으로 통하는 유일한 길이 도솔산을 넘어가는 453번 지방도인데, 다행히 이 길만은 민간인의 차량 통행이 허락된 길이다. 그 정상을 넘는 도로 옆 경사지에 가을이면 금강초롱꽃이 무리지어 핀다.

나의 경우는 들꽃을 만나러 일부러 찾아나서는 경우도 있지만, 교회 일로나 세미나 등으로 지방에 다녀올 기회가 있을 때를 적극 이용한다. 도솔산에서 금강초롱꽃을 만났을 때도 그랬다. 그해 9월에 설악산에서 중부연회 주최로 부부동반 목회계획세미나가 있었다. 오후 3시까지가 등록시간이다. 나는 아내와 함께 아침 일찍 집을 나섰다. 양구 도솔산에 금강초롱꽃이 피어 있다는 정보를 들은 터라, 홍천에서 인제로 가는 중간에서 양구로 가는 길로 들어섰다. 이 길을 따라 양구를 거쳐 도솔산을 넘어 인제로 돌아서 가도 등록시간인 오후 3시까지는 세미나장소에 도착할 수 있다고 생각했기 때문이었다.

도솔산 아래 군 검문소를 지나 구불구불한 길을 올라 정상쯤에 올랐을 때에 만나고 싶어 했던 녀석들이 고개를 내밀고 '나 여기 있소' 하는 것이었다. 이렇게 반가울 수가! 종 모양의 남보라색은 이 꽃만의 매력이다.'… 정갈한 비취 쟁반에 얹어 감로주 잔 삼으려네 …' 이 꽃의 아름다움에 취한 시인 신순애님의 시의 한 구절이다.

세계에서 우리나라에서만 자라는 특산식물인 금강초롱꽃의 학명에 일본 사람의 이름이 들어 있다는 것이 마음에 걸린다. 불평등조약으로 조선을 강점한 일제는 장래의 수탈을 위한 기초 작업으로 지리, 토양, 식생에 대한 상세한 조사를 진행하였는데, 1902년 금강산 유점사 근처에서 '금강초롱꽃'의 표본을 채집해 일본으로 가지고 가서 9년 뒤인 1911년에 식물학자 나카이가 '하나부사'라고 이름을 붙였다고 한다. 이 하나부사는 1876년 불평등조약인 병자수호조약 체결 후 우리 국권 수탈을 위해 우리나라에 들어온 일본인 최초의 외교관이었다.

이제라도 꽃 이름에 밴 수탈의 추억을 말끔히 씻어줘야겠다. 그러나 한 번 지어진 학명은 명예 회복할 수 없음이 슬프지 않은가! 그러하기에 우리 들꽃을 더욱 사랑해야 하리라.

가을 / 겨울에 만나는 들꽃·열매 15

마타리

아직 가을의 대표적인 들꽃인 산국이나 구절초가 가을 산에서 왕 노릇하기 전 여름의 끝자락에서 가을로 접어들면서 피는 들꽃들 중 하나가 마타리이다.

마타리는 앞에서 만났던 뚜깔과 같은 과, 같은 속에 속하는 사촌 간인 들꽃이다. 그래서인가 피는 장소도 거의 같아 뚜깔을 볼 수 있는 곳이면 마타리도 볼 수 있다. 꽃의 크기도 작아 3~4mm로 비슷하고, 꽃이 줄기나 가지 끝에 수평으로 한 평면을 이루어 달리는 모습도 같다. 이러한 꽃 달림을 산방화서(繖房花序)라고 하는데, 꽃은 평면 가장자리의 것이 먼저 피고 안의 것이 나중에 피는 순서로 핀다. 키도 1m 내외로 비슷하다. 다만 꽃 색은 뚜깔은 흰색, 마타리는 노란색인 것이 크게 다르다.

마타리와 뚜깔은 예전엔 흔한 들꽃이었는데 요즘엔 점점 보기 힘들어지는 것은 둘 다 산과 들의 양지에서 자라는 들꽃인데, 요즘 숲이 우거지면서 큰 나무들에 가려 터전을 잃어가기 때문이다. 봄의 들꽃들은 낙엽 지는 나무들 밑에서 봄의 햇살을 받고 꽃을 피우다가 나무들의 잎이 나기 시작하면 그늘 속에 숨어버리는 것들이 대부분인데, 마타리와 뚜깔은 그늘을 싫어하는 들꽃이다.

어느 해 가을에 단양 인근의 도로변 비탈진 곳에 마타리가 지천으로 피어 있는 것을 만난 적이 있었는데, 거기엔 큰 나무가 별로 없는 곳이었던 것이 기억난다. 마타리도 봄의 어린 순을 나물로 먹었는데,

땅위에 달라붙다 싶은 묵은 줄기 끝에 새순이 달리기 때문에 두 손가락으로 그 순을 젖히듯 뜯기만 하면 검불이 들어갈 염려도 없이 깨끗이 나물을 뜯을 수 있었다. 필자는 어릴 적부터 봄이면 산나물 뜯기를 즐겨했는데 이런 나의 이력이 지금까지 들꽃을 남달리 사랑하게 된 것 같다.

황순원의 단편 소설 '소나기'에 마타리꽃이 등장한다. '소나기'는 서울에서 온 윤 초시네 손녀에 대한 시골 소년의 천진난만한 우정과 애정을 그린 소설인데 대화와 장면의 묘사만으로 장면전환을 이루어 낸 뛰어난 작품으로 평가받는 작품이다. 그 소설에서 소녀와 소년이 산으로 달리며 들꽃을 꺾는 장면이 나오는데, 소녀가 무슨 꽃인지 몰라 소년에게 묻는다. 소년은 한 마디 "마타리꽃"이라고 말해준다. '소녀는 마타리꽃을 양산 받듯이 해 보인다. 약간 상기된 얼굴에 살포시 보조개를 떠올리며.' 소설의 한 대목이다. 마타리의 꽃말이 '잴 수 없는 사랑'이라고 하는데 소설 '소나기'를 읽으면 그런 사랑을 느낄 수 있는 것은 소년이 소녀에게 건네준 마타리꽃 때문일까?

독자들도 이 가을에 '소나기'를 다시 읽어보며 마타리의 꽃말에 취해 보면 어떨지?(인터넷에서 읽을 수 있음) 이 글을 쓰는 순간 필자는 그 산의 소년으로 돌아간 듯싶다.

가을 / 겨울에 만나는 들꽃·열매 16

큰엉겅퀴

추석 성묫길에 풀밭에서 쉽게 만날 수 있는 들꽃으로는 어떤 것이 있을까? 구절초를 보기에는 조금 이른 철이다. 필자가 사는 동네엔 울타리 밖으로 나가기만 하면 풀밭에 키가 사람보다 더 커서 쉽게 눈에 띄는 들꽃이 있다. 큰엉겅퀴다.

엉겅퀴란 이름이 붙은 들꽃들이 참 많다. 아무런 접두사가 붙지 않은 엉겅퀴는 대부분의 독자들이 알고 있으리라 생각된다. 초여름 전국 어디에서나 쉽게 만나지는 들꽃이기 때문이다. 이 밖에도 가시가 있지만 이 보다 더 가시가 많은 가시엉겅퀴와 바늘엉겅퀴, 잎이 다른 엉겅퀴 종류에 비해 좁고 긴 모양이 버들잎을 닮았다 하여 버들잎엉겅퀴, 한국 특산인 고려엉겅퀴, 울릉도에서만 서식하는 섬엉겅퀴(물엉겅퀴), 높은 산에서나 만날 수 있는 도깨비엉겅퀴, 그리고 큰엉겅퀴 등이 엉겅퀴의 일가를 이루는 들꽃들이다.

엉겅퀴류의 어린 싹은 나물로 먹는데 필자의 입에는 가시 때문에 부드럽지 못한 것이 흠이었다. 그런데 곤드레나물을 넣어 지은 밥은 요즘 건강 음식으로 인기가 있으며 이 별미를 먹기 위해 일부러 강원 정선을 찾는 사람들이 있는데 곤드레나물은 바로 고려엉겅퀴의 어린 잎이다.

대부분의 엉겅퀴류가 위를 향해 꽃이 피는데 큰엉겅퀴는 아래를 향해 고개를 숙이고 꽃이 핀다. 키도 커서 큰 것은 2미터에 이르며 원줄기는 곧게 서고 윗부분에서 가지가 갈라지며 꽃이 아래를 향해 피기 때문에 쉽게 다른 엉겅퀴 종류와 구분이 된다. 아래를 향해 꽃이 피는 것으로는 도깨비엉겅퀴도 있지만 높은 산에 가야만 볼 수 있는 들꽃이다. 큰엉겅퀴는 성묫길에 거의 어디에서든 풀밭에 눈길을 돌리면 쉽게 만날 수 있을 것이다.

한방에서는 엉겅퀴가 지혈효과가 있다고 하는데, 엉겅퀴란 이름도 피를 엉기게 하는 지혈(止血)작용이 있어서 얻게 된 이름이라고 한다. 엉겅퀴류는 대부분 약재로 이용되는데 곤드레나물로 유명한 고려엉겅퀴만은 약재로 쓰지 않는다고 한다. 특별히 큰엉겅퀴는 항암치료시 약물의 독성으로 손상을 입은 간의 손상을 완화시킨다는 연구 결과가 미국의 한 대학 의학센터연구팀에 의해서 발표된 바가 있다. 뿐만 아니라 항암치료 약물에 상충하지도 않는 것으로 밝혀졌다. 이런 약효 때문인가 큰엉겅퀴를 장수엉겅퀴라고도 불러왔는데 이렇게 좋은 약재료인 큰엉겅퀴가 우리 주변 풀밭에 지천으로 피고 있는 것은 하나님께서 우리나라에 주신 특별한 복이 아닌가?

일본, 중국 동북부, 우수리, 사할린 등에서도 서식하는 것으로 열려졌으나 우리나라가 원산인 귀한 들꽃이다. 이번 성묫길에 큰엉겅퀴를 만나거든 그동안 몰라보았던 것에 미안함을 대신해서 귀하게 여겨주었으면…

가을 / 겨울에 만나는 들꽃·열매 17

산국

가을이 깊어가면서 풀이며 나무들이 단풍이 들어가기 시작하는 때 보라색, 흰색, 노란색으로 들과 산을 물들이며 가을을 더욱 가을답게 느끼게 하는 꽃무리가 있다. 통칭하여 들국화라 부르는 것들이다. 들국화는 가을에 피는 국화과의 식물을 통틀어 일컫는 말일 뿐 그 자체로 들꽃 이름이 아니다.

이들 들국화 무리 중 샛노란 꽃을 흐드러지게 피우고 가을바람에 살랑거리며 고개를 젓는 대표적인 들꽃이 산국이다. 이와 꽃의 빛깔과 모양이 거의 닮아 구분이 어려운 감국이 있지만 흔하지 않아 산에서 가을에 만나는 노란색의 들국화는 대부분 산국이라고 보면 될 것 같다. 산국은 개국화라고도 일컫는데 가을 산행에서 전국 어디에서나 만날 수 있는 만큼 들국화의 대표인 가을의 들꽃이다.

산국이 흐드러지게 피어있는 곳엔 가까이만 가도 그 향기가 진동하며, 겨울이 오기 전 꿀 모으기에 한창인 벌과 나비들이 바삐 드나드는 것을 볼 수 있다. 서둘러 겨울을 준비하는 벌과 나비들의 밀원식물로 으뜸이다. '가을이면 산국의 진한 향기에 취하여 나뭇잎이 물이 든다' 한 어느 문인의 말은 산국의 향이 얼마나 짙은지를 실감케 해준다. 산국의 향을 따라 가까운 산에라도 오르며 가을을 즐기면 신선이 따로 있겠는가?

꽃말은 '순수한 사랑'이라 한다는데, 산국은 토양을 가리지 않고 어느 곳에서나 잘 자르는 식물로서 기르기 쉽고 향기와 샛노란 꽃은 관상용으로도 손색이 없으니 전원생활이 아닐지라도 한 포기 화분에 심어 집안에 가꾸며 가까이서 향을 맡으며 사랑을 속삭인다면 가을이 더욱 멋지지 않을까?

산국은 그 진한 향기 때문에 이를 이용하여 천연화장품과 방향제로 이용되는데 몇 년 전부터 화천군은 군내 곳곳에 산국 재배 단지를 조성하여 농가 소득 증대와 농민들의 일자리 창출을 꾀하고 있다고 하니 이용가치가 높은 고마운 식물이다. 그래서 하나님께서 만드셨으리라.

산국의 꽃은 진정·해독·소종 등의 약효가 있어 두통과 어지럼증, 불면증에 효능이 있다고 하는데, 필자의 아내는 산국의 꽃잎을 따서 깨끗이 씻어 말려서 공기가 잘 통하는 작은 헝겊 주머니에 담아 베개 속에 넣고 자는데, 은은한 향기와 함께 잠이 잘 온다고 한다.

산국은 그 맛이 독하여 보통은 차로 만들어 마시지 않지만 필자는 해마다 꽃잎을 따서 간단한 법제 과정을 거쳐 말려 두었다가 겨울에 차로 마시며 향을 즐기고 있다. 약초의 독성을 없애는 것을 법제라 하는데 산국의 독성을 없애는 데에는 소금물에 살짝 데쳐서 그늘에서 말리면 독한 맛을 줄일 수 있다. 꽃차로 마시기에는 이 보다 감국이 더 좋은데 감국은 산국보다 꽃이 좀 더 큰데 향이 덜 진하고 맛이 순하기 때문이다.

가을 / 겨울에 만나는 들꽃·열매 18

바위솔

숲속이나 풀밭, 습지나 연못, 물가에서만 들꽃이 피는 것이 아니다. 식물 중에는 척박한 기후 조건을 견딜 수 있는 강점을 가진 것들이 있는데, 바위솔은 지나치게 메마르고 양분이 거의 없어 보이는 장소에 잘 적응하며 살아가는 식물이다. 바위솔을 와송(瓦松)이라고도 부르는데 지붕의 기와 위에서 살면서 그 생김이 솔잎을 닮았기 때문에 붙은 이름이다. 지붕 위에 자라므로 지붕지기 또는 옥송(屋松)이라고도 하고, 바위틈에 자라므로 암송(岩松), 잎의 배열이 마치 탑을 쌓아놓은 것과 같다 하여 탑송(塔松) 등 다양하게 불려진다. 잎은 선인장처럼 통통하게 살이 찌고 버들잎 모양으로 줄기를 둘러싸고 무더기로 난다. 가을철에 작은 꽃이 줄기 끝에 이삭처럼 모여서 핀다.

요즘 다육식물을 모으며 가꾸는 것을 취미로 하는 주부들이 많은데, 대부분의 다육식물은 추위에 약하나 바위솔은 영하의 날씨에도 살아가는 우리나라 자생 식물이다.

예전에는 산을 오르다보면 경사지의 척박한 곳이나 바위 위에 바위솔이 자라고 있는 것을 어렵지 않게 볼 수 있었다. 그런 기억을 더듬으며 바위솔을 찾아 나섰지만, 쉽게 찾아지지 않았다. 어디에서 만날 수 있을까? 만나기를 기대하고 있었던 차에, 강원도 문막이 친정인 교인 가정의 문상을 다녀오는 길에 교인들과 함께 인근의 치악산 구룡사에 들렀다가 일주문 기와지붕 위에 바위솔이 자라고 있는 것을 보게 되었다. 만나기를 기다렸던 만큼 반갑고 기뻤다. 철이 너무 늦은 가을이어서 꽃은 다 지고 잎도 오그라들어 있었다. 내년에 때 맞춰 오리라 마음먹고 발길을 돌렸다.

이듬해 바위솔이 꽃을 피울 9월 하순쯤에 설레는 마음으로 구룡사를 다시 찾았다. 그러나 바위솔은 흔적도 없었다. 그 사이 옛 기와를 벗겨버리고 새 기와를 올렸기 때문이다. 생명을 귀하게 여겨 일체의 살생을 금한다는 불교에서 바위솔의 생명은 생명이 아니었던가? 그토록 무참히도 씨를 말려버리다니. 고색창연이라 하지 않았던가? 바위솔이 자라고 있는 기와지붕이 오히려 사찰의 연륜을 자랑하는 것이 될 수 있었을 것을….

그 뒤 몇 년이 지난 9월 하순경에 인천녹색연합의 회원들과 함께 강화도로 야생화 탐방을 다녀올 기회가 있었다. 그 때 선원면의 충열사 지붕 위에서 바위솔을 만났다. 그 뒤로 꽃이 필 때쯤이면 더 아름다운 녀석을 사진에 담기 위해 이태를 연속 찾았다. 그러나 2년 후 가을에 보수공사를 하면서 기와를 새것으로 갈아버려 그곳에서도 이젠 더 이상 볼 수 없게 되었다. 기와가 깨진 것도 아니었는데, 그냥 두면 안 되었을까? 강화대교 건너기 전 문수산의 성곽을 따라 오르다보면 거의 중간 높이쯤에 바위가 부서져내려 경사를 이룬 곳에서 바위솔이 자라고 있었는데 아직도 그 자리를 지키고 있을지?

우리나라엔 여러 3종류의 바위솔이 자생하고 있는데 높은 산의 바위 위에선 키가 15cm 미만의 좀바위솔이 무리지어 자라는 것을 볼 수 있다.

가을 / 겨울에 만나는 들꽃·열매 19

쑥부쟁이

가을이면 무리지어 피는 국화과의 들꽃으로 첫손에 꼽는 것이 아마도 구절초일 것이다. 또 하나 쑥부쟁이 역시 구절초와 1, 2위의 자리다툼을 하며 가을을 알린다. 구절초가 주로 산지에 나지만 쑥부쟁이는 산지에는 물론 가을 들판을 걷노라면 길 가나 논둑, 그리고 바닷가의 산지 등 어디에서든지 쉽게 만날 수 있다.

구절초의 꽃이 흰색이거나 분홍색인데 쑥부쟁이는 연한 보라색이다. 또 구절초의 전초가 약용으로 많이 이용되는가 하면 쑥부쟁이는 어린 순을 나물로 무쳐 식용으로 이용한다. 어느 해인가 가을에 교인 가정의 장례가 있어 충남 웅천을 다녀오게 되었는데, 돌아오는 길에 산비탈에 지천으로 피어 있는 쑥부쟁이 몇 포기를 캐어다가 교회 뜰에 심었다. 번식이 어찌나 잘 되든지 3년쯤 지나니까 뜰 한쪽 가득 꽃을 피웠다. 마당에 핀 쑥부쟁이를 보면서 가을이 왔음을 느꼈다.

봄이 되어 새싹이 한 뼘쯤이나 자랐을 때 강원도에서 이사 온 권사님 한 분이 "이거 나물로 먹으면 맛있는데 왜 안 잡수세요?" 한다. "꽃 보려고 그러지요." "순을 잘라 나물로 먹어도 또 다시 자라서 가을에 꽃 피니까 나물해 잡수세요." 한다. 말대로 어린 순을 잘라 아내에게 주었더니 살짝 데쳐 갖은 양념을 하여 조물조물 무쳐 밥상에 올려놓았다. 봄맛이었다. 식용으로 이용된 만큼 쑥부쟁이는 옛 우리 선조들의 삶에 매우 가까이 있었고, 따라서 쑥부쟁이에 얽힌 전설도 전해져 내려온다.

식구는 많고 먹을 것이 없는 대장장이네 집의 큰딸은 늘 쑥을 캐 동생들에게 주었다. 그리하여 큰딸은 '쑥 캐러 다니는 불쟁이 딸'이란 의미에서 쑥부쟁이로 불리게 되었는데 어느 날 멧돼지를 잡기 위해 파놓은 함정에 빠진 사냥꾼을 구해 주게 되고, 첫눈에 두 사람은 사랑에 빠졌다. 사냥꾼은 '내년 가을에 다시 오겠노라' 후일을 기약하고 떠났다. 그러나 기다리던 가을이 되어도 사냥꾼은 돌아오지 않았다. 마음속으로 사냥꾼을 잊지 못하던 쑥부쟁이는 계속 쑥만 캐다가 어느 날 낭떠러지에서 떨어져 숨을 거두었다. 그런데 처녀가 죽은 그 자리에서 이름 모를 나물이 무성하게 자랐고 아름다운 꽃이 피어났단다.

4대강 개발과 함께 단양쑥부쟁이가 유명세를 타게 되었다. 단양쑥부쟁이는 우리나라에만 있는 특산 식물인데, 환경영향 평가가 제대로 이루어지지 않은 채 무분별한 개발로 서식지가 훼손되어 멸종 위기를 맞게 되었기 때문이다. 그까짓 풀 하나쯤이라고 생각할지도 모르지만 하나님께서 우리나라에만 주신 귀한 식물임을 기억한다면, 결코 마구 짓밟아버릴 수는 없으리라. 강원도 산의 좀 건조한 곳에서 가을을 노래하는 쑥부쟁이 종류는 대부분이 개쑥부쟁이다.

가을 / 겨울에 만나는 들꽃·열매 20

익모초

가을 / 겨울에 만나는 들꽃 · 열매

필자의 어린 시절 시골 할아버지 댁에 가면 처마 밑에 쑥, 구절초, 익모초 등을 베어 짚으로 엮어 추녀 밑에 매어단 것을 보았다. 이런 것들 중에는 드물게 양귀비(마약으로 단속하기 전이었을 때)도 있었다. 모두가 민간요법으로 많이 쓰였던 약초들이다.

익모초(益母草)는 한자어 이름이 의미하는 그대로 어머니들에게 유익한 약초로 예전에는 어머니들이 가정상비약으로 항상 준비해놓았을 정도로 널리 이용되었던 약초였고, 육모초(育母草)라고도 하는데 자식을 낳는 어머니의 몸을 다스리는 약초이기에 붙여진 이름이라니 익모초는 부인과 질병에 널리 이용되어 온 약재였음을 짐작할 수 있다. 지금도 인터넷 쇼핑 몰에서 여성들을 위한 자연 약초로 가장 많이 팔리는 약초들 중 하나다.

익모초는 들이나 낮은 산의 풀밭에서 자라며 키가 1미터나 되는 것도 있다. 특이하게 줄기가 네모지고 뽀얀 털이 나 있어 흰 빛을 띤 녹색으로 보인다. 줄기에 붙은 잎은 새의 깃 모양으로 좁고 기다라며 끝이 얕게 갈라져 있다. 여름에서 가을에 걸쳐 연한 홍자색의 작은 꽃이 몇 송이씩 잎겨드랑이에 달린다.

익모초는 약성만이 아니라 꽃을 가까이에서 들여다보면 신비로운 모습에 놀라게 된다. 붉은 것이 달린 것을 꽃이려니 하고 그냥 지나쳐 버리는 사람은 익모초 꽃의 신비로운 모습을 볼 수 없다. 무슨 들꽃이든지 좀 가까이에서 보는 습관을 들여 보자. 그러면 들꽃들 속에 숨겨진 아름다운 모습들에 놀랄 것이다.

오래전부터 어머니를 위한 약재로 민간에서 이용되어 왔던 만큼 이에 얽힌 이야기도 전해온다. '세상에 태어나자마자 아버지를 잃은 아들과 홀어머니가 단란하게 살았는데, 어느 날 어머니가 시름시름 병이 들어 몸져눕게 되었단다. 아들이 열 살이 되도록 어머니는 몸을 추스르지 못하자 효성이 지극한 아들은 동네 의원을 찾아갔단다. 산후조리를 잘 못하여 자궁에 병이 난 것이라면서 지어주는 두 첩의 약을 갖고 와 어머니에게 달여 드시게 하였더니 좀 차도가 있는 듯 보였으나 다시 악화되었다고 한다. 약을 더 지으려 하였으나 집이 가난하여 더 이상 약을 살 수 없어서 아들은 의원에게 집안 사정을 이야기하고 방도를 구하였더니 들에 나는 풀을 가르쳐주면서 그것을 베어다가 삶아서 그 물을 드시게 하면 된다고 일러주었단다. 아들은 정성을 다해 의원이 가르쳐 준 풀을 베어다가 정성으로 달여 드시게 하였더니 병세가 호전되어 어머니는 오랜 병을 툭툭 털고 일어나게 되었단다. 그 때까지 이름을 몰랐던 아들은 어머니에게 이로운 풀이라 하여 익모초라고 불렀단다.'

요즘 효소바람이 불어 너도나도 효소를 담그는데 익모초도 그 중 하나로 부인과의 질병에 좋다고는 하지만 먼저 병원을 찾아야 하리라 생각한다.

가을 / 겨울에 만나는 들꽃·열매 21

산솜방망이

지구상에서 살아가고 있는 식물 중 가장 많은 종류는 국화과의 식물이다. 식물도감에 보면 국화과의 식물이 세계에 약 1000속 20,000여 종이 살아가고 있는데, 우리나라에 서식하는 것만도 58속 213종이 된다고 한다. 그러니 봄부터 가을까지 주변에서 쉽게 만날 수 있는 식물이 국화과 식물인 것이다. 요즘 참 살이 나물이나 쌈 채소로 인기 있는 봄의 민들레, 참취, 곰취, 미역취, 곤드레, 치커리, 고들빼기, 그리고 쑥이 국화과 식물이다. 가을이면 산과 들, 바닷가에 흐드러지게 피는 산국, 쑥부쟁이, 구절초, 해국 등도 국화과 식물이다. 오늘은 이 많은 국화과 들꽃 중 다리품을 팔아야 만날 수 있는 산솜방망이를 소개한다.

산솜방망이는 산과 솜방망이가 합쳐진 이름이다. 솜방망이는 잎을 솜털이 덮고 있고 줄기에도 거미줄 같은 털이 나 있으며, 꽃이 윗부분에 모여 피는 모양이 방망이 같다고 붙여진 이름이다. 솜방망이 역시 국화과의 식물로 5~6월에 무덤가의 양지 바른 곳이나 논둑 등에 노란색의 꽃이 뭉쳐 핀다. 산을 자주 찾는 사람이라면 초여름에 쉽게 만나지는 들꽃이다. 아마도 이미 만난 적이 있을 터이지만 통성명을 하지 않았기 때문에 모르고 지냈을 것이다.

산솜방망이는 두메솜방망이라고도 부르는 만큼 높은 산 양지바른 곳에서 자란다. 우리나라에서는 전국적으로 자라지만 높은 산에서 자라기 때문에 쉽게 만날 수 없다. 꽃은 8월 말에서 9월쯤에 주황색으로 핀다. 솜방망이류 중에서 이 산솜방망이가 인기가 높은 것은 햇볕이 따가운 때에 강렬한 주황색 꽃빛깔이 특별하고 꽃잎이 뒤로 젖혀지듯 아래로 달리는 모습이 이 꽃만이 보여주는 매력이기 때문이다.

내가 처음 산솜방망이를 만난 곳은 강원도 태백의 대덕산(해발 1,307m)에서였다. 그렇게 높은 곳을 올라야 보겠구나… 하고 놀라워할 수도 있을 것이다. 고한에서 태백으로 넘어가는 높은 고개가 싸리재이다. 주변에 싸리나무가 지천이어서 붙인 이름이지만 공식 이름은 두문동재이다. 고려가 망한 후 조선에 충성하기를 마다한 사람들 중 일부가 개성을 떠나 이곳에 와서 두문불출(杜門不出)했다고 한데서 유래한 이름이다. 싸리재는 해발 1,286m, 이곳에 차를 세워놓고 오르는 길이니 힘든 산행이 아니다. 대덕산 일대는 산상의 화원이라 불릴 만큼 봄부터 가을까지 들꽃이 다투어 피고 지는 곳이다. 한국특산식물 15종, 멸종위기에 놓인 희귀식물 16종 등 1천여 종이 자라고 있는 곳으로 자연생태보존지역으로 지정되어 사전 예약을 통해 입산할 수 있는 곳이기도 하다. 태백시 홈페이지 관광코너를 통해 신청하면 된다. 정선에서 태백 쪽으로 여행할 기회가 있으면 꼭 한 번 들러보면 후회 없을 것이다.

가을 / 겨울에 만나는 들꽃·열매 22

해국

가을에 피는 국화과의 들꽃은 산과 들에서만 피는 것이 아니다. 바닷가에서도 여러 종류의 국화과의 들꽃들을 만날 수 있다. 바닷가의 건조한 곳에서는 갯쑥부쟁이, 습지에서는 갯개미취, 그리고 바닷가 절벽이나 바위틈에서는 해국이 꽃을 피운다.

대부분의 사람들이 바닷가에 서면 푸른빛 바다와 하얀 파도를 바라보며 그 넓고 시원함에 환호성을 지른다. 그러나 눈을 발 아래로 향하고 바위틈이나 절벽을 내려다보면 거기에 생명이 자라고 있음을 볼 수 있는데, 그 때가 가을이라면 해국이 핀 것을 보게 될 것이다. 해국은 해변국(海邊菊)이라고도 부르는 만큼 바닷가에서만 볼 수 있는 가을꽃이다. 그러하기에 가을에 바닷가에 서 있었으면서 바다와 파도만 보고 해국을 보지 못하고 돌아온다면 바다를 다 본 것이라고 할 수 없지 않을까?

나와 해국과의 첫 만남은 15년 전 5백년 넘은 동백나무 군락지로 유명한 서천의 동백정을 찾았을 때였다. 그해가 내 환갑인 해였는데, 우연히도 환갑날이 교인 가정의 장례일이어서 충북 옥천에 가서 하관예배를 마치고 교인들과 헤어져 아내와 함께 2박3일 지방 여행을 하는 것으로 환갑잔치를 대신했다. 돌아오는 길에 동백정을 들렀는데, 거기 바닷가 절벽 바위틈에 해국이 자라고 있었다. 봄이라 아직 꽃은 없었으나 해국이 자라는 것을 본 것만으로도 기뻤다. 그해 10월에 당일 일정으로 그곳을 다시 찾아가 해국과의 만남을 가졌다.

해국이 자라는 곳을 보면 비가 내릴 때를 제외하고는 물 한모금도 없고, 뿌리를 내릴만한 흙도 거의 없어 보이는 바닷가의 바위틈에 뿌리를 내리고 모진 삶을 버티어낸다. 잎은 주걱 모양으로 질이 두껍고 털이 많아 부드럽게 느껴지며 겨울에도 말라죽지 않고 살아있는 반상록성(半常綠性)이며, 줄기는 아래쪽이 목질화(木質化)하는 반목본성(半木本性)식물이다. 그래서인가 살을 에는 겨울의 매운바람이나 뭍의 식물들도 말라죽는 목마른 가뭄이나 손을 대기 어려울 만큼 달아오르는 한여름 땡볕과 금방이라도 씻겨 낼 듯이 태풍이 파도를 때려 바닷물을 퍼부어도 이 모든 시련을 다 이겨내고 해마다 가을이면 어김없이 연한 보라색 꽃을 피운다. 꽃말이 '기다림'인 것을 보면 아마도 그 기다림 때문에 모진 시련을 이겨내었는가 보다.

해국은 우리나라가 원산으로 종 기원이 울릉도와 독도로서 강원도 양양지역에서 일본 서해안으로 전파되었다고 하는데, 영남대 독도연구소의 노력으로 1910년 3월 9일 미국에서 운영하는 세계유전자은행(NCBI)에 등록된 만큼 귀한 꽃이다. 귀한 것을 귀하게 대할 줄 아는 것이 자연 사랑, 하나님 사랑이라고 생각한다.

가을 / 겨울에 만나는 들꽃·열매 23

개미취

가을은 국화과 들꽃들의 세상이다. 산과 들, 강이나 바닷가 어디를 가든 국화과의 들꽃 들을 만날 수 있다. 산자락에는 쑥부쟁이와 구절초, 바닷가 해변에는 갯개미취, 바위 절벽에는 해국 등의 들꽃들이 가을을 노래한다.

이들 국화과 들꽃 중에 개미취가 있다. 분홍빛을 띤 보라색의 고운 자태가 가을의 정취를 한껏 느끼게 한다. 개미취는 가을을 장식하는 국화과의 들꽃들 중 키가 가장 커서 보통 1m를 넘어 어떤 것은 사람 키를 넘는 것도 있다. 그래서 화단에 심을 때에는 맨 뒤쪽에 자리를 잡아주어야 한다.

식물도감에는 한국 전역에 자생하는 것으로 소개되어 있으나 필자는 쉽게 만나지 못했던 들꽃이다. 그러다가 강화로 이사해서 읍에서 집으로 들어가는 길에 있는 울타리도 없는 어느 집 뜰에 가을이면 키가 늘씬하면서 소담스럽게 피는 아름다운 들꽃을 보게 되었다. 차를 멈추고 가까이 다가가보니 도감에서만 보았던 개미취였다. 여기서 만나다니 매우 반가웠다. 주인을 찾았더니 60을 넘었을 부인이 나왔다. 들꽃을 좋아해서 이천의 친정에서 얻어다 가꾸게 되었다고 한다. 우리 집 정원에도 한 포기 심었으면 해서 분양을 요청했다. 꽃이 지고 나면 묵은 줄기는 죽고 봄에 옆에 새순이 돋는데 그 때에 옮겨야 하니까 봄에 오란다.

그해 겨울은 왜 그리 긴지. 봄이 와서 새싹이 제법 자랐다싶을 때쯤 찾아갔다. 나 보고 뽑아 가란다. 많이 뽑아 가라는 것을 조심스러워 두 포기만 뽑았다. 들꽃을 좋아하는 사람끼리는 마음이 통하는 법, 답례로 집에서 번식시킨 해국 두 포기를 전해주었다. 집에 돌아와 담 귀퉁이에 심었는데 그녀석이 꽃을 피워주었다. 내년에는 많은 가족을 거느리고 더 풍성하게 꽃을 피워주겠거니 생각하니 마음이 흐뭇하다.

나물을 의미하는 '취'자가 붙은 것은 봄에 어린 순을 나물로 먹을 수 있기 때문이고, 줄기에는 까칠까칠한 털 같은 것이 드문드문 나 있는데, 이것이 마치 개미가 붙은 것 같다 해서 개미+취란 이름이 붙여졌다고 한다. 봄에 나물로 먹기 위해서는 데쳐낸 후 물에 담가 우려내는 것을 잊지 않도록 주의를 요한다. 개미취는 나비들이 즐겨 찾는 가을 들꽃인데, 줄기는 곧게 서며 꽃자루가 없이 줄기 끝에 꽃이 모여서 피기(이렇게 피는 것을 두상(頭狀) 꽃차례라고 한다) 때문에 소담스럽다.

대부분의 들꽃들이 약초가 아닌 것이 없듯이 개미취도 한방에서는 그 뿌리를 자원(紫菀)이라고 하는데 다려서 그 물을 마시면 가래를 삭이고 기침을 멈추게 함으로 백일해, 만성기관지염, 폐렴 치료에 효과를 보인다고 한다.
개미취와 같은 속에 속했으면서 전국의 가을 산에서 흔하게 만날 수 있는 들꽃으로는 쑥부쟁이보다는 꽃잎이 작은 까실쑥부쟁이가 있다.

가을 / 겨울에 만나는 들꽃·열매 24

구절초

가을은 들국화의 계절이다. 흔히 산에 피는 노란색의 산국을 들국화라고 하는 데 실은 가을에 산과 들에 피는 국화과의 들꽃들을 통틀어 일컫는 말이다. 바닷가의 습지에서는 갯개미취, 좀 건조한 곳에서는 갯쑥부쟁이, 암벽에서는 해국이 가을의 아름다움을 장식한다. 산에서는 산국과 감국, 쑥부쟁이, 개미취, 그리고 구절초가 흐드러지게 핀다.

이들 가운데 가장 가을을 대표하는 꽃은 구절초이다. 그러기에 구절초가 피면 가을이 오고 구절초가 지면 가을이 간다고 한다. 구절초는 5월 단오에는 줄기가 다섯 마디가 되고, 음력 9월 9일이면 아홉 마디까지 자란다 하여 구절초(九折草, 九節草)라고 부르는데, 9월말쯤에서 꽃을 피우기 시작하여 10월 하순에서 11월 초순이면 절정을 이룬다. 가을이면 국화 전시회가 열리는 때를 전후하여 전국의 여러 곳에서 구절초 축제도 열린다. 사람의 손길에 다듬어진 국화와는 달리 구절초는 절로 자라 피어난 것이기에 자연 그대로의 아름다움에 취하게 한다. 무리지어 피어있는 구절초가 바람이라도 불면 하늘거리며 춤을 추는 것이 마치도 나비들의 군무를 보는 것 같다.

구절초는 예로부터 부인병에 좋은 약재로 써왔다. 그래서 꽃말이 '어머니의 사랑'인가 보다. 하지만 위장의 활동을 돕고 몸을 따뜻하게 하는 기능이 있어 남녀 모두에게 좋은 약재인데, 음력 9월에 채취한 것이 약효가 가장 좋다고 한다. 병원이 멀었던 때 시골 집 처마 밑에 뒷산에서 캐어온 구절초를 짚으로 엮어 매달아 놓은 것을 본 것이 기억난다. 필요할 때 달여 먹기 위한 일종의 가정상비약이었으리라. 구절초가 절정일 때 꽃을 따서 그늘에서 말려 두었다가 더운 물에 꽃잎 두세 개를 띄워 마시면 신선이 마시는 차가 바로 이것이 아닐까?

구절초가 가을을 대표하는 꽃인 것은 백두산에서 한라산에 이르기까지 전국 어디에서나 피기 때문이다. 그렇다고 똑같은 구절초가 아니다. 꽃의 색이나 잎의 생김새, 그리고 자라는 곳에 따라 각기 다른 이름으로 피어난다. 백두산의 척박한 화산재에서 자라는 바위구절초, 황해도 서흥 지방의 참나무 숲에서 자라는 서흥구절초, 한탄강의 강가에 나는 포천구절초, 중부 이남의 낙동강 변에서 자라는 낙동구절초, 한라산의 해발 1300m 이상에 나는 한라구절초 등등. 대부분의 구절초가 흰색이거나 분홍색인데 서흥구절초는 자홍색으로 특별한 매력을 풍긴다. 마침 서흥구절초를 분양하는 곳이 있어서 여름 늦게 포트 묘를 구입하여 뜰에 심은 것이 몇 송이 꽃을 피웠는데 이듬해에는 한 아름 꽃다발을 선물하여주었다. 뜰이 없더라도 구절초 한 포기쯤 화분에 가꾸어 가을을 즐기는 여유를 갖는다면 삶이 좀 더 풍요로울 것으로 믿는다.

가을 / 겨울에 만나는 들꽃·열매 25

과남풀

과남풀은 용담과 용담속의 여러해살이 들꽃이다. 용담과의 식물들 중에는 키가 커서 큰용담, 앞이 용담에 비해 월등히 길고 좁은 것이 마치 칼과 닮았다(피침형) 하여 칼잎용담이라고도 구분하여 불렸는데 2007년에 이 셋을 과남풀로 통일하였다. 전문가들에게도 구분이 잘 안 되어 헷갈리는 이름이었던 모양이다.

과남풀과 용담은 꽃의 모양에서 구분이 되지만 일반적으로는 과남풀도 용담이라고 부른다. 용담과의 들꽃들은 과남풀을 포함하여 용담이란 이름이 붙은 것들과 구슬붕이란 이름이 붙은 것들로 나누어지는데 용담들은 여러해살이풀이고 구슬붕이들은 월년초(두해살이풀)인 것이 크게 다르다.

용담이란 이름이 붙은 것은 뿌리가 용의 쓸개만큼이나 쓰다고 한데서 유래했다고 하는데 그런 만큼 한방에서 귀하게 쓰이는 약재다. 필자가 은퇴하던 해 가을에 지인과 함께 투구꽃을 만나러 함백산을 찾았다. 해발 1500여 미터가 넘는 높은 산이지만, 정상에 송신소가 있어 정상까지 도로포장이 되어 있어 차로 오를 수 있는 곳이다. 높은 산엔 고도가 높을수록 바람이 세어 큰 나무들이 자라지 못하고 자라더라도 한쪽으로 기울어져 자라고 키도 작고 그 밑엔 풀밭을 이루고 있다. 8부 능선쯤 되는 곳에 이르니 풀밭에 드문드문 투구꽃이 보이고 보라색의 과남풀은 거기서는 흔한 들꽃이었다. 과남풀은 전국의 산지에서 자라는 늘꽃으로 정색을 띤 보라색이 밤 흘리며 산을 오르는 사람들에게 시원함을 준다.

과남풀은 산지의 습기가 많은 곳에서 자라는 것으로 도감에 소개되어 있는데 그렇게 높은 산에서 어떻게 자랄까? 높은 산이라 습기가 적을 것이라는 나의 선입견이 의문을 품게 하였다. 그러나 그것은 나의 기우였다. 하나님께서 매일처럼 물을 주시는 것을 몰랐던 것이다. 산 아래 계곡의 물이 말라 있는 때에도 높은 산의 풀밭에선 풀이 싱싱하다.

독자들도 높은 산의 봉우리에 걸쳐 구름이 지나는 것을 보았을 것이다. 그 구름이 지나가면서 풀잎마다 흠뻑 물로 적셔주는 것이다. 또 높은 산에는 낮과 밤의 기온차가 커서 밤에 이슬이 많이 내린다. 이슬이 얼마나 많이 내리는지 그 물은 줄기를 타고 내려 땅속에 저장이 되고, 풀이 무성한지라 낮의 햇볕에도 땅이 마르지 않고 축축하게 젖어 있는 것이다. 고산에서도 들꽃들이 자라게 하신 하나님의 신비에 감탄한다. 산과 들의 들꽃들을 자라게 하시고 꽃피우시는 하나님을 잊을 때가 얼마나 많았던가?

용담 중에는 아주 귀하여 필자도 아직 만나지 못한 종류가 있는데 비로용담이라는 들꽃이다. 금강산 비로봉에서 처음 발견했다 하여 비로용담이라 이름 붙여졌다는데 과남풀이나 용담보다는 키가 낮아 땅에 붙다싶은 것이 특징이다. 강원도 이북의 높은 산에서만 볼 수 있는데 백두산에서 많이 자라고 있다. 어서 통일이 되어 백두산의 비로용담을 만났으면!

가을 / 겨울에 만나는 들꽃·열매 26

꽃향유

봄에 피는 들꽃들은 그 아름다움으로 사람의 시선을 끌지만, 가을의 들꽃들은 향기로 사람들을 유혹한다. 그 중에 국화과의 구절초, 산국, 감국의 향기가 가을을 냄새로 느끼게 한다. 이들보다 더 짙은 향기를 뿜어내는 가을의 들꽃이 꽃향유다. 꽃향유는 우리나라 전역에서 만날 수 있는 꿀풀과의 들꽃으로 가을 산행에서 어디에서나 길 가에서 반갑게 반겨주는 들꽃이다.

강화에 언덕 위에 작은 하얀 집을 짓기 시작한 때가 가을이었다. 건축비도 넉넉지 못했지만 은퇴 후에 두 부부가 살 집이니 클 필요가 없다고 생각되었다. 집은 작아도 주변에 나무와 풀들이 있어 좋았고, 100여 미터 남짓 떨어진 건너편 산은 그대로 우리 정원 같아서 좋았다. 집을 짓고 있는 동안 집이 얼마나 지어졌나? 궁금하여 자주 드나들었는데, 집터 옆에 꽃향유가 몇 포기 피어 있는 것을 보게 되었다. 어떤 이는 잡초라 하여 귀찮아 할 수도 있겠지만 필자에게는 집 옆에 절로 나서 자라는 들꽃이 있다는 것이 좋았다. 몇 년 사이에 군락을 이루어 꽃향유 정원을 이루었다. 나를 이렇게 아름다운 정원에서 살게 하시다니, 하나님의 은혜에 감사, 또 감사!

꽃향유는 10월이면 분홍빛이 나는 자주색 꽃을 피우는데 그 향기는 가을을 대표한다. 그래서인가 꽃말이 '추향, 가을의 향기'란다. 꽃이나 잎에서 특별한 향을 가진 식물을 허브식물이라고 하는데, 꽃향유는 우리 땅에서 자라는 대표적인 허브 식물이다. 꽃향유를 닮은 식물 중에 배초향(=방아풀)이 있다. 같은 꿀풀과의 식물이지만 꽃향유는 한해살이풀이고 배초향은 여러해살이풀이다.

경남 지역에서는 배초향 특유의 향 때문에 그 잎을 생선 요리할 때 넣어 비린내를 제거하는 데 이용한다. 같은 이치로 우리나라 사람들이 여름철 보양식으로 즐겨 먹는 ○○탕에도 방아풀잎을 썰어 넣어 먹기도 한다. 필자도 음식에 이용하기 위해 방아풀을 마당 한쪽에 심어놓았다.

꽃향유는 꽃이 피는 모양이 특이하여 꽃자루가 없는 작은 꽃들이 줄기 한쪽으로 몰려 빽빽하게 모여 하나의 꽃처럼 보인다. 한해살이풀이지만 척박한 땅에서도 잘 자라며 한 번 심으면 계속해서 씨를 퍼뜨려 군락을 이루며 피어 있는 기간이 길어 늦가을까지 향기를 맡고 꽃을 즐길 수 있는 우리 토종이니 사랑 받을만하지 않은가!

가을 / 겨울에 만나는 들꽃·열매 27

산부추

부추를 모르는 사람은 아무도 없을 것이다. 부추는 식탁에서 자주 볼 수 있는 채소 중 하나다. 필자는 부추를 넣은 오이소박이를 무척 좋아해서 그것 하나만 밥상에 놓이면 그날은 다른 반찬은 없어도 된다.

부추는 부추김치, 부추 무침, 부추전 뿐 아니라 거의 모든 음식에 부재료로 사용할 수 있는 채소다. 뿐만 아니라 부추가 지닌 몸에 좋은 약성 때문에 약용식물로 이용되는 귀한 채소로 마늘과 비슷한 강장효과가 있으며 자율신경을 자극하여 에너지 대사를 활발히 해 준다고 한다. 또한 항산화 작용을 하는 성분이 있어 노화의 원인이 되는 활성산소 발생을 억제하고, 간에 대한 독소 분해와 호르몬 생성 등 다양한 효능 때문에 건강식품으로 첫손가락에 꼽는 채소다.

부추를 부부의 정을 오래도록 유지시켜 준다는 뜻으로 정구지(精久持))라고도 부르는 것은 부추가 남자의 정력을 돋구어주는 식품으로 여겨졌기 때문인 것 같다. '봄 부추는 인삼 녹용과도 안 바꾼다', '봄 부추 한 단이 피 한 방울 보다 낫다'는 속담이 있을 정도로 부추는 과거 우리 조상들에게 귀한 채소였음을 알 수 있다.

이렇게 좋은 부추가 산에도 있다. 밭에 심어 가꾸는 부추가 아니라 산에서 절로 나서 자라기에 산부추라고 한다. 부추나 산부추, 파, 마늘이 다 백합과의 파속에 속하는 서로 사촌간인 식불로 매운 맛이 비슷하다. 부추와 산부추는 그 생김이 거의 비슷하나, 꽃의 색에서 크게 달라 부추는 흰색의 꽃이 피는데, 산부추는 홍자색의 꽃이 피어 더 아름답다. 가을이 깊어가면서 들꽃을 보기 힘들어가는 즈음에 산에 오르다가 산부추를 만날 수 있는 것은 산행의 또 다른 즐거움이다.

산부추는 산과 들의 풀밭 축축한 곳에서 자라는데, 때로는 높은 산의 바위틈에서도 볼 수 있는 이 아이는 특별히 한라부추라고 부르는 아이다. 꽃의 색이나 모양이 같아 전문가가 아니면 구분이 어렵다. 그래서 필자는 그냥 통틀어 산부추라고 부른다. 산부추의 꽃말이 '신선'인 것은 신선이 먹는 풀이란 의미에서였을까?

예전엔 봄에 어린 순과 뿌리를 캐어 나물로 먹기도 하고 고추장에 찍어 먹기도 했는데, 요즘은 들꽃으로 더욱 사랑을 받는 것 같다. 그래서인가 들꽃 애호가들의 화분에서 가꾸어지기도 하며 수목원이나 식물원에 가면 으레 한 자리 차지하고 있는 들꽃이 되었다. 초가을에서 늦가을에 걸쳐 꽃이 피기 때문에 가을 정원을 꾸미기에 적합한 들꽃이다. 필자의 집에도 한 포기가 자라 꽃을 피웠는데 이번 가을에 씨를 받아 식구를 늘려주어야겠다.

사람들은 밭에서 가꾸는 것보다는 자연에서 절로 나는 것을 더 귀하게 여긴다. 인삼 보다는 산삼이 더 귀한 대접을 받듯이. 산에서 절로 나서 신선이 먹는 풀이니 부추보다 산부추가 더 약효가 좋지 않을까? 필자의 생각이다.

가을 / 겨울에 만나는 들꽃·열매 28

억새

가을의 들과 산, 저지대에서 고지대에 이르기까지 어느 곳에서나 만날 수 있는 가을꽃이 억새꽃이다. 가을에 무리지어 하얀 깃털을 날리는 모습이 장관이다.

억새꽃이라고 해야 할까? 억새풀이라고 해야 할까? 봄과 여름에 파랗고 가드란 긴 잎만 있을 때에는 억새풀이 맞을 것이고, 가을에 흰 깃털을 날리며 아름다움을 뽐낼 때에는 억새꽃이라고 해야 할 것으로 생각한다. 모든 들꽃들이 꽃이 없을 때는 풀일 뿐이다. 그렇다고 꽃이 없을 때와 있을 때를 구분하여 ~풀, ~꽃이라고 구분지어 말하지 않는 것처럼 억새도 굳이 구분 지어 말할 까닭이 없지 않을까? 그냥 억새라고 하면 누구든 가을의 하얀 억새꽃밭을 생각할 것이다.

가을이면 전국 곳곳에서 은빛 물결을 이룬 억새축제가 열린다. 이들 중 가장 먼저 유명세를 탄 곳이 정선의 민둥산일 것이다. 민둥산은 그 이름이 말해주듯이 특이하게도 산 정상에 나무 대신 억새가 군락을 이루고 있는데, 그 넓이가 14만평이나 된다고 한다. 민둥산은 전남 장흥의 천관산, 경남 밀양의 사자평, 경남 창영의 화왕산, 포천의 명성산과 함께 5대 억새 군락지로 꼽힌다. 이 중 6만평의 억새밭을 자랑하는 명성산은 수도권에서 당일에 다녀올만한 거리이다. 이것도 멀다 여겨진다면 서울 상암동 월드컵공원 안에 있는 하늘공원을 다녀오면 좋을 듯싶다. 대중교통을 몇 번 갈아타는 수고만 하면 쉽게 다녀올 수 있다.

하늘공원은 서울의 쓰레기 매립장이었던 곳에 들어선 생태공원이다. 필자가 고등학교시절 샛강과 한강 본류 사이에 넓은 난지섬이 있었다. 당시 필자는 수색에서 살았던 관계로 여름이면 40여분을 걸어 샛강에서 멱을 감기도 하고 조개를 잡기도 했으며 그도 성에 안차면 난지도를 가로질러 걸어가 큰강(한강본류를 그렇게 불렀다)까지 가서 수영도 하였었다.

난지도는 오랫동안 퇴적물이 쌓여 된 모래땅으로 주로 땅콩 농사를 짓던 곳이었다. 그러다가 쓰레기 매립장이 되면서부터 샛강도 사라지고 조개도 사라지게 되었을 뿐 아니라, 그곳을 지나려면 쓰레기에서 나는 악취로 코를 막아야 했던 곳이었다. 그 쓰레기가 산을 이룬 곳에 만들어진 공원이 하늘공원이다. 여기에 제주도에서 억새를 옮겨와 심었다고 하는데 지금은 가을 억새의 명소가 되었다.

하늘공원을 찾는다면 억새만 보려 하지 말고 억새의 뿌리 근처를 살펴보면 연한 홍자색의 별난 꽃을 만날 수 있다. 억새밭에 기생하는 야고라 이름 하는 들꽃이다. 제주도에서만 볼 수 있었던 들꽃인데, 제주도의 억새를 옮겨와 심으면서 함께 따라와 하늘공원에서도 볼 수 있게 되었다. 단, 야고를 보려면 9월 말쯤에 가야 한다.

억새가 손짓할 때 강이나 바닷가 갯벌에서는 갈대가 손짓한다. 금강의 신성리 갈대밭은 서울에서 하루 일정으로 다녀오기 좋은 가을 여행 코스다.

가을 / 겨울에 만나는 들꽃·열매 29

털머위

가을이 깊어지면 들꽃을 보기 어렵게 된다. 서리라도 한 번 맞으면 어제까지 아름다움을 자랑하던 가을의 들꽃들이 고개를 숙여버린다. 화무십일홍(花無十日紅)이라 하였던가? 그 뜻 그대로 하면 아무리 아름답고 붉은 꽃이라도 열흘을 넘기기 어렵다는 뜻이리라.

그러나 국화과의 털머위는 다른 국화과의 들꽃과는 달리 피어 있는 기간이 길어서 10월에서 12월에까지 꽃을 볼 수 있으니 산과 들에 나는 들꽃 중 가장 늦게까지 피는 꽃이라고 생각된다. 아쉬운 것은 이 꽃을 보려면 남부지방으로 가야 한다는 것이다. 털머위는 한국, 일본 원산으로 울릉도와 제주도를 비롯한 남부 섬 지방과 해안에 주로 자라는 상록성 식물로서 꽃이 없는 시기에는 두껍고 푸른 잎이 볼만하다.

가장 쉽게 볼 수 있는 곳이 제주도와 울릉도가 아닌가 싶다. 제주의 용암이 빚은 돌과 어울린 털머위는 초겨울 제주의 뜰을 가장 제주답게 수놓는 식물 가운데 하나이다. 가을에 울릉도를 찾는다면 해안가 절벽에 가을의 들꽃인 연한 자주색의 해국과 노란색의 털머위꽃이 어울린 것이 장관이다. 꽃말이 '다시 발견한 사랑'인 것은 거의 모든 꽃이 사라진 때, 그래서 꿀을 구하기 힘들게 된 벌들에게 얻은 꽃말인 듯, 또는 이제는 들꽃을 볼 수 없겠다고 생각될 그 때에 환하게 웃어주는 들꽃이기에 붙여진 듯싶다.

근래에 와서 중부지방에서도 정원에 심어 가꾸고 있는데 가을에 꽃을 피우고 겨울에는 잎이 얼어 죽고 봄에 새로운 잎이 나오므로 사철 푸른 잎을 보는 것만 기대하지 않는다면 가꾸어볼만하다. 필자의 교회에도 십년 전쯤에 들꽃 가게에서 한 뿌리를 사다 심었는데 해마다 진노랑 꽃을 피우고 포기가 벌어 강화에까지 시집와서 바위틈에서 가을이면 남국의 정취를 느끼게 한다. 화분에 심어 실내에서 가꾼다면 아파트의 베란다에서도 사철 진한 녹색의 둥글고 큰 잎을 감상하며 꽃도 볼 수 있어 외국에서 들여온 어떤 식물에도 뒤지지 않다고 생각된다. 독자들 가정에서도 한 포기쯤 가꾸어보기를 권하고 싶다. 우리 것이니까.

　봄에 잎을 나물로 먹는 머위가 있다. 털머위는 잎이 머위와 비슷하면서 줄기와 잎의 뒷면에 연한 갈색 털이 많이 났기에 붙여진 이름이다. 봄에 피는 머위 꽃은 털머위와는 전혀 다른 모양이다. 또 북한에서는 말곰취라고 한다는데, 이는 곰취의 꽃과 비슷하다고 하여 붙여진 이름이라고 하는데, '말'자가 붙은 것은 그 잎과 꽃이 곰취보다 넓고 크기 때문이라고 생각된다. 머위는 봄에 즐겨 먹는 나물인데, 털머위는 독성이 강하여 나물로 먹을 때는 주의를 요하는 식물이다.

가을 / 겨울에 만나는 들꽃·열매 30

팔손이나무

겨울에 피는 꽃은 없을까? 실내에서야 연중 꽃을 볼 수 있겠지만, 자연에서 겨울에도 꽃을 볼 수 있다면 그런 꽃은 없을까? 동백은 이름이 말해주듯 11월부터 이듬해 4월까지 피고 지기를 하는 꽃이라 겨울에도 꽃을 볼 수 있다. 동백 외에 12월에 자연에서 볼 수 있는 꽃 중 하나가 팔손이나무다.

손바닥을 펼친 것 같은 넓은 잎이 보통 7~9 갈래로 갈라지기 때문에 평균적으로 8 갈래라고 보아 팔손이나무라고 한다. 팔손이나무의 종명에 japonica라는 단어가 들어가는데 이는 일본산이란 뜻으로 일본 냄새가 나지만 우리나라 남해안과 섬 바닷가의 습기가 많은 곳에서 자라는 우리 자생 나무이다. 겨울에 동백섬으로 널리 알려진 여수 오동도나 제주도를 찾는다면 넓고 푸른 잎을 자랑하며 자라고 있는 녀석들을 쉽게 만날 수 있을 것이다.

팔손이나무는 우리나라의 남해안 지방에서는 노지에서 겨울을 지내며 12월경에 흰 꽃이 핀 후 열매를 맺고 넓고 광택이 있는 잎이 항상 푸른 식물이다. 우리나라 자생식물 중에서 실내에서 재배하기에 매우 적합한 식물로 반짝이는 넓은 잎의 생김새와 겨울에 하얀 꽃을 피우는 것 외에도 자생식물 중에서 가장 대표적인 공기정화식물로 사랑받는 나무다.

새집으로 이사한 뒤 두통, 기침, 그리고 눈, 코, 목의 자극, 피부염 등의 증상이 발생하여 새집에 살게 된 가족의 건강에 좋지 않은 영향이 나타나는 것을 새집증후군이라고 한다. 새집증후군은 벽지, 바닥재, 페인트, 접착제 등과 같이 집을 지을 때 사용된 건축자재들에 있던 휘발성 유기화학물질들이 실내 공기를 오염시키고 건강상의 문제를 일으키는데 이러한 새집증후군을 일으키는 주요 원인물질들 중 하나가 포름알데히드라고 한다.

팔손이나무는 포름알데히드 제거 능력이 우수하여 화분에 심어 거실의 창가에 놓으면 새집증후군 완화에 효과적이고, 습도 발생량이 많아 겨울철 실내의 건조를 막아 감기 예방에도 도움이 된다고 한다. 또한 음이온이 많이 발생하므로 화분에 심어 공부방에 놓으면 좋은 식물로 건강을 위해서 그리고 잎이 커서 시원시원하고 꽃도 피어 관상용으로도 다른 어느 것에 빠짐이 없으니 가정마다 한 화분씩을 들여놓아야 할 나무라고 하겠다. 필자도 이 글을 쓰면서 당장에 몇 천 원하는 작은 분을 하나 구입하였다.

한국에서는 경상남도 남해도와 거제도에서 자생하고 있는데, 경상남도 통영시 한산면 비진도의 팔손이나무 군락지는 천연기념물 제63호로 지정되어 보호받고 있다. 겨울에 눈이 많이 오는 울릉도에서도 자라고 있는 것으로 보아 추위에 아주 약한 식물은 아닌 듯싶다.

가을 / 겨울에 만나는 들꽃·열매 31

차나무꽃

가을이 깊어가면서 낙엽이 지고 앙상한 가지만 남은 나무들을 보면 기분이 스산하다. 이제 들꽃을 만나려면 추운 겨울엔 쉬고 내년 봄을 기다려야만 할까보다. 그러나 찾아 나서면 겨울에도 자연에서 피어 있는 꽃들을 만날 수 있다. 발품을 팔아 남녘으로 가 보자. 남녘엔 차나무 밭들이 많이 있다. 높지 않은 산비탈에 야생으로 자라기도 한다. 거기에서 11월에 피기 시작하여서 12월에도 하얗게 피어 있는 차나무 꽃을 만날 수 있다.

티 없이 하얀 꽃잎이며, 노란 꽃술이 매력이다. 꽃빛깔의 순결함에 손을 가까이 대기가 조심스럽다. 가까이 코를 들이대면 그 향기의 은은함이 일품이다. 그 향기에서 연인의 숨결마저 느껴지는 것은 그 꽃의 고고한 아름다움 때문인가 보다.

'차' 하면 보성녹차를 떠올리는 사람이 많다. 그도 그럴 것이 보성은 차밭을 대규모로 조성하고 재배하여 차밭의 규모나 수확량이 많기 때문에 당연한 결과라 할 것이다. 그러나 우리나라에 차나무가 처음 들어오고 재배를 시작한 곳은 하동이라고 한다. 그래서인지 하동차는 야생차가 주를 이룬다. 차나무 재배의 원조답게 하동군 도심다원에는 우리나라에서 가장 오래된 천 년 묵은 차나무가 아직도 굳건하게 자라고 있다. 이 나무에서 수확한 첫 찻잎인 '우전'은 수량이 적어 100g에 1,400만원을 받고 판매가 되었다 한다(2008년). 나무의 가치와 희소성, 차의 품질 등이 모두 매겨진 가격인 듯하다.

요즘 건강에 관한 관심이 높아지면서 건강 음료로 따끈함과 향기가 좋은 녹차가 인기를 끌고 있다. 녹차는 잎이 어릴수록 고급차로 분류를 하는데, 절기상으로 곡우를 전후하여 4월 하순에서 5월 상순경에 첫 수확을 한 녹차를 '우전'이라고 하여 이 녹차를 최고로 친다. 녹차는 수확시기에 따라 부르는 이름이 다르다. 5월말에 두 번째로 수확하는 차를 세작, 그리고 7월경에 세 번째 수확하는 차를 중작, 마지막으로 8월 하순에 수확하는 끝물을 대작이라고 부른다. 야생에서는 대나무숲 속에서 자란 녹차를 '죽로'라고 하여 옛부터 최고로 여겨왔다.

녹차를 마시면 조금 텁텁한 맛이 나는데, 이것은 녹차에 들어 있는 카테킨이란 성분 때문이라고 한다. 커피는 콜레스테롤을 증가시키지만 녹차에 풍부한 카테킨 성분은 콜레스테롤과 혈압을 낮추어 고혈압 및 동맥경화 등 성인병예방에 효과가 있다고 한다. 가정마다 차 나무 한 그루쯤 화분에 가꾸어 꽃도 감상하고 직접 찻잎을 채취하는 여유를 누리면 어떨까?

가을 / 겨울에 만나는 들꽃·열매 32

천남성

천남성은 가을이면 마치 빨간 옥수수 알이 박힌 듯싶은 열매가 맺히는데 꽃보다는 열매가 더 호화로운 들꽃이다. 찔레꽃이 한창 필 무렵 강화동지방 몇 목사님들과 함께 필자의 집 앞산인 혈구산을 올랐다. 혈구산은 해발 466m로 강화에선 두 번째로 높은 산이다.

산행 목적은 효소 담글 야생초를 뜯기 위해서였다. 그럴듯한 목적의 산행이었지만 가뭄 때문에 풀들이 시들어 생기를 잃고 있었을 뿐 아니라 무엇을 뜯어야 할지 몰라 산을 오르는 것으로 만족해야 했다. 정상에서 상쾌한 공기를 한껏 들이마시고 다른 길로 해서 내려오게 되었는데, 얼마쯤 내려왔을까 큰 나무들로 그늘져 있어 땅이 습기를 머금고 있는 약간 경사가 완만한 곳에 천남성이 군락을 이루고 있었다. 독초이기 때문에 효소 재료로 뜯을 엄두도 못 내었지만 내심 가을에 열매를 만나러 꼭 다시 오리라 마음먹었다.

여름도 가고 가을도 깊어 어느덧 초겨울을 알리는 서리가 내린 11월 중순 천남성 열매를 만나야겠다고 벼르던 산행을 했다. 지난 번 보아두었던 장소인지라 기억을 더듬으며 산을 오른다. 온통 낙엽들로 덮여 있어 어디가 길이고 아닌지 때론 분간이 안 된다. 그래도 좀 움푹 팬 곳이 길이겠거니 하고 지레짐작으로 산을 오른다. 지난 번 보아두었던 습기가 많은 큰 나무 숲이라고 생각되는데 천남성이 보이지 않는다.

약초라고 사람들이 다 캐어간 것일까? 아닐 거라고 생각해본다. 약초라고는 하지만 풀을 먹는 산짐승들도 안 먹는 독초이기 때문이다. 조금만 더 올라보자 하며 산을 오른다. 조금 더 올라서 없으면 돌아서 내려가야겠다고 생각하는데, 저만치 빨간 옥수수 알 같은 천남성 열매가 눈에 띤다. 이렇게 반가울 수가 있을까? 이날의 목적한 산행은 헛되지 않았다.

천남성의 땅속 덩이줄기는 한방에서 중풍이나 반신불수를 치료하는 중요한 약재이나 맹독성의 독초이므로 주의를 요한다. 혹시라도 빨간 열매가 먹음직하여 에덴동산의 하와처럼 한 알 입에 넣는다면 큰 일! 드라마에서 숙종이 장희빈에게 사약을 내려 죽게 하는데, 그 사약의 원료 중 하나가 천남성이었다니 그 독성을 짐작할 수 있다. 사약(賜藥)이란 '임금이 내리는 약'이라는 뜻으로 조선시대 임금이 죄를 지은 왕족이나 신하에게 독약을 내려 죽게 하는 사형제도였다. 이렇게 맹독성의 들꽃이지만 특이한 모습의 꽃과 열매 때문에 들꽃 애호가들의 사랑을 받고 있는 들꽃 중의 하나이다.

천남성(天南星)의 이름은 '남쪽에 떠있는 별의 기운을 받았다'고 해서 생겨난 이름이라고 한다. 천남성은 환경에 따라 성전환을 하는 신기한 식물이라 하는데, 필자의 집 뜰에서 자라고 있는 천남성이 올해엔 꽃도 열매도 보여주지 않은 것은 아마도 성전환을 한 것이 아닐까싶다. 내년엔 다시 암꽃으로 성전환을 했으면 좋겠다.

가을 / 겨울에 만나는 들꽃·열매 33

호랑가시나무

성탄절이 가까이 오고 있다. 성탄절에 먼저 떠올려지는 나무가 호랑가시나무다. 호랑가시나무 가지로 둥글게 다발을 만들어 현관 입구나 실내 벽에 걸어 장식하거나 성탄 카드에 은종이나 촛불과 함께 호랑가시나무 잎과 열매가 그려지는데 진초록의 잎과 붉은 열매가 매혹적이다.

호랑가시나무는 잎이 육각으로 모지고 모서리가 가시로 되는 상록의 관목(灌木=줄기가 여럿인 키 작은 나무)으로 4~5월에 작고 흰 꽃이 피지만 꽃 보다는 가을에 열매가 빨갛게 익어 꽃을 보기 힘든 겨울 내내 나무에 달려 있어 아름다움을 뽐낸다. 참고로 줄기가 곧고 키가 4~5m 이상인 나무는 교목(喬木)이라고 한다.

호랑가시나무에 얽힌 이야기가 있다. 예수님께서 골고다 언덕에서 가시관을 쓰고 이마에 피를 흘리며 고통을 받을 때 그 고통을 덜어 주려고 로빈이라는 작은 새가 예수님의 머리에 박힌 가시를 부리로 뽑아주려고 애쓰다가 자신도 가시에 찔려 죽고 말았다고 한다. 이 로빈새가 호랑가시나무의 열매를 잘 먹기 때문에 서양에서는 이 나무를 신성시 하게 되었다고 한다. 또 날카로운 가시가 나 있는 잎은 예수님이 골고다 언덕에서 머리에 쓴 가시관 즉 예수님의 고난을, 붉은 열매는 가시에 찔려 흐르는 핏방울 즉 예수님의 보혈을 상징한다고 한다.

이 외에도 우유 빛의 꽃은 예수님의 탄생을, 나무껍질의 쓰디쓴 맛은 예수님의 수난을 의미한다. 이런 저런 연유로 호랑가시나무가 성탄절에 장식용으로 쓰이고 성탄 카드에도 그려 넣게 되어 기독교와 깊은 인연을 맺게 된 나무다.

 기독교가 널리 퍼지기 전에도 로마인들은 이 나무를 집안에 심으면 재앙이 없어지고 기쁜 일이 생긴다고 믿었다고 하는데, 우리나라에서도 남해안 바닷가 마을들에서 음력 2월 초하룻날 영등날에 호랑가시나무 가지를 꺾어서 처마 끝에 매달아 가시로 귀신의 눈을 찔러 들어오지 못하게 하였다고 한다. 이런 연유에서인가 꽃말이 '가정의 행복, 평화'라고 한다.

 호랑가시나무라는 이름의 내력이 재미있다. 우리나라에서는 호랑이가 이 나무에 붙은 가시에 등을 긁는다고 하여 '호랑이 등 긁기 나무'에서 호랑가시나무가 되었다고 하고, 중국에서는 이 나무의 가시가 고양이의 발톱을 닮았다 하여 묘아자(猫兒刺), 또는 늙은 호랑이의 발톱을 닮았다 하여 노호자(老虎刺), 나무의 줄기가 개 뼈를 닮았다 하여 구골목(拘骨木) 등으로 불린다고 한다.

 호랑가시나무는 경상남도와 전라남도의 따뜻한 남쪽 지방의 산기슭 양지쪽에서 자라는 난대성 식물이지만, 남부 식물의 서식지 북상으로 지구 온난화가 증명되고 있는 것으로 보아 지금과 같은 온난화 추세라면 언젠가는 서울에서도 호랑가시나무를 보게 될 것이리라.

가을 / 겨울에 만나는 들꽃·열매 34

화살나무

오늘은 꽃보다 열매와 단풍이 아름다운 화살나무를 만나보자. 화살나무는 산기슭이나 산 중턱의 암석지에 나는 떨기나무다. 5, 6월에 피는 화살나무의 꽃은 황록색으로 매우 작아서 주의 깊게 보지 않으면 지나치기 쉬우나, 가을에 발갛게 물든 잎이나 붉은색의 열매가 매우 아름다워 요즘 정원수로도 많이 심는 나무다.

화살을 만드는 나무라서 화살나무일 듯싶지만 실은 줄기에 화살의 깃처럼 생긴 코르크의 날개가 길게 발달하여 붙여진 이름이다. 화살과 같은 날개 때문에 여러 이름으로 불리는데, 속명의 'alatus'도 라틴어로 '날개가 있다'는 뜻이며, 중국에서는 한자로 귀전우(鬼剪羽)라고 한다는데 '귀신이 쏘는 화살'이란 뜻이다. 한방에서는 혈당을 낮추고 혈과 어혈을 풀어주는 데 이용되는 약재나무로 생약명이 위모(衛矛)인 것도 코르크 날개를 이용한 한약재의 약효가 창을 막을 만큼 뛰어나다는 뜻에서 붙여진 것이라고 하니, 화살의 깃처럼 생긴 날개가 화살나무의 간판인 것이다.

필자가 화살나무를 처음 만난 것은 1.4후퇴로 충북 황간이란 곳으로 피난해서 살 때였다. 1950년 6월 25일 북한 공산군의 남침으로 사흘 만에 서울을 내어주고 국군이 일시 후퇴하였다가 유엔군의 도움으로 인천 상륙 작전에 성공하여 서울을 수복하고 북한으로 진격하여 압록강, 두만강 유역까지 진격하였을 때 중공군의 개입으로 국군이 다시 후퇴하여 1951년 1월 4일 또 한 번 서울을 내어주게 되었는데 이것이 1.4후퇴다.

6.25 전쟁 발발 당시 초등학교 5학년이었던 필자는 서울에 살고 있어 피난할 겨를도 없었지만, 1.4후퇴 때는 12월 초쯤 서둘러 피난 봇짐을 싸서 산골 중의 산골인 충북 황간이란 곳으로 피난하였다. 당시 그곳으로 피난 온 이들에게 농고 기숙사를 내어주어 여러 가정이 함께 모여 살았다.

　봄이 되자 어른들이 산에 나물을 뜯으러 간다고 해서 필자도 따라 나섰다. 커다란 바구니를 둘러메고 꽤 먼 거리를 걸어가서 길 옆 돌이 많은 산비탈로 올라섰다. 거기엔 가지마다 막 피어나는 파란 잎이 촘촘히 붙은 떨기나무들이 많이 있었는데 그 잎을 홑잎이라 했고 그곳 사람들은 이 나무를 홑잎나무라고 불렀다. 뒤에 알고 보니 이것이 화살나무였다.

　봄에 제일 먼저 맛보는 나뭇잎나물이 홑잎나물이다. 지금 필자가 사는 집 옆에도 화살나무가 몇 그루 자라고 있어서 봄이면 홑잎을 따서 나물로 먹는데 다른 산나물에서 느낄 수 없는 식감이 특별하다. 몸에 좋은 약성까지 있으니 여느 나물과 비교해도 손색이 없다. 화살나무는 떨기나무이기 때문에 한 나무만 만나도 제법 많은 홑잎나물을 얻을 수 있다. 최근에는 항암효능이 있는 것으로 알려져 주목을 받고 있는 약재나무다. 나물로, 약재로, 가을의 단풍과 열매의 아름다움으로 정원수 뿐 아니라 분재로도 환영받는 나무다.

가을 / 겨울에 만나는 들꽃·열매 35

가막살나무

늦가을에서 초겨울 들어서면서부터는 산행에서 들꽃을 만날 수 없는 대신에 아름다운 열매들을 만날 수 있다. 그 열매들이 있기까지는 이미 여름에 꽃을 피웠던 것들이어서 눈여겨본 이들이라면 그 꽃을 보았을 나무들이다. 늦가을에서 초겨울의 열매들 거의 다가 빨간색이어서 쉽게 눈에 뜨인다. 때론 잎이 다 진 나무에 열매만 달려 있어 아름다움을 뽐내는데 오늘은 그런 열매를 달고 초겨울을 맞는 나무들 중 가막살나무를 만나보자.

가막살나무는 산 중턱 이하의 숲에 나는 낙엽 관목으로 키 3m이하의 그리 크지 않은 나무다. 초여름이면 5mm정도의 작고 흰 꽃이 오밀조밀 모여 피는 모습이 귀엽다. 국어사전에 '가막'이란 단어의 뜻을 '어떤 명사 앞에 붙여 그 물건이 검거나 검은 빛에 가까운 뜻을 나타내는 말'이라 하였다. 순결하다고 할 만큼 흰색의 꽃이 피는데 왜 가막살나무일까? 줄기를 보면 거칠고 가무잡잡한 색이 도는 것을 볼 수 있는데 아마도 꽃이 피지 않았을 때 줄기만 보고 가막살나무라고 이름 붙였던 것으로 짐작된다.

중국에서는 탐춘화(探春花)라고 한다는데 여기서 탐(探)자는 '찾을 탐'자로 직역하면 '봄을 찾는 꽃'이란 뜻으로, 그 뜻대로라면 이른 봄에 꽃이 피어야 할 것인데, 실제는 5월 말에서 6월 초에 꽃이 피는 초여름의 꽃이기에 어울리지 않는 이름인 것 같다. 꿈보다 해몽이라 했던가? 초여름의 꽃이면서 아직도 봄을 잊지 못해 그리워하는 꽃이라고 해석하면 어울리는이름이기도 하다. 식물은 보통 봄에 꽃이 피면 여름에 씨(열매)를 맺고 여름에 꽃이 피면 가을에 씨(열매)를 맺는다. 가막살나무가 늦가을에서 초겨울에 빨간 열매를 맺는 것을 보면 봄의 꽃이 아니라 여름의 꽃임이 분명하다.

초겨울에 눈이라도 내리면 하얀 눈 속에서 내미는 빨간 열매가 여인의 도드라진 입술처럼 정열적이다. 그래서인가 꽃말이 '정열적인 사랑', 또 잎이 다 떨어졌어도 정열적인 색의 열매를 달고 있는 생명력 때문인가 '사랑은 죽음보다 강하다'라고도 한다. 많은 열매를 맺고 새들의 먹이가 되어주는 데서 꽃말이 '번영'이라고도 한다는데 새들이 좋아하도록 맛나게 하셨고, 새들에게 먹힌 열매는 소화되면서 씨는 그대로 몸 밖으로 버려져 자손을 많이 퍼뜨리도록 하신 하나님의 창조의 신비가 놀랍다.

필자의 집 언덕에도 가막살나무가 자라고 있어 일부러 산행을 하지 않더라도 늦봄에서 초여름에 흰색의 꽃과 늦가을에서 초겨울의 빨간 열매를 즐길 수 있어 특별한 행복을 누리고 있다. 눈이라도 내리면 소복이 흰 눈을 덮어쓴 빨간 열매가 금상첨화다.

가을 / 겨울에 만나는 들꽃·열매 36

돈나무

추운 겨울엔 실내에서가 아니면 꽃을 보기 어렵다. 들꽃은 더욱 그렇다. '들꽃' 하면 흔히 풀꽃을 생각하지만 산과 들에서 절로 자라면서 꽃을 피우는 것이라면 풀꽃과 나무에 피는 모든 식물의 꽃을 포함한다. 풀꽃 종류의 들꽃들은 추위에 움츠러들어 겨울동안 자취를 감추지만, 나무 종류 중에는 열매로 아름다움을 뽐내는 것들이 있다. 오늘은 그 중 하나인 돈나무를 만나보자. 돈나무의 꽃은 5~6월에 피지만 가을부터 열매가 익기 시작하여 겨울 동안 빨간 씨앗이 담긴 열매를 달고 있어서 꽃을 대신한다.

요즘 화원에서 인기 있는 관엽식물(잎을 관상하기 위한 나무) 중 하나가 금전수인데 흔히 돈나무로 통한다. 잎이 동전처럼 둥글어 집안에 들여놓으면 돈이 들어온다는 속설로 해서 부자 되라고 축하분으로 많이 선물하는데 오늘 만나는 돈나무는 이 금전수와는 전연 다른 나무이다.

금전수는 대만산으로 밖에서는 겨울을 날 수 없다. 그러나 돈나무는 우리나라 원산으로 남부지방의 바닷가나 산기슭에서 자생하며 겨울에도 잎이 푸른 상록의 키 작은 나무이다. 밑동에서 많은 가지가 갈라져 둥그렇게 자라 수형이 아름답고 잎이 두툼하며 광택이 나서 이것만으로도 외국에서 들여온 어떤 관상수보다 결코 뒤지지 않는다. 뿐만 아니라 꽃과 열매를 즐길 수 있으니 금상첨화가 아닌가? 우리나라 남부 수종이기 때문에 아파트 베란다라면 중부지방에서도 재배가 가능하리라 생각한다. 하나님께서 대만 사람에게는 금전수를 주셨고 우리에겐 돈나무를 주셨는데 금전수는 알면서 돈나무는 모른대서야 하나님께 죄송한 일이 아닐까?

　돈나무의 꽃은 5~6월에 가지 끝에 피는데 처음엔 흰색이었다가 연한 노란 색으로 변한다. 꽃이 지고 열매를 맺는데 구슬 같은 열매는 가을 내내 충실히 익어서 겨울이면 연녹색의 열매가 3개로 갈라져 빨간 속살을 드러낸다. 녹색의 잎을 깔고 앉은 빨간 씨앗은 한참 들여다보고 있으면 사랑에 빠져들 것 같이 정열적이다.

　그런데 잎과 꽃, 열매가 아름다운 것과는 달리 꽃 이름의 내력을 알면 좀 거시기하다. 제주도 사람들은 돈나무를 '똥낭' 즉 '똥나무'라고 불렀다고 한다. 꽃의 향기와는 달리 뿌리에서는 역한 냄새가 나기도 하지만, 꽃이 지고 난 다음 겨울의 빨간 씨앗에는 끈적끈적한 점액질이 있어서 온갖 곤충들이 모여드는데 특히 파리가 많이 날아들어서 '똥낭'이라고 부르게 되었다고 한다. 그런데 한 일본인이 제주도에 와서 이 돈나무의 아름다움에 매료되어 이름을 묻게 되었는데, 된소리에 약한 일본인인지라 '똥'자를 '돈'자로 발음하게 되면서 돈나무가 되었다고 한다.

가을 / 겨울에 만나는 들꽃·열매 37

제주수선화

들꽃을 볼 수 없는 추운 겨울에 제주의 서귀포 일원에서 볼 수 있는 들꽃이 있다. 제주수선화다. 먼저 수선화가 들꽃이냐 아니냐 하는 이야기부터 해 보자. 들꽃이라면 우선 산과 들에서 절로 나서 자라며 꽃을 피우는 것들을 말한다. 이들 중에는 들꽃의 고향이 우리나라가 대부분이지만 외국인 것도 있다. 예를 들어 이름에서 알 수 있듯 유럽이 원산인 서양민들레는 어느 때부터인가 우리 땅에서 절로 자라며 꽃을 피우는 들꽃이 되었다.

수선화는 원산지가 지중해로 알려져 있는데, 중국을 다녀오는 사신들이 그 꽃이 아름다워 한두 뿌리씩 가져다 자기 집 뜰에 심으면서 우리 땅에서 꽃을 피우게 되었다고 전한다. 봄에 노란색(드물게 흰색도 있음)의 꽃이 피는 수선화는 사람들에 의해 집 뜰에 심어 가꾸어지는 것으로 들꽃이랄 수 없다.

그러나 흰색의 꽃이 피는 제주수선화는 밭둑이나 해안가 등에 절로 자라고 퍼지며 꽃을 피우기에 들꽃인 것이다. 기온의 영향으로 남녘에서만 볼 수 있는 들꽃이 있는가 하면 추운 북쪽에서만 볼 수 있는 들꽃도 있는데, 제주수선화는 12월에 꽃대가 올라오기 때문에 추운 겨울을 견딜 수 없어 제주에서도 가장 따뜻한 서귀포 일원에서만 볼 수 있는 들꽃이 된 것이다.

제주수선화가 들꽃인 것은 반대파의 모함으로 1840년 제주에서 유배생활을 했던 추사 김정희가 그의 지인에게 보낸 편지의 글귀 중에서도 알 수 있다. "이곳 겨울의 수선화는 천하에 큰 구경거리입니다. 정월부터 피기 시작하여 3월까지 산과 들, 밭둑 사이가 흰 눈이 쌓인 듯한데, 이곳 사람들이 이것이 귀한 줄 몰라서 소와 말에게 먹이고 밟아버리기도 합니다." 고 안타까워하였다니 제주수선화는 이미 그때에 그곳에서 지천으로 피는 들꽃이었던 것이다. 제주사람들은 이 수선화를 '몰마농'이라고 불렀는데, 제주 사투리로 몰은 말, 마농은 마늘로 말이 먹는 마늘이란 뜻에서 붙여진 이름이라니 그 이름에서도 제주수선화가 들꽃인 것이다.

제주수선화는 하얀 꽃받침에 노란 황금빛 꽃술이 자리 잡은 모양에서 은 쟁반에 놓인 금잔 같다고 하여 금잔옥대(金盞玉臺)라고도 부르며 다른 수선화에 비해 향이 짙기 때문에 제주향수선화라고도 부른다. 추사 김정희는 수선화를 주제로 스물 세 수의 시를 남겼다 하니, 그의 유배생활의 외로움을 달래주는 가장 친한 벗이었던 것이리라.

김정희의 시 한 수를 함께 감상해보자. 一點冬心朶朶圓(일점동심타타원) 한 점의 겨울 마음이 송이송이 둥글어 / 品於幽澹冷儁邊(품어유담냉준변) 그윽하고 담담한 기품은 냉철하고 빼었구나! / 梅高猶未離庭體(매고유미이정체) 매화가 고상하다지만 뜰을 못 벗어나는데 / 淸水眞看解脫仙(청수진간해탈선) 해탈한 신선을 맑은 물에서 정말로 보는구나.

가을 / 겨울에 만나는 들꽃·열매 38

먼나무

가을 / 겨울에 만나는 들꽃 · 열매

추운 겨울엔 우리 들꽃을 볼 수 없다. 전남 신안군 압해도에서 12월에 애기동백꽃 축제가 열려 많은 사람들이 다녀갔다는 기사를 보았다. 서해안고속도로의 끝자락 목포에서 연육교로 연결되어 있어 승용차로 다녀올 수 있는 곳이다. 그러나 애기동백꽃은 일본 원산으로 일본에서 들여와 심어 가꾸는 것으로 자생지가 없어 우리 들꽃이라고 할 수 없다.

이처럼 꽃을 보기 힘든 추운 겨울 내내 꽃 대신 빨간 열매를 달고 있어 보는 이들에게 즐거움을 주는 나무가 있다. 겨울에 제주를 찾는 이라면 가로수 중에 두툼한 상록의 잎 사이에 빨간 열매를 주렁주렁 달고 있는 나무를 볼 수 있는데 이 나무가 먼나무다.

정확히 말하면 먼나무 암나무이다. 먼나무는 암수 딴 그루로서 수나무에는 열매가 없다. 5~6월에 지름 4mm 정도의 작은 꽃이 피고 10월이면 잎겨드랑이에 둥글고 붉은 색의 열매가 수북이 달려 나무 전체가 마치 붉은 꽃이 핀 것같이 아름다운데 이때부터 다음해 초여름 꽃이 필 때까지도 빨간 상태로 달려 있어 보는 이들에게 즐거움을 준다. 겨울의 빨간 열매와 수형이 아름다워 제주, 여수, 거제 등 남부 도시에서 가로수로 심기도 하지만 남부의 산지에 자생(自生)하는 우리 들꽃나무다.

먼나무란 이름의 유래가 재미있다. 몇 가지 전해지는데, 겨울 내내 빨간 열매를 매달고 있는 먼나무의 진정한 매력은 멀리서 보아야만

드러난다고 하여 먼나무라 불렀다고 하며, 멋스러운 나무라는 '멋나무'에서 '먼나무'가 되었다고도 한다. 그리고 같은 감탕나무과의 먼나무와 감탕나무를 얼핏 보면 너무도 비슷해서 구별하기가 어려운데 잎에 차이가 있어 잎을 달고 있는 잎자루의 길이를 보면 먼나무가 감탕나무의 것보다 길어서 멀리 잎이 나는 특징을 이름으로 먼나무라고 불렀다고도 한다. 이 나무를 부르는 제주도 방언인 '멍낭'에서 유래 하였다고도 하는데, '멍낭'은 나무껍질이 검다는 뜻의 '멍(먹=墨)'과 나무를 뜻하는 '낭'이 합쳐진 것으로 '멍나무'에서 '먼나무'가 된 것이라고 한다. 이름의 유래를 알고 보면 더욱 가까이 하고 싶은 우리 들꽃나무다. 우습게도 제주에 가서 '저게 뭔(무슨) 나무에요?'라고 물으면 되돌아오는 답이 '먼나무'란다.

   이처럼 반년에 걸쳐 빨간 열매를 주렁주렁 달고 있는 깊은 뜻은 종족보존을 위한 전략인 것이다. 겨울 동안 배고픔에 시달리는 새들에게 먹이를 제공하고 대신 씨를 퍼뜨려달라는 속셈인 것이다. 새들의 눈에 잘 띄도록 초록의 잎 사이로 빨간 열매가 얼굴을 내밀도록 했고 열매가 새들의 소화기관을 지나는 동안 씨는 그대로 남아 몸 밖에 버려지도록 설계되었다. 이처럼 더불어 사는 자연계의 오묘함에서 자연의 일부인 우리가 자연과 더불어 살아가는 지혜를 배워야 할 것 같다.

가을 / 겨울에 만나는 들꽃·열매 39

동백꽃

정말 추운 겨울이다. 그러나 겨울이 아무리 추워도 봄은 오고야 말리라. 풀꽃 중 가장 먼저 피는 꽃은 복수초이고, 나무에서 피는 꽃 중 가장 먼저 피는 꽃은 동백꽃이다. 흔히 동백꽃을 봄에 피는 꽃으로 알고 있지만 제주도를 비롯한 남녘에서는 12월부터 한 두 송이씩 피기 시작하여 겨울 내내 피었다 지기를 반복하며 봄까지 이르는 꽃이다. 그래서 겨울 꽃 동백(冬柏)이라 한다.

동백꽃을 잘 모르는 사람도 이미자씨의 히트곡 '동백아가씨'는 알고 있으리라. '헤일수없이 수많은 밤을 … 얼마나 울었던가 동백아가씨/ 그리움에 지쳐서 울다 지쳐서 꽃잎은 빨갛게 멍이 들었소' 여인의 깊은 한과 애상적인 느낌을 잘 표현한 이 노래는 대한민국 역사상 처음 100만 장이 넘는 것으로 추정되는 음반 판매량을 기록하며 최고의 인기를 끌었으나, 이후 노래가 일본풍이라는 문제 제기와 함께 금지곡으로 지정되기도 했는데, 노래가 유행할 당시 반공주의 시대였기 때문에 가사의 '빨갛게'가 문제가 되었다는 뒷이야기도 있다.

추운 겨울 찬바람에도 굴하지 않고 피어나는 동백꽃을 보면 '빨갛게 멍이 들었다'는 노랫말이 실감이 난다. 정말 멍이 들지 않고서야 그토록 빨갛게 꽃을 피울 수 있을까? 빨갛게 멍이 든 꽃잎과는 달리 그 안에 샛노란 꽃가루를 뒤집어쓴 꽃술은 동백꽃만이 가진 아름다움이다.

찬바람에 멍이 들었을망정 동백꽃은 외롭지 않다. 동박새가 그들을 찾아와주기 때문이다. 동박새 또한 동백꽃만큼 예쁜 새이다. 참새 정도의 크기에 등은 녹색이고 턱밑은 황록색, 배는 흰색으로 정말 아름답다. 동백꽃이 필 무렵이면 꽃 속의 꿀을 먹기 위해 동백꽃을 찾는 단골손님이다. 어느 해 2월에 거제의 해금강이 바라보이는 곳, 옆에는 동백나무가 제법 숲을 이룬 곳에서 하룻밤을 묵은 적이 있었는데, 아침 일찍 요란한 새소리에 잠을 깨었다. 단잠을 깨운 녀석들이 바로 동박새들이었다. 동백꽃 속을 드나들며 먹이를 찾는 즐거움으로 지절거리는 동박새들의 노래는 행복의 노래였다.

  동백꽃은 피어 있을 때에도 아름답지만 꽃이 지고 땅에 떨어진 모습도 아름답다. 나무에 달렸을 때 모습을 그대로 잃지 않는다. 동백꽃은 충청남도 이남에서만 자생하는 것으로 알려졌으나 10여 년 전 가을에 선운사에서 씨를 받아다가 심은 것이 이듬해 싹이 나고 자라서 지금껏 교회 뜰에서 겨울을 나며 자라고 있다. 남부 수종인 동백나무가 중부지방(인천)에서 월동하고 있는 것은 지구온난화의 증거라고 한다. 전문가의 말이다.

가을 / 겨울에 만나는 들꽃·열매 40

광대나물

봄이 오면서 산과 들에 갖가지 들꽃들이 피어난다. 봄이 와서 들꽃들이 피는 것이 아니라 들꽃들이 피어나기 때문에 봄이기도 하다. 우리나라는 4계절이 뚜렷하고 곳곳에 산과 계곡이 많아 다양한 식물들이 살기 좋은 환경을 제공하기 때문에 약 4,000여종의 식물이 살고 있다고 하며 들꽃들 중 약 70%가 봄에 꽃을 피운다고 한다.

2월 초에 제주에서부터 봄의 들꽃이 소식을 전하기 시작하여 봄바람을 따라 들꽃 소식은 북상을 한다. 제주에서 아마도 가장 일찍 봄소식을 알리는 들꽃중 하나가 복수초일 것이다. 필자가 제주의 한라산 자락에서 눈 속에 피어난 복수초를 만난 때가 어느 해인지는 기억이 나지 않지만 2월 6일이었다는 날짜만은 기억한다. 복수초를 처음 만난 감격이 컸기 때문이다. 그해 2월 6일 아침 비행기로 제주에 가서 택시 기사인 성산포 교회의 류 집사님의 안내로 복수초를 사진에 담고 제주의 이곳저곳을 둘러보고 어두워서야 성산포의 한 숙박업소에 들었다. 이튿날 밝은 아침 눈을 떠보니 창밖으로 내다보이는 조그만 뜰에 처음 보는 작은 꽃들이 땅에 납작 엎드려 피어 있는 것이 보였다.

카메라를 들고 뛰쳐나갔다. 세상에 이런 신기하게 생긴 꽃도 있다니…. 이것이 광대나물이라는 것을 식물도감을 보고서 알았다. 제주에서만 자라는 들꽃인줄 알았는데 뒤에 전국에서 봄이면 밭이나 길가에서 흔하게 띄는 들꽃임을 알았다. 햇볕이 잘 쬐는 양지에선 겨울의 끝자락에 꽃을 피우기 시작한다. 전에도 거기에 있었을 것이었거늘 보지 못하다가 들꽃에 눈이 띄면서부터 들꽃들은 들이고 산이고 어디서나 반갑게 나를 만나주었다. 그동안 하나님이 창조하신 들꽃의 아름다움을 몰랐던 것에 하나님께 죄송하게 생각한다.

광대나물은 꿀풀과에 속하는 월년초(越年草=두해살이풀)로 줄기를 감싸고 있는 부분이 마치 광대들이 입고 있는 옷 중에서 목 부분을 둘러싸고 있는 주름처럼 된 장식을 닮았다 하여 또는 꽃을 매달고 있는 모습이 광대를 연상시킨다는 데서 광대나물이란 이름이 붙여졌다고 한다. 꽃잎을 따서 입에 물면 꿀풀과의 달콤함이 느껴진다. 코딱지나물이라고도 하는데 이는 주름진 잎이 줄기의 마디마다 둥글게 붙어 있는 모양이 코딱지를 연상시키기 때문인 것 같다. 일반적으로 풀이름에 나물이 붙어 있으면 나물 등으로 먹을 수 있는데, 광대나물도 봄에 어린 순을 캐서 나물로 먹기도 한다.

씨는 여름철에 익는데 씨앗에는 엘라이오좀(Elaiosome)이라고 하는 방향체가 붙어 있어 이를 좋아하는 개미가 씨앗을 물어 제집까지 이동하면서 자연스레 씨앗을 퍼뜨린다고 하니 하나님께서 그들의 종족번식을 위해 숨겨놓으신 비밀이다.

들꽃 만나러 가요
신종철 목사의 들꽃이야기

찍은 날 2025. 01. 24
1쇄 나온 날 2025. 01. 24

글/사진 신종철
표지디자인 이하루
편집디자인 안진희
펴낸 곳 도서출판 하루의산책
주소 16028 경기도 의왕시 내손순환로 127-1
전화번호 031-422-1181
전자우편 haruawalk@gmail.com

- 지은이와 협의하여 인지는 생략합니다.
- 이 책 내용의 전부 또는 일부를 재사용하려면 반드시
  지은이와 하루의 산책 양측의 동의를 받아야 합니다.